ASSIM SE PARIU O BRASIL

ASSIM SE PARIU O BRASIL

PEDRO ALMEIDA VIEIRA

com ilustrações de Enio Squeff

SEXTANTE

preparo de originais: Bruno Anselmi Matangrano

revisão: Ana Grillo e Hermínia Totti

ilustrações: Enio Squeff

diagramação, design e ilustração da capa: Saída de Emergência

impressão e acabamento: Lis Gráfica e Editora Ltda.

CIP-BRASIL. CATALOGAÇÃO NA PUBLICAÇÃO
SINDICATO NACIONAL DOS EDITORES DE LIVROS, RJ

V716a Vieira, Pedro Almeida, 1969

Assim se pariu o Brasil/Pedro Almeida Vieira; com ilustrações de Enio Squeff; Rio de Janeiro: Sextante, 2016.
320 p.: il.; 16 x 23 cm.

Inclui bibliografia
ISBN 978-85-431-0340-2

1. Brasil - História - Período colonial, 1500-1822. I. Squeff, Enio. II. Título.

16-29592 CDD: 981
CDU: 94(81)

GMT Editores Ltda.
Rua Voluntários da Pátria, 45 – Gr. 1.404 – Botafogo
22270-000 – Rio de Janeiro – RJ
Tel.: (21) 2538-4100 – Fax: (21) 2286-9244
E-mail: atendimento@sextante.com.br
www.sextante.com.br

SUMÁRIO

SUMÁRIO DE TAGS

CONFLITOS ÉTNICOS

CONFLITOS SOCIAIS

CONSPIRAÇÃO

INVASÃO

JESUÍTAS

MOVIMENTO INDEPENDENTISTA

OURO

PREFÁCIO

UMAS POUCAS (E BOAS) IMPRESSÕES DO PRIMEIRO LEITOR BRASILEIRO DESTA HISTÓRIA PORTUGUESA, COM CERTEZA

Jornalista e escritor português conhecido como autor de romances históricos, entre os quais se destacam *O profeta do castigo divino* e *A mão esquerda de Deus*, Pedro Almeida Vieira (Coimbra, 1969) envereda aqui numa incursão transatlântica: da descoberta, ou achamento, do Brasil, até a sua independência, em 1822. Como *Assim se pariu o Brasil* é um título que aos ouvidos brasileiros pode soar trocista, digamos logo tratar-se de um projeto a ser levado a sério, tanto pelo seu esforço de reportagem para abarcar as aventuras e desventuras lusitanas nestes trópicos — movidas por bravura, ambições desmedidas, cobiça, atrocidades —, quanto pelo distanciamento crítico que o isenta da exaltação, tão ao gosto dos comendadores, ao mundo que o português criou em selvas e águas de sonho, som e fúria. Sem esquecermos o engendramento do vai e vem dos episódios que se entrecruzam em períodos os mais variados, com organicidade e fluidez, assim como a sagacidade do texto, os toques de ironia… Ou seja, não lhe faltam sal e pimenta para a sua degustação neste lado do Atlântico.

Sim, o que temos aqui é um painel da conquista e dominação de um vasto território ignoto, na *quarta parte do mundo*, por um pequeno país europeu, em desigualdade populacional para ocupá-lo, mas aliando determinação, ousadia e vantagem bélica: canhões, espingardas e espadas contra arcos, flechas e tacapes. E que ainda assim teve de suportar muitos combates dos nativos até impor a sua força, vindo a exterminá-los inapelavelmente, como aconteceu com os tupinambás do Rio de Janeiro e todas as tribos aglutinadas na Confederação dos Tamoios, na batalha que levou à conquista definitiva da cidade pelo general Mem de Sá, em 1567.

Pedro Almeida Vieira embrenha-se nos cipoais do tempo — os alfarrábios da História, melhor dizendo — para nos dar uma visão paradidática dos acontecimentos. O que quer dizer que este seu livro pode até vir a servir de reforço escolar, pelo encadeamento sequenciado dos fatos e clareza de linguagem — afinal, ele tem no jornalismo a sua marca de origem.

E isto, sem dúvida, confere à sua narrativa uma alta legibilidade, sem entraves sintáticos ou dialetais, o que em muito facilitará o seu acesso aos leitores brasileiros, que assim poderão ter, sem pestanejar, uma noção do conjunto da obra dos portugueses no Brasil-Colônia. Em pauta, conflitos, insurreições, selvagerias, despotismos, perversões e revoltas, envolvendo índios, escravos, jesuítas, bandeirantes, franceses, holandeses, nacionalistas.

Da ganância, alvoroço, homicídios e contrabandos na região aurífera das Minas Gerais ele extrai uma pepita literária, atribuída a um certo conde de Assumar, que, em tom dramático e desesperançado, escreveu:

> [...] a terra parece que evapora tumultos; a água exala motins; o ouro toca desaforos; destilam liberdades os ares; vomitam insolências as nuvens; influem desordens os astros; o clima é tumba da paz e berço da rebelião; a natureza anda inquieta consigo e amotinada por dentro. É como no Inferno.

Condensar em um único tomo uma história que, a bem dizer, começa pela célebre carta de Pero Vaz de Caminha a El-Rey D. Manuel I, o Venturoso, e avança por quatro séculos, não deixa de ser uma proeza. Certamente Pedro Almeida Vieira teve de fazer escolhas, ao optar pelas versões que lhe pareceram mais plausíveis. E muitas delas sujeitas a questionamentos, na contemporaneidade. Como, por exemplo, a do acaso que teria levado ao descobrimento do Brasil, em decorrência do desvio de rota de Pedro Álvares Cabral, incumbido pela Coroa portuguesa de seguir para as Índias, em busca de precioso carregamento de especiarias. Sabe-se hoje que um integrante da frota de Cabral, o navegador e cosmógrafo Duarte Pacheco Pereira, já havia realizado uma expedição ao litoral que vai do Maranhão ao Pará, em 1498, com o objetivo de verificar a existência de terras na parte portuguesa do Tratado de Tordesilhas (sobre o qual Pedro Almeida Vieira conta tudo).

Confusões, equívocos e lendas são hoje contabilizados ao segredo de Estado que Portugal impôs às viagens ao Brasil nos príncipios dos anos de 1500, para não atiçar seus maiores concorrentes nos mares, os espanhóis. Embarcar neles de vez em quando é correr atrás de pontos que precisam ser acrescentados aos contos já contados. E assim vão os pesquisadores, de tempos em tempos, proas contra a corrente, a erguer o emblema de George Orwell: "Aquele que tem o controle do passado, tem o do futuro."

Antônio Torres

CANIBALISMO
COLONIZAÇÃO
CONFLITOS ÉTNICOS
ÍNDIOS

1

O DONATÁRIO QUIS CAÇAR E FOI CAÇADO

A maior incógnita para quem se aventurava pelos mares durante a chamada Época dos Descobrimentos era saber se, durante ou depois de uma tempestade, continuaria vivo. Ser pego por tormentas era quase inevitável; chegar à terra, seco ou molhado, muito incerto. Mais ainda, no local exato. Por vezes, não era o previsto. Restava depois saber se a chegada à praia seria na horizontal, aos trancos e barrancos, levado pelas ondas, ou na vertical, saltando de um bote. E ainda, se se sobreviveria terra adentro. Para tudo isso, era necessário destreza, mas também muita sorte.

E imensa sorte, durante as tempestades e depois delas, teve Pedro Álvares Cabral após levantar âncora da praia de Belém, em Lisboa, nos primeiros dias de março de 1500. Capitaneando uma armada com cerca de 1.500 marujos, além de oficiais da marinha, devia ele aportar em Sofala para visitar, em seguida, diversos soberanos da costa das Índias. O rei D. Manuel I pretendia fortalecer laços diplomáticos com os povos daquelas terras e ali criar feitorias comerciais. Era aventura marítima ousada, embora não fosse inédita. Em todo o caso, mereceu esta viagem a devida pompa à saída de Lisboa, com bênção e missa celebrada pelo bispo de Ceuta. Na ocasião, o rei português ofertou à cabeça de Cabral um chapéu bento enviado propositadamente de Roma pelo poderoso Rodrigo Bórgia, feito papa Alexandre VI.

Os primeiros treze dias da travessia não foram ruins, exceto para uma nau que se perdeu antes das ilhas de Cabo Verde. Cabral decidiu aguardar dois dias, mas, depois, já sem esperança de encontrar aquela embarcação, seguiu viagem. Para evitar as calmarias no litoral africano, o experiente navegador se aventurou mar adentro, na direção contrária ao vento. E logo também foi apanhado por uma famigerada tempestade. Tentando fugir dessa borrasca, rumou mais para o oeste. E se afastou tanto da África que, no dia 22 de abril, para sua grande admiração, avistou terra onde não supunha existir. Pensou ter dado a volta ao mundo; ser ali o lado oposto das Índias. Não era: estavam diante do denominado Monte Pascoal, no atual estado brasileiro da Bahia. Um feliz engano.

Cabral mandou então uma embarcação com Nicolau Coelho — um dos seus mais experientes capitães, que participara da célebre primeira viagem de Vasco da Gama às Índias — e alguns outros homens até terra firme. À medida que se aproximavam da praia, vislumbraram um grupo de indígenas. Segundo Pero Vaz de Caminha, o célebre cronista que acompanhou Pedro Álvares Cabral nessa expedição, "eram pardos, todos nus, sem coisa alguma que lhes cobrisse suas vergonhas. Nas mãos traziam arcos com suas flechas. Vinham todos rijos sobre o batel; e Nicolau Coelho lhes fez sinal para que pousassem os arcos. E eles os pousaram". Não chegou a haver contato direto, naquela ocasião. O mar turbulento não permitiu o desembarque, mas os portugueses tiveram oportunidade de trocar presentes: deixaram um barrete vermelho, um gorro de linho e um chapéu preto de abas largas, recebendo um chapéu de penas compridas, coroado por penas vermelhas e acinzentadas e enfeitado com continhas brancas.

Diante de uma ventania, Cabral decidiu partir em busca de refúgio e descobriu, um pouco ao norte, uma enseada tranquila, que logo batizou, com lógica cristalina, de Porto Seguro. Lá alcançaram dois nativos numa jangada e os levaram para a nau do comandante português. Os relatos de Pero Vaz de Caminha sobre este primeiro encontro entre dois mundos mostram um ambiente um tanto quanto surreal, mas perfeitamente pacífico. Comunicando-se por gestos, os portugueses ofereceram aos dois índios diversos tipos de comida — pão, peixe, doces, pastéis, mel, figos secos —, que eles não apreciaram. Cuspiram o vinho e lavaram a boca

com água, que também cuspiram em seguida. Mostraram demasiado interesse pelas contas brancas dos rosários e pelo colar de ouro de Pedro Álvares Cabral. Acabaram tirando um cochilo na nau.

Nos dias que se seguiram, os portugueses desembarcaram. Apesar de alguma desconfiança inicial, estreitou-se o contato com os indígenas, que deixaram, depois de algum tempo, de aparecer armados e, quando traziam arcos, era para trocá-los "por folhas de papel e por alguma carapucinha velha ou por qualquer coisa", como relatou Pero Vaz de Caminha. Em pouco tempo, já confraternizavam. Em certa ocasião, escreveu ainda o cronista, "Diogo Dias, almoxarife que foi de Sacavém, que é homem gracioso e de prazer", atravessou um rio até a aldeia indígena "e levou consigo um gaiteiro nosso com sua gaita. E meteu-se com eles a dançar, tomando-os pelas mãos; e eles folgavam e riam, e andavam com ele muito bem ao som da gaita. Depois de dançarem, fez-lhes ali, andando no chão, muitas voltas ligeiras, e salto real, de que eles se espantavam e riam e folgavam muito".

Até o primeiro dia de maio de 1500, data do término do relato de Pero Vaz de Caminha, os portugueses conviveram com os nativos sem que estes demonstrassem a menor animosidade. O cronista escreveu inclusive que os índios "andavam já mais mansos e seguros entre nós, do que nós andávamos entre eles".

Aquele suposto Éden era, porém, ilusório. A armada de Pedro Álvares Cabral tivera, sim, a suprema sorte de, primeiro, se salvar de uma tempestade no Atlântico, depois, de achar por acaso terras desconhecidas e, por fim, de encontrar nativos pacíficos. No ano seguinte, Gaspar de Lemos e Américo Vespúcio, então a serviço da Coroa portuguesa, não tiveram a mesma sorte.[1] Já com a intenção de explorar melhor aquelas vastíssimas terras, planejaram incursões terra adentro e alguns tripulantes acabaram mortos, despedaçados e comidos por índios. Conhecia-se então a face negra daquele aparente idílio: o canibalismo. Muitos outros episódios semelhantes se sucederiam a esse ao longo das décadas seguintes, tanto na atual costa brasileira, como

[1] Gaspar de Lemos integrou a primeira frota de Pedro Álvares Cabral ao Brasil, regressando a Portugal mais cedo para informar o rei D. Manuel daquela descoberta e levando o relato de Pero Vaz de Caminha. Nesta sua segunda ida ao Brasil, em meados de 1501, aportou no arquipélago de Fernando de Noronha, na Bahia; na baía de Guanabara; em Angra dos Reis; e na ilha de São Vicente.

em outras regiões do Novo Mundo, envolvendo também navegadores castelhanos.[2]

A animosidade de grande parte dos indígenas à presença daqueles estranhos homens brancos, que aportavam à sua costa em grandes barcaças, conteve bastante o ânimo inicial dos europeus. Durante esse primeiro período, os confrontos eram raros, mas muitas vezes mortais, porque se ignorava como reagiria cada uma das inúmeras tribos. Por exemplo, o navegador castelhano Juan Díaz de Solís, que descobriu o rio da Prata — tendo sido o primeiro europeu a alcançar a atual Argentina —, sofreu uma emboscada em janeiro de 1516. Perante a impotência da tripulação da sua nau, ele e mais cinco soldados foram decapitados, desmembrados e comidos por guaranis. Apenas um grumete, Francisco del Puerto, se salvou, talvez por sua tenra idade. Viveu depois mais de uma década integrado naquela tribo e acabou sendo resgatado pelo explorador veneziano Sebastião Caboto. Depois, foi usado como intérprete a serviço da Espanha.

Nas primeiras décadas do século XVI, os europeus tornaram-se assim mais prudentes nas suas incursões, preferindo deixar algumas cobaias, ou seja, degredados. Aliás, quando Pedro Álvares Cabral regressou a Lisboa de sua primeira viagem, ali deixou dois condenados que deveriam ter ido para as Índias.[3] A eles se juntavam também os habituais sobreviventes de muitos naufrágios que sempre ocorriam. Ignora-se o que aconteceu à esmagadora maioria destes homens, mas se conhece bem o destino de um dos mais célebres náufragos portugueses: Diogo Álvares Correia.

Nascido na década de 70 do século XV, natural de Viana do Castelo, ele encontrava-se a serviço do rei francês Luís XII poucos anos após a descoberta de Pedro Álvares Cabral. Em data incerta, naufragou próximo

---

[2] Aliás, a expressão canibal provém, sobretudo, das trágicas experiências sofridas pelos exploradores espanhóis. Cristóvão Colombo denominou de caribes os povos mais ferozes que encontrou. Mais tarde, a palavra castelhana *caríbal* passou a abranger todos os povos indígenas, desde as Antilhas até a atual Argentina, que executavam e comiam os seus prisioneiros. Por influência da língua francesa — que os denominara *cannibales* —, em português passou-se a designá-los "cannibal", embora apenas a partir do século XVIII, e, por fim, "canibal", com a grafia atual.

[3] Por razões desconhecidas, dois grumetes também optaram por não regressar. Talvez tenham sido seduzidos pela beleza das índias que andavam sempre nuas, uma visão que, naquela época, deveria parecer idílica para qualquer homem.

à Bahia, o que não era incomum; tanto o naufrágio como haver portugueses a serviço de países fora da Península Ibérica. A França não reconhecia o Tratado de Tordesilhas, que "determinara" a divisão do Novo Mundo entre Portugal e Espanha, e começara a enviar exploradores às Américas para morder algum quinhão. Julga-se ter sido ele o único que, saindo vivo da panela oceânica, não acabou no caldeirão dos tupinambás.

Reza a lenda que os índios o pouparam porque o encontraram inconsciente à beira-mar, envolto em algas ao lado de um amontoado de pedras, como se fosse um peixe. O nome indígena que adotaria — Caramuru, que em tupi significa moreia — remete a essa hipótese. Mas o motivo pode ter sido bem mais banal, segundo outra versão de sua venturosa vida: estando em processo de engorda para ser sacrificado, como muitas vezes acontecia aos presos desnutridos, encontrou um bacamarte e pólvora, que secou, e com o qual apavorou os índios — que jamais tinham visto uma arma de fogo — dando um tiro certeiro numa ave em pleno voo. Foi assim considerado uma espécie de deus.

Independentemente das razões de sua sobrevivência, Diogo Álvares Correia, ou Caramuru, foi acolhido pelos tupinambás como se ali tivesse nascido. O próprio cacique Taparica lhe ofereceu a filha Paraguaçu como esposa. Mas numa sociedade muito liberal quanto a sexo, Caramuru pôde ser infiel sem problemas: não só teve filhos com esta índia como se relacionou com outras. Sua prole teria sido incontável.

Somente em meados da década de 1520, com novas incursões de naus francesas, a tribo de Caramuru viu de novo europeus. Servindo de intermediário, os franceses o convenceram então a viajar até a França na companhia de Paraguaçu. Mais uma vez reza a lenda que muitas outras índias, em desespero por verem-no partir, se lançaram ao mar. Verdade ou mentira, é certo que chegou a Paris, além de Caramuru e Paraguaçu, uma outra índia, de nome Perrine. Em julho de 1528, Paraguaçu foi batizada na catedral de Saint-Malo, na Normandia, recebendo o nome católico de Catarina, em homenagem a Catherine des Granches.[4] E assim "nascia" o primeiro casal cristão do Brasil.

Apesar da amizade com os franceses, Caramuru nunca esqueceu suas origens lusitanas. Antes de atravessar de novo o Atlântico, no final de 1528, conheceu o jovem Pedro Fernandes Sardinha, estudante de teo-

---

[4] Era uma mulher da nobreza, casada com o explorador Jacques Cartier, que anos mais tarde descobriu a Terra Nova, dando início assim à presença francesa no Canadá.

logia em Paris, que, duas décadas e meia mais tarde, se tornaria o primeiro bispo do Brasil.[5] Entregou-lhe, então, várias cartas para o rei português João III, incentivando-o a acelerar a colonização da América do Sul.

Ao fim de 1530, com efeito, foi enviada uma armada, capitaneada por Martim Afonso de Sousa, com o intuito de consolidar a presença portuguesa no continente sul-americano e de acabar com as crescentes incursões de corsários franceses. Em janeiro de 1532 se fundaria aquele que é considerado o primeiro povoado português no Brasil: a vila de São Vicente, nome posto em homenagem a São Vicente Mártir. Dois anos mais tarde, João III decidiu insistir no modelo de capitanias hereditárias — sistema bem-sucedido nas ilhas da Madeira e de Cabo Verde, estratégia colonizadora que, durante o reinado de D. Manuel I, não saíra do papel. Assim, através da divisão do litoral entre o rio Amazonas e São Vicente, concederam-se as capitanias, que variavam de trinta a cem léguas de largura e com extensão indefinida para o interior, sobretudo a fidalgos e altos funcionários com serviços relevantes na África e nas Índias. Combinando práticas capitalistas e feudais, cada capitão-donatário podia exercer um poder quase absoluto, criando vilas, estabelecendo impostos e, enfim, administrando a seu bel-prazer a justiça e a economia local. Apenas deveria entregar uma parte dos lucros à Coroa, que mantinha o monopólio da exploração do pau-brasil.

Francisco Pereira Coutinho, fidalgo que andara pelas Índias, ficou com uma das mais cobiçadas capitanias: a faixa de cinquenta léguas entre as fozes dos rios São Francisco e Jiquiriçá, incluindo o Recôncavo, em torno da baía de Todos os Santos. Lá aportando em 1534, teve a vida facilitada, porque se estabeleceu exatamente na zona controlada por índios "pacificados", ou, melhor dizendo, dominada pela tribo em que Caramuru fora acolhido. Rapidamente fundou ali um arraial, nas imediações da atual Ladeira da Barra, em Salvador — que viria a se tornar Vila Velha —, com sua bela capela. As plantações de cana-de-açúcar se expandiram em um bom ritmo pelas imediações. Nos primeiros anos de colonização, a capitania prosperou e as relações com os tupinambás correram de forma mais ou menos pacífica, sem grandes percalços. Neste ambiente de cordialidade, dois fidalgos lusitanos chegaram a casar com as filhas de Caramuru, reforçando assim os laços entre portugueses e índios.

---

[5] Ver o capítulo "Sardinha no Almoço Sai Caro" (pág. 29).

Pereira Coutinho, porém, era homem de modos pouco gentis — os quais, aliás, lhe fizeram ganhar nas Índias o epíteto de "Rusticão" —, pouco diplomático e cheio de soberba. Como capitão-donatário, ligado à nobreza, viu-se no direito de exercer um poder absoluto e indiscriminado em terra estranha. Exigia dos índios trabalho compulsório, semelhante à escravidão. Daí a se tornar um déspota, caprichoso e cruel, foi um passo, entrando em conflito até mesmo com Caramuru, não vendo, portanto, que ali tinha seu principal aliado. Para piorar o clima, num episódio que resultou na morte de um dos filhos do cacique tupinambá, os soldados envolvidos ficaram impunes. As posições se extremaram e Pereira Coutinho decidiu então simplesmente aprisionar Caramuru numa das naus. Quebrou-se assim uma aliança que lhe permitira uma relação pacífica durante anos.

Com a detenção de Caramuru, logo correu o boato de sua execução. Instigados por Paraguaçu, os tupinambás atacaram Vila Velha e depois se aliaram aos vizinhos tamoios, destruindo plantações e engenhos dos portugueses. Em um dos confrontos, um dos filhos do capitão-donatário foi morto. Diante dessa situação insustentável, Pereira Coutinho se refugiou em Porto Seguro, levando Caramuru. Durante alguns meses permaneceu ali. Tentou, por fim, negociar a paz. Em meados de 1547, julgou ter reunido condições para um regresso seguro a Vila Velha, mas, durante a viagem, as duas naus encalharam em recifes da parte sul da ilha de Itaparica.

Não foi um naufrágio grave. A tripulação chegou à praia em pequenos botes. Lá os aguardavam uma comitiva de tupinambás, que afinal não tinham se esquecido das brutalidades cometidas pelo capitão-donatário. Sem defesas, todos foram amarrados. Caramuru e a tripulação das naus foram libertados, mas a mesma sorte não se destinou ao capitão-donatário. Levado para a aldeia indígena, Pereira Coutinho foi assassinado no epílogo de um longo cerimonial de cinco dias, com o crânio despedaçado por uma clava manejada por um jovem cujo irmão fora morto pelo capitão-donatário. Em seguida, o devoraram. Somente a cabeça ficou inteira, a qual, enfeitada com plumas, se alçou na aldeia como símbolo de triunfo.

Na Metrópole, a execução deste capitão-donatário da Bahia, somada aos fracos resultados da colonização em outras capitanias, levou o rei a repensar a estratégia de ocupação. Assim, embora tenha sido mantida a estrutura das capitanias, instituiu-se um governo central para supervisioná-las. E colocou-se uma pedra sobre a truculenta saga de Francisco Pereira Coutinho, cujos descendentes foram privados de herdar a capitania.

Em relação a Caramuru, apesar de seu indireto envolvimento no trágico fim de Pereira Coutinho, a Corte de D. João III continuou a considerá-lo um intermediário por excelência, de grande utilidade para os interesses portugueses. O primeiro governador-geral do Brasil, Tomé de Sousa — que chegou à Bahia em março de 1549, com mais de mil homens, dos quais metade era degredada —, recebeu inclusive uma ordem para agraciá-lo com o título de Cavaleiro, distinção extensível aos seus filhos Gaspar, Gabriel e Jorge, bem como a um de seus genros, João de Figueiredo.

Caramuru morreu em 1557, em Tatuapara, após fundar a vila de Cachoeira, garantindo um lugar de destaque na história do Brasil e também na de Portugal, simbolizando inclusive o lado mais idílico da colonização lusitana na Terra de Vera Cruz, por via da miscigenação de sangue europeu e índio. Um autêntico herói por, a bem da verdade, ter mostrado que a colonização brasileira poderia ser muito mais pacífica se, em vez da paixão pela conquista de terras, os portugueses se tivessem seduzido mais pela conquista do amor das índias.

Em pleno século XVIII, Caramuru se tornaria uma figura mítica, sob a pena do mineiro José de Santa Rita Durão, frade agostiniano, que o transformou em protagonista de um poema épico de estilo camoniano. Embora considerada hoje um clássico da literatura brasileira, registrando diversas reedições ao longo do século XIX, esta obra foi, porém, um completo fracasso quando de sua publicação em 1761. Consta aliás que frei Santa Rita Durão, enraivecido pela incompreensão, destruiu muitos dos livros remanescentes. Assim, hoje, os exemplares da primeira edição da obra *Caramuru* são uma raridade, atingindo valores elevados no mercado de sebos.

CANIBALISMO
COLONIZAÇÃO
CONFLITOS ÉTNICOS
ÍNDIOS
JESUÍTAS
RELIGIÃO

2

SARDINHA NO ALMOÇO SAI CARO

Em 26 de abril de 1500, muitos índios assistiram pasmos à primeira missa na Terra de Vera Cruz, celebrada por frei Henrique Soares de Coimbra. Por motivo diferente, o cronista Pero Vaz de Caminha, testemunha privilegiada, não ficou menos. No seu célebre relato escrito ao rei D. Manuel I assegurou estarem ali povos que "se hão-de fazer cristãos e crer em nossa Santa Fé, à qual praza a Nosso Senhor que os traga, porque, certo, esta gente é boa e de boa simplicidade".

Já se sabe que não era nem seria bem assim. Nos anos seguintes, em meio a socos e pontapés, os portugueses constataram que o Brasil não era o campo sem espinhos a ser evangelizado nem a colonização seria um mar de rosas. Aliás, se, por um lado, os portugueses refrearam suas incursões no continente sul-americano ao longo das primeiras décadas do século XVI, os homens da Igreja se mostraram muito menos interessados em partir para o Novo Mundo, apesar de Pero Vaz de Caminha assegurar ao rei D. Manuel I que "o melhor fruto, que nela [Terra de Vera Cruz] se pode fazer, me parece que será salvar esta gente. E esta deve ser a principal semente que Vossa Alteza em ela deve lançar".

Somente a partir da década de 30 do século XVI, quando Castela e sobretudo a França, através de corsários, começaram a cobiçar cada vez mais o território sul-americano, Portugal deu os primeiros passos efetivos para a colonização. Mas ainda sem padres. Na verdade, os poucos europeus que naquela época se instalaram no Brasil — grande parte dos quais degredados ou náufragos —, se não eram mortos pelos índios, absorviam seus costumes mais rapidamente do que transmitiam algum costume europeu. Isto se viu com Caramuru[1] e também com outro célebre náufrago, João Ramalho, que Martim Afonso de Sousa, fundador do primeiro povoado português no Brasil, encontrou vivendo entre os guaianás desde 1513. João Ramalho se casara de acordo com a tradição local e tinha filhos de muitas outras mulheres. Salvo pelo fato de aquele povo, em especial, não ser canibal, como muitos outros, Martim Afonso de Sousa nada viu naquelas terras que respirasse religião ou costumes europeus.

Após o primeiro capitão-donatário da Bahia, Francisco Pereira Coutinho, ter acabado nos dentes dos tupinambás, e o rei D. João III optar pela instituição de um governo central para a colonização do Brasil, se iniciou também a evangelização. Os portugueses parecem ter pensado que, com a voz de Deus, poderiam amansar os povos mais belicosos. Por isso, na companhia do governador Tomé de Sousa, tinham seguido os primeiros missionários, pertencentes a uma recém-criada ordem religiosa: a Companhia de Jesus. Ninguém mais julgou seguro se aventurar em terras que tinham já fama de hostis.

Audaciosos e temerários, e tomando cuidado para causar boa impressão ao rei português, aquela meia dúzia de jesuítas, liderados pelo português Manuel da Nóbrega, funcionaram como uma espécie de batedores. Onde soldados armados não se arriscavam a entrar, eles seguiam munidos apenas com a Bíblia. Desde São Vicente até Pernambuco, esses primeiros religiosos penetraram até mesmo para além da serra do Mar, sem fugirem das regiões dominadas por canibais. Pelo contrário, iam à sua procura. Apesar disso, nenhum deles foi morto. Talvez por milagre, mas também pesou a superstição dos indígenas, que olhavam com espanto aqueles homens brancos vestidos de preto levando crucifixos. Em algumas aldeias, os índios chegavam a fugir deles como o diabo da cruz; ou queimavam sal e pimenta como se vissem neles espíritos malignos. Enfim, eles os temiam mais do que os respeitavam. Assim, rapidamente os jesuítas conseguiram alcançar seu objetivo.

[1] Ver o capítulo "O donatário Quis Caçar e Foi Caçado" (pág. 19).

Além da ação evangelizadora, um dos principais objetivos dos jesuítas, quando conseguiam amizade numa tribo, era convencer os caciques a abandonar a antropofagia, algo que, convenhamos, denotava grande coragem. De fato, poucos recomendariam a um estrangeiro de carne exótica andar por aí falando mal daquela prática ancestral. Até porque, assim como uma cerimônia de guerra, o canibalismo representava um ato de iniciação dos jovens guerreiros, uma ocasião de grandes festejos, um ato de vingança perante as constantes animosidades entre etnias e tribos inimigas. Na verdade, o canibalismo estava envolto em grande simbolismo, porque as tribos que o praticavam acreditavam que absorveriam a força e a coragem dos prisioneiros executados, de modo que o cadáver era comido quase integralmente, com exceção dos dedos polegares, e nada se desperdiçava. Por exemplo, os ossos das pernas e dos braços serviam para fazer flautas, o crânio se transformava em copo e os dentes eram utilizados em colares.

Manuel da Nóbrega e seus companheiros tinham plena consciência de que jamais conseguiriam desenraizar aquelas práticas de uma só vez. Inicialmente, pisaram em ovos. Primeiro, convencendo os caciques a autorizar batismos aos condenados, embora os pajés se queixassem de que isso "estragava" a carne. Só depois davam o passo seguinte. Nem sempre com sucesso, mesmo quando acreditavam ter convertido para o seio da religião católica uma aldeia indígena. O vento leva as promessas, e nunca era garantido que, feito um juramento em nome de Deus, um novo ritual de canibalismo não surgisse pouco depois. Na verdade, a carne humana era um petisco apreciado por grande parte dos povos índios, independentemente de estar ou não integrado num ritual canibal.

Convenhamos, porém, que, se o canibalismo era um horror, os portugueses também não se mostravam bons meninos, bem-educados. Por exemplo, em certa ocasião, o governador Tomé de Sousa mandou prender, na boca de um canhão, um índio que assassinara um português. Pedaços voaram pelos ares. Pouco mais tarde, o governador ordenou que executassem alguns familiares de quatro índios fugitivos que haviam assassinado quatro colonos.

Embora a evangelização e a colonização, nesta fase, se fizessem de modo articulado, as ações dos colonos podiam afetar o trabalho dos padres; e vice-versa. Um dos episódios de maior tensão envolvendo os jesuítas ocorreu quando o padre Manuel da Nóbrega e seus companheiros "raptaram" o cadáver de um prisioneiro antes de ser "preparado"

pelas mulheres de uma tribo — ou seja, estripado e assado em pedaços. Os índios investiram em direção à Bahia e somente a ação militar e diplomática de Tomé de Sousa evitou um confronto e um eventual espeto de jesuítas.

Aliás, na época, esta ousadia dos padres não foi muito bem-vista pelos colonos, que não estavam interessados em se intrometer nas tradições dos índios, desde que não fossem eles o banquete. Na verdade, numa época em que os corsários franceses investiam também na costa brasileira, chegando a estabelecer parcerias com algumas tribos, o canibalismo era uma arma útil. Os portugueses instigavam tribos aliadas a comerem franceses se os apanhassem; o mesmo se passava com os franceses, em relação aos portugueses, quando conquistavam a amizade de grupos de indígenas.

Apesar de alguns incidentes, a ação dos jesuítas surpreendeu os mais céticos, pois, com maior ou menor dificuldade, pacificaram muitas tribos sem recorrer às armas. No entanto, D. Pedro Fernandes Sardinha, nomeado em 1552 primeiro bispo do Brasil, não partilhava dessa opinião.

Formado em Paris, Salamanca e Coimbra, antigo vigário-geral de Goa, o bispo Sardinha era homem da Igreja de seu tempo; ou seja, do tempo da Inquisição portuguesa, que florescia contra todas as heresias e mais algumas. Enviado para a Bahia com o objetivo primordial de erguer uma catedral — o que se concretizaria em 1555, mediante uma bula do papa Júlio III —, o bispo trouxera consigo uma grande comitiva de clérigos, pensando certamente que, com sua simples presença, amansaria a tudo e a todos. Não foi bem assim, até porque o trabalho moral entre os colonos "lhe deu logo água pela barba",[2] mesmo ignorando se ele a tinha.

Os portugueses que por ali andavam, entre aventureiros, militares e criminosos condenados ao degredo, não estavam pensando exatamente em salvar suas almas do Purgatório ou do Inferno. Não se confessavam, não frequentavam missas, dormiam com quem queriam e com quem não queriam. Porém, se Deus escreve certo por linhas tortas, o bispo Sardinha logo aplicaria, a torto e a direito, penas eclesiásticas, embora para a

---

[2] A expressão portuguesa "dar água pela barba" é muito antiga e usada geralmente para dar a ideia de uma ação muito trabalhosa. Nada tem a ver com pelos faciais, mas sim com navegação. Barba é um termo náutico para a proa de uma embarcação que, quando é atingida fortemente pela água, começa a ter problemas de estabilidade.

remissão dos pecados privilegiasse não as ave-marias e pais-nossos, mas sim pagamento em dinheiro. Assim, o bispado reunia uma bela fortuna.

Ortodoxo até os ossos, não surpreende que, quando teve tempo para averiguações, o bispo Sardinha tivesse criticado asperamente os métodos dos jesuítas, acusando-os de desvirtuarem os ritos católicos e de serem complacentes demais com os costumes indígenas. Com efeito, os primeiros missionários da Companhia de Jesus tinham adotado naquelas terras o provérbio "em Roma, sê romano". Competindo diretamente com os pajés, não viram outra forma de sobrepujá-los, além de se expressar como eles. O padre basco Juan de Azpilcueta, por exemplo, chegou a catequizar em tupi, usando, por vezes, sons guturais em seus sermões, enquanto dançava ou corria ao redor dos ouvintes. O pai-nosso era acompanhado pelo som de um maracá, e as músicas e cantorias litúrgicas já mostravam influências gentílicas.

Enfim, tudo isso compunha um espetáculo pouco digno para os sensíveis olhos e ouvidos do bispo Sardinha. "Viemos para catequizar o gentio, e não o contrário", ele teria dito. O padre Manuel da Nóbrega travou com ele acirradas discussões, porque considerava a música uma forma universal e mais eficaz de conversão, mesmo se os instrumentos também servissem em rituais antropofágicos. Na verdade, eram feitos com ossos humanos.

Entretanto, em junho de 1553, Duarte da Costa substituiu Tomé de Sousa no governo-geral. Como se para irritar ainda mais o bispo Sardinha, vieram mais jesuítas, entre os quais José de Anchieta, hoje conhecido como o "Apóstolo do Brasil". E também Álvaro da Costa, o filho do novo governador. Foi, aliás, muito usual os administradores das colônias portuguesas trazerem consigo suas famílias; enquanto governavam, a família se governava. Logo que Álvaro da Costa aportou na Bahia, começou com negócios e, vendo ali tanta mão de obra em potencial para semear, quis escravizar os índios, mesmo aqueles convertidos à religião cristã. Os atritos com o bispo Sardinha foram imediatos e os brados da contenda chegaram aos ouvidos da Corte de Lisboa, que chamou o clérigo para dar explicações.

Em meados de junho de 1556, o bispo Sardinha zarpou na nau *Nossa Senhora da Ajuda*. Curta foi a viagem. No dia 16, uma tempestade arremessou a embarcação na direção dos recifes de Dom Rodrigo — na época conhecidos como recifes de São Francisco —, numa baía entre a confluência dos rios São Francisco e Coruripe, no atual estado de Alagoas. Toda a tripulação e passageiros, incluindo escravos, num total de 91 pessoas, conseguiram chegar à costa, salvando-se do afogamento. Porém saíram da "frigideira" para caírem literalmente no fogo.

Em terra, uma tribo guerreira hostil os aguardava. Inicialmente, os índios até se prontificaram a guiá-los até a capitania de Pernambuco, mas ao atravessarem a Barra de São Miguel teriam mudado de ideia. Massacraram quase todos os portugueses — somente dois índios da comitiva e um português conseguiram escapar —, levando ainda vivo o bispo Sardinha para uma aldeia. Vendo suas roupas vistosas, concluíram que era o líder da comitiva, ou seja, um guerreiro inimigo. Para eles, a morte devia ser ritualizada: uma clava despedaçou o crânio do bispo Sardinha, que serviu de banquete para a tribo. Talvez, alguns de seus ossos tenham servido para fabricar flautas.

Esse massacre logo foi atribuído aos índios caetés — que se encontravam em guerra com os tabajaras, aliados dos portugueses —, embora alguns historiadores defendam que o bispo Sardinha naufragou na costa de Sergipe, sendo sacrificado, portanto, pelas mãos dos tupinambás. Outros ainda especulam que teria sido assassinado por homens da guarda do governador. Quem quer que tenha sido, as armas se apontaram mesmo contra os caetés. Duarte da Costa recebeu ordens para a primeira "guerra santa" no Brasil. Em cerca de cinco anos, sem piedade, assistiu-se ao primeiro extermínio indígena. A tribo se extinguiu. Os poucos sobreviventes acabaram escravizados.

O mais "célebre banquete antropofágico" da Terra de Vera Cruz ficou para sempre gravado na cultura brasileira. Além de inspirar obras literárias, entre as quais se destaca o primeiro romance de Graciliano Ramos, intitulado *Caetés*, o sacrifício do primeiro bispo do Brasil serviu como jocoso mote para o movimento modernista brasileiro protagonizado, entre outros, por Oswald de Andrade. No seu *Manifesto antropofágico*, publicado em 1928, o escritor paulista disse tê-lo escrito "em Piratininga Ano 374 da Deglutição do Bispo Sardinha".

Cerca de dois séculos após a morte do bispo, três mil hectares das terras que pertenceram aos caetés ficaram nas mãos da Igreja, por doação do capitão Pedro Leite Sampaio. Uma parte originou o centro urbano de Coruripe, no atual estado de Alagoas. Mesmo tendo sido posteriormente vendidas a outros proprietários, a Igreja garantiu, contudo, a manutenção de rendas especiais. Assim, ainda hoje, por cada transação particular no perímetro do vasto território original, a Igreja recebe um laudêmio de

5% do valor contratado. Além desta taxa, todos os anos soma-se ainda um foro, calculado por cada metro quadrado de terreno ou habitação. Há cerca de uma década, numa reportagem da *Folha de S.Paulo*, o pároco local, Pedro Silva, lamentava que os valores cobrados atingiam atualmente apenas cerca de 1,2 mil reais por ano. E criticava ainda "a miséria que o Governo deixou crescer na cidade", dizendo ser "maldade maior que a que os caetés fizeram com o bispo Sardinha". A mesma opinião não deveria ter o bispo devorado.

COLONIZAÇÃO
FRANCESES
GUERRA
ÍNDIOS
INVASÃO
RELIGIÃO

3

L'INACCESSIBLE VILLE MERVEILLEUSE

Napoleão foi homem ambicioso, como se sabe. Ao decidir invadir Portugal em 1807, com certeza tinha em mente matar dois coelhos de uma só cajadada: destituindo o monarca lusitano, se apossaria também dos seus vastos territórios ultramarinos. Ele se tornaria rei e senhor do grandioso Brasil, por exemplo. Porém, como também se sabe, o general Junot ficou vendo por um canudo a armada portuguesa singrando pela foz do Tejo, levando a rainha D. Maria I, o regente D. João VI e o restante da família real, um punhado de nobres e muitos outros membros da corte, até mesmo a biblioteca foi levada para a Terra de Vera Cruz. Ou, mais precisamente, para o Rio de Janeiro, mantendo ali o trono português.

Mesmo que não tenha sido intencional, nenhuma outra cidade teria feito Napoleão espumar mais de raiva. Duplamente. Com aquela retirada de D. João VI, o francês só conquistava afinal um pedacinho da Europa ocidental, pois Portugal mantinha a sua existência independente do outro lado do Atlântico, tendo como capital a cidade banhada pela baía de Guanabara. E essa decisão recordaria a Napoleão um inglório plano expansionista francês na América do Sul. Inglório, sobretudo, por ser absurdo.

Descoberta no primeiro dia do ano de 1502 pelo navegador Gaspar de Lemos, a baía de Guanabara, por onde se estende o Rio de Janeiro, não mereceu especial atenção no início da efetiva colonização lusitana a partir dos anos 30 daquele século. Apesar da beleza daquela enseada, "que bem parece que a pintou o supremo pintor arquiteto do mundo, Deus Nosso Senhor", como mais tarde escreveria o jesuíta Fernão Cardim, durante décadas apenas esporadicamente os portugueses ali aportaram para rápidos saques de pau-brasil. Alguns incidentes no decurso de operações de escambo talvez tenham ocorrido por ser a região habitada por cerca de meia centena de tribos tupinambás, que desaconselharam a criação de qualquer povoado branco. Já os corsários franceses contaram com melhor sorte. Talvez mais corteses ou com presentes mais extravagantes, conseguiram contatos mais amistosos com os indígenas. Porém, não arriscaram se fixar naquelas terras. Não apenas porque tinham como prioridade as operações de pirataria — e não tinham tripulação suficiente para fazer mais nada — como também pelas contínuas ações de "limpeza" da costa feitas pelos portugueses, muito preocupados em impor o Tratado de Tordesilhas.

Os confrontos entre portugueses e franceses nos mares sul-americanos somente serenaram um pouco, mas não totalmente, mediante um tratado de amizade e aliança assinado em Lyon no ano de 1536. Porém, pouco depois, no final do reinado de Francisco I da França, a presença de corsários gauleses voltou a crescer em número e ousadia. Então tentaram criar feitorias onde os portugueses ainda não haviam marcado presença.

Naquela época, Portugal era um reino com apenas cerca de dois milhões de almas, e no Brasil não devia haver muitos milhares de homens. Era muito pouca gente para tão vasta costa. Consciente desta limitação, o primeiro governador-geral do Brasil, Tomé de Sousa, procurou então identificar regiões privilegiadas do litoral brasileiro para, desse modo, garantir a posse imediata dessas terras pela Coroa lusitana. Seguindo essa estratégia, em dezembro de 1553 chegou a aportar na baía de Guanabara, acompanhado por Manuel da Nóbrega e outros jesuítas. Mas se a visão daquela região o maravilhou, sonhando ali edificar um povoado, a realidade mostrou-lhe logo o lado hostil: os índios arreganharam os dentes. Com dedicação, os jesuítas conseguiram travar contatos amigáveis com uma aldeia indígena na atual ilha do Governador, mas o calor do verão trouxe a malária à expedição, que decidiu sair dali. Tomé de Sousa regressaria a Portugal no ano seguinte e o projeto de um povoado na baía de Guanabara ficou a ver navios.

"Quem vai ao ar, perde o lugar" — diz o ditado. No caso do mar, também. Pouco tempo depois, Nicolau Durand de Villegagnon ancorou na baía de Guanabara. Misto de intelectual e aventureiro, este francês estudara Direito em Paris, para seguir os passos de seu pai, mas primeiro acabou enveredando pela diplomacia e, mais tarde, quando as palavras lhe pareceram insuficientes, pelas armas. Cavaleiro da Ordem de Malta, com conhecimentos de marinha, destacara-se anos antes como militar destemido em importantes batalhas a serviço do imperador Carlos V contra os turcos. Depois, graças a várias e arrojadas ações a serviço do rei da França, recebeu o posto de vice-almirante da Bretanha. Começou então a arquitetar um ambicioso plano que não se limitasse às ações como corsário da França nas Américas.

Com o auxílio de seu amigo Gaspard de Coligny, um conhecido nobre próximo do rei Henrique II da França, conseguiu autorização e meios financeiros para criar uma colônia em território brasileiro. Embora hoje ainda haja dúvidas se Villegagnon já tinha ou não atravessado o Atlântico, sabe-se que, pelo menos, ele detinha excelentes informações náuticas e geográficas, porque escolheu, sem pestanejar, a baía de Guanabara.

Assim, em agosto de 1555, capitaneando duas naus de duzentas toneladas, o vice-almirante zarpou do porto de Le Havre. Levava cerca de seiscentos homens, grande parte dos quais fornecidos pelas prisões do norte da França. Marinheiros que assim foram sob promessa de anistia de seus crimes. Talvez por inexperiência, a viagem não se iniciou bem. Atingida por uma tempestade logo depois da saída do porto, a armada teve de acostar em Dieppe, a poucas milhas de distância do ponto de partida. Já ali, perdeu parte da tripulação, por deserção. Apesar desses contratempos, seguiu viagem com aquilo que tinha. Antes de alcançar a costa brasileira, foram atacados pela marinha espanhola perto de Tenerife. No final de outubro surgiram ao largo de Búzios, e, por fim, entraram na baía de Guanabara no dia 10 do mês seguinte.

Aproveitando os estudos do padre franciscano André Thévet, um renomado cosmógrafo, Villegagnon decidiu fixar-se na denominada ilha de Serigipe, por ser isolada. Naquele pequeno ilhéu de cem pés de comprimento e setenta de largura construiu um pequeno forte, batizado de Coligny, em honra ao patrono da expedição, o qual se tornaria sua residência oficial.[1]

Os indígenas ao redor do ilhéu não se mostraram muito hostis à presença daqueles franceses. Villegagnon também fez de tudo para agradá-los, oferecendo-lhes presentes, especialmente roupas extravagantes, que caíram no gosto dos tupinambás. Para os trabalhos mais árduos comprou-lhes também escravos. E, mesmo abominando o canibalismo, como todos os europeus, o líder francês chegou a presentear os caciques com correntes, que passaram a ser usadas para agrilhoar prisioneiros em festas antropofágicas. Amizade *obligée.*

Apesar desse ambiente amigável, numa primeira fase os franceses não se aventuraram muito em incursões por terra. O contato inicial com as tribos se estabeleceu sobretudo por intermediação de André Thévet, que escreveria mais tarde detalhadamente sobre os costumes dos tupinambás.[2] Dois padres beneditinos também fundaram uma escola católica em território indígena. Desbravado aquele árduo caminho, Villegagnon ordenou então a construção de um povoado precário na atual praia do Flamengo, entre a foz do rio Carioca e o morro da Glória. Esta primeira colônia terrestre seria batizada de Henriville, em homenagem ao então rei Henrique II da França.

Embora com os índios tudo parecesse um mar de rosas, e os portugueses se mantivessem distraídos, a pequena colônia francesa viveu desde cedo tempos conturbados. Além da escassez de água e de outros víveres, Villegagnon mostrou-se um líder de costumes rigorosos, muito pouco liberal quanto a sexo e religião. Não desaprovava os relacionamentos entre seus subordinados e as índias, mas apenas os permitia

---

[1] A atual ilha de Villegagnon, onde se encontra instalada desde 1938 a Escola Naval, estava então no século XVI bastante afastada de terra. No início do século XX, a igreja de Santa Luzia, próxima da avenida Presidente Antônio Carlos, situava-se perto da baía, motivo pelo qual a atual região urbana adjacente, incluindo o aeroporto Santos Dumont, foi aterrada e anexada. A configuração da ilha também foi alterada, sobretudo com a destruição do chamado morro da Palmeira nos anos 30 do século XVII, quando da construção da Fortaleza de São Francisco Xavier.

[2] Um dos quatro tomos de sua obra *La Cosmographie universelle d'André Thévet, cosmographe de Roy* (A cosmografia universal de André Thévet, cosmógrafo do rei), publicada em 1575, é dedicado inteiramente aos índios tupinambás. Este frade franciscano também escreveu o livro *Les Singularitez de la France Antarctique* (As singularidades da França Antártica), em 1557, que retrata a primeira fase desta tentativa de colonização francesa em terras brasileiras.

entre aqueles que se casavam antes. Consta que sua opção em acostar primeiro na ilha de Serigipe não se deveu ao terror aos índios, mas sim por temor às índias: receava que sua tripulação se perdesse em amores. Em sua obsessão contra o sexo fora do matrimônio chegou a ponto de ameaçar de morte quem insistisse nos relacionamentos extraconjugais. Por causa disso e de algumas outras atitudes, em meados de fevereiro de 1556 — ou seja, cerca de três meses após sua chegada —, vários colonos tramaram-lhe um atentado, abortado apenas porque um de seus guardas escoceses denunciou os conspiradores. Três dos envolvidos foram enforcados e cerca de vinte condenados à prisão. Com medo, muitos homens desertaram, pois preferiram os perigos da terra dos índios ao rochedo do intolerante militar francês.

Poucos dias antes desta conspiração, o frade André Thévet abandonara o Forte Coligny, por motivo de saúde, regressando à França. Com ele seguiu Legendre de Boissy, senhor de Bois-le-Comte e sobrinho de Villegagnon, em missão especial: solicitar ao rei francês um contingente de pelo menos três mil soldados, bem como mulheres. Somente assim, alegava ele, se poderia consolidar e expandir a colonização francesa da baía de Guanabara. Criar, enfim, a França Antártica.

Porém o rei Henrique II da França não pareceu entusiasmado com a ideia. Por outro lado, Gaspard de Coligny se mostrou ainda mais favorável ao projeto, mas não por razões patrióticas e sim, religiosas. De fato, naquela época, os tempos também andavam muito conturbados na França. Os movimentos protestantes se alastravam pela Europa e muitos nobres tinham aderido ao movimento liderado por João Calvino — que em 1536 se refugiara em Genebra, criando, depois de Lutero e do rei inglês Henrique VIII, mais uma cisão na Igreja Católica. Os huguenotes temiam uma perseguição dos católicos na França, ao mesmo tempo que ambicionavam afastar as principais famílias da nobreza francesa, como os de Guise, da esfera do poder. Por isso, Coligny viu nas Américas um plano B, caso a situação político-religiosa degenerasse o país. A baía de Guanabara poderia se transformar num refúgio seguro para os calvinistas franceses, conhecidos como huguenotes.[3]

---

[3] Neste aspecto, Coligny não se enganou: os conflitos religiosos na França aumentaram sobretudo durante o curto reinado de Francisco II. Após uma conspiração fracassada contra o jovem monarca (que tinha apenas 15 anos ao ser coroado) e contra o poderoso duque de Guise em março de 1560 no castelo de Amboise, duzentos protestantes foram

Até então, Villegagnon sempre se comportara como um católico inflexível, mas também era um homem volúvel como o vento e o mar. O dinheiro e a aventura parecem sempre ao corpo dos homens coisas mais prazerosas do que um prometido mas incerto sossego e paz para suas almas após a morte. Coligny saberia como satisfazer sua ambição, bastaria que lhe fornecessem homens e capital para elevar o plano da França Antártica em direção aos interesses calvinistas.

Ignora-se se Villegagnon, em plena baía de Guanabara, estaria ciente do contato de Coligny com Calvino em Genebra, pois as comunicações naquela época eram escassas. Mas é certo que em 16 de setembro daquele ano de 1556, uma grande comitiva de quase trezentos protestantes, entre os quais dois padres, partiu daquela cidade suíça em direção ao porto francês de Honfleur. Dois meses mais tarde, dali zarparam em uma viagem cheia de percalços. Chegaram ao Forte Coligny apenas em março do ano seguinte.

Também se desconhece, quando da chegada dos calvinistas, se os dois padres beneditinos, que acompanharam Villegagnon na primeira viagem, ainda estavam na colônia francesa ou se permaneciam em aldeias tupinambás. De qualquer modo, o Forte Coligny transformou-se de imediato num reduto calvinista pelas mãos dos padres Pierre Richier e Guillaume Chartier.

Se nos tempos católicos a vida dos colonos franceses já andava sob rédeas curtas, com os huguenotes a situação piorou. Sexo fora do casamento dava pena de morte. Todos os colonos, independentemente do credo, foram obrigados a ouvir preces públicas e sermão diário do culto protestante. Aos domingos eram dois. Os pastores calvinistas ficaram entusiasmados. Até demais, impondo punições eclesiásticas para qualquer mínima infração. O fanatismo do pastor Richier chegava ao ponto de ele

---

executados. As perseguições aos huguenotes se intensificaram, destacando-se o massacre de Wassy em março de 1562, executado pelo duque de Guise. Em 24 de agosto de 1572 aconteceu o mais sangrento episódio — a célebre Noite de São Bartolomeu —, no decurso das celebrações do casamento entre o huguenote Henrique III de Navarra (que se tornou, em 1589, rei da França, sob o nome de Henrique IV) e a católica Margarida de Valois, filha de Catarina de Médici (e irmã de três homens que seriam reis franceses: Francisco II, Carlos IV e Francisco III). No massacre da Noite de São Bartolomeu em Paris morreram milhares de huguenotes em apenas um dia, entre os quais Gaspard de Coligny. As guerras religiosas francesas prolongaram-se até 1598. Através do Édito de Nantes, Henrique IV instituiu a liberdade de culto.

se apresentar como um segundo São Paulo. Porém o convertido Villegagnon, por ter sido antigo companheiro de Calvino em Paris, achou que deveria aplicar seus estudos de leis e teologia, intrometendo-se em questões doutrinárias. Invocando, sabe Deus por que, a autoridade de São Cipriano e São Clemente, entrou em discussões com os pastores calvinistas, insistindo, sabem lá os ditos santos, que o vinho sacramental devia ser diluído em água e que se devia adicionar também sal e óleo nas águas batismais. As disputas chegaram a tal ponto que Villegagnon decidiu em junho de 1557 enviar o pastor huguenote Guillaume Chartier à Europa para conhecer a opinião de Calvino sobre aqueles e outros pormenores.

Porém, antes da vinda de uma resposta, as querelas cresceram. Ajudou nisto um ex-frade dominicano francês, Jean de Cointac, que entrou em acaloradas discussões com seus colegas calvinistas, e assim, quer a água, quer o vinho, bem como o sal e o óleo, foram derramados e a paz saiu pela culatra. No fim de 1557 o ambiente na colônia francesa era explosivo. Villegagnon decidiu restringir os sermões a meia hora, faltando a muitos, e começou a criticar algumas teses de Calvino. Pouco tempo depois, abruptamente, proibiu os cultos calvinistas. Consta que esta mudança de atitude se deveu a uma carta do cardeal católico de Lorena, da todo-poderosa família Guise, censurando-lhe a quebra de votos.

Ainda em dezembro, o líder da colônia expulsou os huguenotes para terra firme. Ali permaneceram entregues à própria sorte, aguardando qualquer navio que os levasse de volta à Europa. A tábua de salvação surgiu nos primeiros dias de janeiro de 1558. Não tanto assim. A nau *Les Jacques*, que lhes deu abrigo, era velha. Carregada de pau-brasil e de outros produtos, começou a meter água logo ao largo da baía. Estragando-se muitos dos víveres, o capitão quis dispensar algumas bocas. Cinco huguenotes — Jean du Bordel, Matthieu Verneuil, Pierre Bourdon, André la Fon e Jean Jacques le Balleur — voluntariaram-se a retornar a terra e pedir autorização para entrarem de novo no Forte Coligny.

Villegagnon acabou aceitando aqueles renegados de bom grado, mas talvez porque as discussões teológicas continuaram e azedaram, o líder francês prendeu quatro deles — Jean Jacques le Balleur conseguiu escapar para terra —, acusando-os de serem espiões e hereges. Em 8 de fevereiro concedeu-lhes apenas uma noite para responderem a uma série de quesitos exclusivamente teológicos. Era uma espécie de processo inquisitorial. Escrita em latim, e redigida por Jean du Bordel, o mais velho dos huguenotes detidos, a denominada Confissão de Fé da Guanabara não abrandou a ferocidade de Villegagnon. Pelo contrário, diz-se que o líder da colônia não gostou de ver que, ao longo de dezessete parágrafos do manuscrito, aqueles homens continuavam defendendo, entre outras doutrinas, que "se fosse necessário pôr água no vinho, os evangelistas e São Paulo não teriam omitido uma coisa de tão grande consequência". Enfurecido com aquelas respostas, doze horas depois de concluída a defesa, Villegagnon ordenou o enforcamento de Jean du Bordel, Matthieu Verneuil e Pierre Bourdon, sendo os cadáveres lançados do alto do Forte Coligny.[4] O único poupado foi André la Fon, por um motivo mais prático: era alfaiate e não havia nenhum outro na colônia.

Os demais huguenotes, que seguiram na carcomida nau *Les Jacques*, acabaram chegando à França sãos e salvos, depois de uma penosa viagem de cinco meses. E a sorte lhes sorriu outra vez, porque na correspondência enviada por Villegagnon encontrava-se uma carta selada a ser aberta pela primeira autoridade do porto de chegada. A missiva recomendava que todos fossem presos e condenados como hereges. Porém, talvez por já desconfiar das intenções do líder da colônia, o capitão da nau acostara em um reduto huguenote, ficando assim sem efeito qualquer sanção.

Entretanto, o foragido Jacques Le Balleur conseguiu, quase por milagre, sobreviver aos índios. Consta que, em certa ocasião, apenas não lhes serviu de petisco por trazer consigo um livro. Os indígenas, habituados aos contatos com padres católicos, pensaram ser uma Bíblia; mas não: ironicamente, era uma obra de François Rabelais, autor de *Gargântua* e *Pantagruel*. Em todo o caso, sendo teólogo eloquente, tentou evangelizá-los, com sucesso, junto dos tamoios. Tanto assim que, imprudentemente, se aventurou em incursões até a capitania portuguesa de São Vicente, começando a pregar nas ruas de alguns povoados. Teria sido melhor ter ficado com os indígenas. Tomando conhecimento da presença daquele calvinista, o jesuíta Luiz de Grã desceu de São Paulo de Piratininga e exigiu que fosse preso. Dito e feito. Crônicas da época, e outras escritas nos séculos seguintes, relataram ter Jacques Le Balleur sido condenado à morte no Rio de Janeiro em 1567, e como o carrasco se recusou à tarefa, acabou estrangulado pelo próprio padre José de Anchieta. Uma versão descreditada, mas que chegou a ser um obstáculo no processo de beatifi-

---

[4] Existem referências de que teriam sido lançados vivos ao mar, com as mãos e os pés atados.

cação do jesuíta.[5] Com efeito, sabe-se que Jacques de Balleur esteve preso em Salvador durante oito anos, perdendo-se depois seu rastro, embora se encontrem processos inquisitoriais contra ele em Portugal e em Goa, respectivamente em 1569 e 1572. Ou seja, provavelmente saiu do Brasil e nunca mais voltou.

De qualquer modo, a prisão desse huguenote tornou-se de grande utilidade para os portugueses, bem como a detenção de um outro desertor chamado Jean de Cointa. Nos interrogatórios dos dois franceses, o governador-geral Mem de Sá obteve detalhes sobre a presença e defesas dos franceses na baía de Guanabara. Uma vez informada a Corte de Lisboa sobre esses acontecimentos, veio a ordem da regência portuguesa para tomar o Forte Coligny.[6] Ao fim de 1559, Mem de Sá enviou então uma expedição, sob comando de Bartolomeu de Vasconcelos e Cunha, em direção à baía de Guanabara. Constituída por duas naus e oito embarcações menores, a expedição portuguesa alcançou a baía em 21 de fevereiro de 1560. Não atacou de imediato. Mem de Sá tentou antes negociar, enquanto aguardava por mais reforços da capitania de São Vicente. Preferiu primeiro enviar um ultimato ao líder interino dos franceses, Legendre de Boissy, sobrinho de Villegagnon, já que este se deslocara à França para se explicar ao rei e, porventura, obter mais apoio.

Nessa exigência de rendição parece ser já evidente que aquela colônia não era oficialmente apoiada pela França. No texto do ultimato, Mem de Sá escreveu que "o rei de Portugal, meu senhor, sabendo que Villegagnon, vosso tio, lhe tinha usurpado esta terra, [o] fez saber ao rei da França, o qual lhe respondeu que se cá estava lhe fizesse guerra e botasse fora, porque não era por ordem dele". Seja como for, o líder interino do Forte Coligny se recusou a obedecer. E diante de tal teimosia, os portugueses decidiram não perder mais tempo, mesmo estando em menor número. Conta-se em relatos da época que a armada portuguesa dispunha de apenas 120 europeus e 140 índios aliados, pertencentes à tribo dos temiminós, embora se beneficiassem de maior poder de fogo.

---

[5] José de Anchieta foi apenas beatificado em 1980, e canonizado — ou seja, considerado santo — em abril de 2014 pelo papa Francisco, também jesuíta.

[6] O rei D. João III morreu em 1557 sem nenhum filho vivo. O herdeiro era seu neto, D. Sebastião, nascido três anos antes. Até à coroação de D. Sebastião, aos 14 anos de idade, a regência foi primeiro exercida por D. Catarina de Áustria (1557-1562), sua avó, e pelo cardeal D. Henrique (1562-1568), seu tio.

Os franceses seriam cerca de uma centena, mas auxiliados por mais de mil índios tupinambás.

O ataque lusitano iniciou-se em 15 de março. Após dois dias de intensa luta, o forte fraquejou e muitas dezenas de franceses foram aprisionados. Não detendo meios disponíveis para tomar posse efetiva do forte, e muito menos para colonizar a região, o governador-geral do Brasil decidiu, naquele mesmo dia, rezar uma missa católica na ilha, benzer tudo e em seguida destruir tudo e incendiar. Depois, regressou à Bahia.

Somente três anos mais tarde, em 1563, os portugueses reuniram condições para se fixar definitivamente na baía de Guanabara, sobretudo por conta das insistências dos jesuítas José de Anchieta e Manuel da Nóbrega. Para essa tarefa foi indicado Estácio de Sá, sobrinho do governador-geral, que para garantir a segurança contou com o auxílio dos temiminós, inimigos dos tupinambás, ocupantes naturais das terras ao redor da baía de Guanabara. O local escolhido foi o istmo entre o morro Cara de Cão e o morro do Pão de Açúcar, onde se fundou formalmente a cidade de São Sebastião do Rio de Janeiro em 1565.

Porém o trabalho não estava terminado para os portugueses. Sabendo que algumas dezenas de franceses ainda se mantinham naquelas terras, mesmo após a destruição do Forte Coligny, e que se tinham misturado com os tupinambás, Estácio de Sá não cessou de investir fortemente, ao longo dos anos seguintes, na destruição de aldeias indígenas, sempre com auxílio de seus aliados temiminós. Os dois ataques mais eficazes ocorreram quase ao mesmo tempo, em 20 e 21 de janeiro de 1567, tendo sido devastados os povoados protegidos por paliçadas em Uruçu-Mirim, localizado no atual morro da Glória, e de Paranapuai, na atual ilha do Governador. Uma autêntica carnificina. Segundo estimativas, morreram cerca de seiscentos tupinambás e cinco franceses; ignoram-se as perdas do lado dos portugueses. Vários caciques foram chacinados. Um deles, chamado Aimberê, teve a cabeça decepada e exposta numa estaca. Dez franceses capturados acabaram enforcados.

Nos meses seguintes, com o sangue fervendo nas veias, os portugueses aproveitaram essa onda de violência, avançando mais para o interior da região fluminense. Sabe-se que incendiaram pelo menos 160 aldeias indígenas, tendo "passado tudo a fio de espada", como relatou o padre José de Anchieta. A vitória somente não se mostrou total porque, no ataque a Uruçu-Mirim, uma flecha índia atingiu o olho de Estácio de Sá, que morreu um mês mais tarde, provavelmente de infecção generalizada.

O mal francês, na perspectiva dos portugueses, não foi logo extirpado por completo. A oeste, em Cabo Frio, eles ainda conseguiram manter durante algum tempo uma feitoria, conhecida como Maison de Pierre, através de alguns sobreviventes dos ataques na baía de Guanabara. Ergueram até um pequeno forte. Apenas na época de Antônio Salema, como governador do Rio de Janeiro, aquela região ficaria sob domínio absoluto dos portugueses. Manchado de sangue, como habitualmente: numa fratricida batalha, em 27 de agosto de 1575, arrasou-se o reduto francês — as pedras seriam depois usadas para erguer o Forte de Santo Inácio do Cabo Frio — e mataram-se ou se escravizaram mais quatro mil tupinambás.

Os franceses, contudo, adoraram mesmo aquela região. No século XVIII, quando o Rio de Janeiro servia de entreposto do ouro vindo de Minas Gerais, armadas de corsários a serviço de Luís XIV da França atacaram a cidade em duas ocasiões. Em agosto de 1710, Jean-François Duclerc, comandando seis navios com cerca de 1.200 homens, tentou uma abordagem na baía de Guanabara, que foi inicialmente rechaçada. Decidiu então navegar rumo à baía da Ilha Grande, saqueando fazendas e engenhos depois de aportar na barra de Guaratiba. Enfim, marchou por terra em direção ao Rio de Janeiro. Os piratas somente foram contidos nas imediações da cidade, sobretudo pelas milícias de Bento do Amaral Silva, curiosamente neto do pirata francês Toussaint Gurgel, capturado durante a destruição da feitoria gaulesa em Cabo Frio no século XVI.

Nessa escaramuça, os franceses perderam cerca de quatrocentos homens e Duclerc foi detido, embora depois tenha sido autorizado a residir livremente no Rio de Janeiro. Do lado português estima-se que morreram cerca de cinquenta homens, entre os quais Gregório de Castro Morais, mestre de campo da capitania e, por duas vezes, governador interino. O corsário francês acabaria sendo assassinado em março do ano seguinte, por razões nunca esclarecidas, por um grupo encapuzado. Consta-se, porém, que os piratas não foram o motivo, mas sim o fato de ter atacado mulheres alheias.

Entretanto, confiante que a derrota de Duclerc havia refreado novos ataques piratas, o governador do Rio de Janeiro, Francisco de Castro Morais, baixou a guarda. Fez mal, porque na madrugada de 12 de setembro de 1711, encoberta por uma densa e incomum neblina matinal, chegou veloz e com cuidadosa perícia uma armada capitaneada por René Duguay-Trouin. Desta vez, a força dos corsários merecia respeito: sete naus de guerra, seis fragatas e cinco embarcações de apoio. No total dispunham de 740 canhões e mais de 5.700 homens. Para se ter uma ideia desta força naval, em terra os portugueses contavam apenas com 174 canhões e menos de três mil militares, grande parte dos quais com salário atrasado.

A única reação portuguesa, antes de Duguay-Trouin se apossar da ilha das Cobras, surgiu ironicamente do promontório do antigo forte criado por Villegagnon. Enquanto os canhões lusitanos não foram destruídos, ainda alvejaram mortalmente cerca de oito dezenas de piratas. Baixas reduzidas para tamanho poder. Após curtos e letais combates — onde pereceram, entre outros, Bento do Amaral Silva e Bento do Amaral Coutinho, o rude responsável pelo episódio do Capão da Traição durante a Guerra dos Emboabas[7] —, Duguay-Trouin intimou então o governador Castro Morais a se render. Obtendo uma recusa, durante dois dias os canhões franceses não cessaram de metralhar a cidade, originando um pedido geral de rendição, que incluiu o próprio governador e os chefes militares. Sem mais qualquer resistência, o líder dos corsários invadiu e se apoderou das fortalezas e trincheiras, procedendo em seguida à costumeira pilhagem. Mas o episódio não foi de todo mau; os piratas soltaram algumas dezenas de presos da Inquisição, que assim se safaram de penas eclesiásticas.

Duguay-Trouin não tinha pretensões colonizadoras; era pirata, estava ali para saquear o máximo que pudesse no mínimo de tempo possível e com o mínimo de prejuízo para si e seus comparsas. Sabia que, cedo ou tarde, surgiria um contra-ataque português de outras capitanias. Por isso, mostrou-se ágil em negociar sua retirada da cidade sob a condição de um resgate de 12 milhões de cruzados. Não havia tanto, respondeu-lhe o governador. O corsário, que estava com pressa, era também um bom diplomata e um excelente negociador. Fez assim um desconto para acelerar a saída, mas quis deixar tudo "legalizado". Assim, em 11 de outubro, na presença de um representante de Castro Morais, o resgate foi firmado, sob a pena de um tabelião. Estabeleceu-se que o governador do Rio de Janeiro se comprometia a "pagar seiscentos mil cruzados em doze ou quinze dias; e que por não sentir donde possa tirar mais contribuição deste povo, ofereceu a Sua Senhoria [ao corsário francês] cem caixas de açúcar, duzentos bois, e dez mil cruzados em dinheiro, ficando com o sentimento

[7] Ver o capítulo "Os Heróis Não São Eternos" (pág. 163).

de se não achar com mais para lhe oferecer". Os portugueses, nos termos dessa rendição, foram ainda obrigados a comprar pólvora dos "senhores oficiais franceses", em grande parte furtada dos paióis lusitanos. Depois disso, e não tendo mais de onde roubar — na fuga, a população levara o ouro —, Duguay-Trouin zarpou de volta à França em 13 de novembro, quando o governador de Minas Gerais, Antônio de Albuquerque, já se encontrava próximo do Rio de Janeiro com oito mil homens.

Duguay-Trouin teria sido muitas vezes amaldiçoado após o pagamento daquele sofrido resgate. De fato, por azar ou por desígnio divino, durante a travessia pelo Atlântico, um temporal ao largo dos Açores lhe fez perder duas valiosas naus. Em todo o caso, o rei francês ficou-lhe bastante grato, e em Versalhes o condecorou e lhe concedeu uma pensão de dois mil francos. Em pior estado ficou o governador do Rio de Janeiro, Castro Morais, uma antítese de seu irmão Gregório. Não apenas a História lhe reservou o cognome de O Vaca, como também foi processado, acusado de covardia e de assinar uma rendição vergonhosa. Saiu condenado ao degredo perpétuo para a Índia, pena mais tarde revogada. No fim das contas, quem mais sofreu com tudo isso foi o povo carioca. Além dos prejuízos pelas destruições, teve de suportar o pagamento integral do resgate na forma de impostos especiais que vigoraram até 1716.

Em casa roubada, trancas na porta. Depois desses dois episódios, as defesas militares do Rio de Janeiro foram reforçadas, e a cidade floresceu cada vez mais. Algumas décadas mais tarde, durante o reinado de D. José, ascendeu ao estatuto de capital da colônia do Brasil, em substituição a Salvador da Bahia. E, por obra e graça da chegada da Corte portuguesa em 1808, por causa de Napoleão — ou seja, mais uma vez por culpa dos franceses —, ganharia uma gigantesca projeção, de que hoje ainda se beneficia. Para sorte de todos, incluindo agora também dos turistas franceses.

COLONIZAÇÃO
FRANCESES
GUERRA
HOLANDESES
INVASÃO
UNIÃO IBÉRICA

4

NO MARANHÃO NINGUÉM PÕE A MÃO

Em Portugal, há um ditado que diz: "para lá do Marão, mandam os que lá estão".[1] Este é o desejo de todos os povos — ou, pelo menos, assim esperam seus moradores —, quer o nome de suas cidades rimem ou não com a terceira pessoa do plural do presente do indicativo do verbo estar. Nessa linha de raciocínio popular lusitano, também no Maranhão deveria mandar quem sempre morou nele. Contudo, passado um século da descoberta da América do Sul, na verdade, ninguém mandava lá em coisa nenhuma. Por um simples fato: a região continuava desocupada — por força de expressão, é claro, em uma visão meramente colonialista, porque o Maranhão sempre foi habitado por povos indígenas, desde que o homem é Homem.

Porém, o Maranhão foi uma das primeiras regiões do atual território

[1] A serra do Marão é uma pequena cordilheira do norte de Portugal, que separa a zona litoral da região de Trás-os-Montes, onde se localiza a cidade de Bragança, de grande importância histórica. Com clima agreste — caracterizado pelo ditado "nove meses de inverno e três de inferno" —, seu povo sempre demonstrou um enraizado orgulho de suas origens, por isso o ditado pretendia mostrar que jamais gostaram de receber ordens vindas de fora.

brasileiro a ser encontrada pelos europeus, antes mesmo de Pedro Álvares Cabral ter aportado na Bahia, em 1500. Mesmo sendo esse ano o da descoberta oficial do Brasil, na verdade a região nordestina já tinha sido visitada pelos espanhóis. Em 1498, uma frota comandada por Vicente Yáñez Pinzón por ali perambulou. Mas como aquelas terras estavam claramente ao leste da linha imaginária do Tratado de Tordesilhas — ou seja, "pertenciam" a Portugal —, Vicente Pinzón se dirigiu para outro local. Os portugueses acabaram chegando àquela região apenas em 1534, após o rei D. João III adotar o modelo das capitanias. Uma parte substancial do atual estado do Maranhão, bem como do Rio Grande do Norte, acabaria sendo doada ao feitor da Casa da Índia, João de Barros, e ao capitão Aires da Cunha.[2]

Para lá zarpou Aires da Cunha no ano seguinte, com muita vontade de se apossar daquelas terras. Foi infeliz em sua viagem, pois sua frota de dez navios e novecentos homens naufragou nos perigosos recifes na entrada da ilha de Upaon-Açu. Quase todos morreram. Dessa época, existem referências históricas sobre a formação de um pequeno povoado na ilha principal, denominado Nazaré, supostamente criado pelos poucos sobreviventes de lá. Porém, se existiu mesmo, certamente foi logo abandonado, porque jamais se descobriram vestígios arqueológicos nem documentos que atestem a formação de um povoado ali.

Desanimado com o fracasso dessa primeira tentativa de colonização, João de Barros abandonou o projeto, até porque gastou nessa iniciativa sua poupança, para pagar indenizações às famílias das vítimas. Perdeu-se um colonizador, mas Portugal ganhou um eminente gramático e historiador: nos anos seguintes, ele publicou a *Gramática da língua portuguesa* e concluiu três dos quatro volumes das *Décadas da Ásia*.

Pouco tempo depois desse desastre marítimo, Luís de Melo e Silva tentou nova viagem a Upaon-Açu. Não naufragou ali, mas viria a afundar em outro lugar. Nos anos 50 do século XVI, ainda existem referências a dois dos filhos de João de Barros que teriam atingido as terras da donataria, mas, se assim foi, aparentemente nenhuma pegada deixaram ali.

[2] A parte do Maranhão entregue a João de Barros e Aires da Cunha estava limitada pelo extremo leste da ilha de Marajó e pela foz do rio Gurupi. Deste último extremo até Parnaíba, a donataria foi entregue a Fernando Álvares de Andrade, tesoureiro-mor do reino. A capitania do Rio Grande situava-se entre o rio Jaguaribe, no Ceará, e a baía da Traição, em Pernambuco.

O Maranhão continuou assim, nas décadas seguintes, pertencendo *apenas* aos indígenas.

Quem se mostraria muito mais hábil na arte da navegação naquela perigosa faixa costeira, com grande densidade de recifes, seriam os franceses. No fim do século XVI, uma expedição do explorador Jacques Riffault conseguiu acostar e criou inclusive uma feitoria, a cargo de Charles des Vaux, que viveu amigavelmente entre indígenas. Também os holandeses e ingleses percorreram, nesse período, a costa norte da América do Sul, mas preferiram se fixar mais a oeste, nas Guianas, onde mais tarde criariam colônias.

Parece que os índios maranhenses simpatizaram com os franceses. Eles os chamavam de "papagaios amarelos", devido às suas roupas e ao fato de falarem muito. E como as relações se mostraram amistosas, Daniel de La Touche, senhor de La Ravardière, conseguiu convencer, no início do século XVII, o rei francês Henrique IV a investir numa missão colonizadora. O assassinato deste soberano em 1610 acabaria adiando o projeto por dois anos. A partir do porto bretão de Cancale, uma pequena frota de cinco naus e cerca de quinhentas pessoas zarpou então em direção ao Maranhão. Em 8 de setembro, frades capuchinhos rezariam a primeira missa cristã na ilha de Upaon-Açu. Pouco depois fundaram um povoado: Saint Louis, em homenagem ao rei Luís IX da França, canonizado no século XIII. Ao mesmo tempo, servia também como elogio ao então jovem rei, ainda menor de idade, Luís XIII.

Para reforçar sua presença — até porque, apesar de não reconhecerem o Tratado de Tordesilhas, receavam que a recém-criada União Ibérica cedo ou tarde reivindicasse aquelas terras —, os franceses construíram um forte e iniciaram incursões pelo sertão. Chegaram até a foz do rio Araguaia, no atual estado do Pará. Para evitar ao máximo conflitos com as tribos locais, Daniel de La Touche apressou-se em publicar um regimento que incluía artigos sobre castigos aos colonos se roubassem ou molestassem indígenas, proibindo também a escravidão.

Embora, naquele tempo, as informações corressem a passo de tartaruga, em Lisboa rapidamente se soube da presença dos franceses na região nordestina. Não se gostou, é claro. Uma coisa era não existirem homens e meios para ocupar aquelas terras; outra, bem diferente, era estrangeiros quererem tomá-las por usucapião. Assim, em meados de dezembro de 1612, o novo governador-geral do Brasil, Gaspar de Sousa, atravessou o Atlântico com instruções para atacar os invasores. Para ficar mais perto, fixou residência em Olinda, em vez de ir para Salvador.

Porém, somente nos primeiros meses de 1614 se tomaram as primeiras medidas. Sob o comando de Martim Soares Moreno, um dos mais destacados colonizadores do Ceará, uma nau se dirigiu para Upaon-Açu, mas apenas em missão de reconhecimento. Na volta a Pernambuco, as fortes tempestades lançaram a tripulação para as Antilhas, e como não conseguiram corrigir a rota, o comandante decidiu que seria melhor rumar para a Europa.

Julgando-se perdida a nau de reconhecimento, mudou-se a estratégia. Não havia tempo a perder. O mameluco Jerônimo de Albuquerque, filho homônimo de um antigo governador de Pernambuco[3] e fundador da cidade de Natal, foi chamado a Olinda para, com a aprovação do governador-geral, organizar uma ofensiva. Entretanto, nos meses anteriores, Alexandre de Moura, que se destacara na colonização da Paraíba, agrupara um forte contingente de tropas. Ambos aguardaram então um prometido reforço da Espanha, através de uma frota comandada por Diogo de Campos Moreno, experiente militar, que combatera em Flandres, e profundo conhecedor do território brasileiro.

Em agosto de 1614, pouco depois de sua chegada a Recife, Diogo de Campos Moreno zarpou, na companhia de trezentos soldados, em direção ao Maranhão. Encontrou-se no meio do caminho com Jerônimo de Albuquerque. Devido às suas raízes, este homem conseguira juntar duzentos guerreiros tabajaras. Aliás, sua capacidade de angariar aliados indígenas era famosa. O governador-geral dizia que "sem índios não se

[3] Jerônimo de Albuquerque era filho do antigo governador de Pernambuco, que tinha nome similar e que administrou a região em dois períodos (1576-1577 e 1579-1580). Sua mãe era a índia Tabira, filha de um cacique tabajara, tendo sido batizada mais tarde com o nome de Maria do Espírito Santo Arco Verde. Este casal se conheceu em condições quase trágicas: durante um combate em 1547, Jerônimo de Albuquerque perdeu um olho, foi preso e destinado a uma festa canibal; a índia, no entanto, se apaixonou por ele e o salvou. Apesar disso, o português não lhe foi muito fiel. As crônicas apelidam-no de "Adão Pernambucano", pois contabiliza 35 filhos de muitas mulheres, de todas as raças. Em 1562, por causa de sua libertinagem, a rainha D. Catarina, regente portuguesa durante a infância do rei D. Sebastião, chocada por ele ser sobrinho-neto de Afonso de Albuquerque, temido e célebre governador da Índia e "descendente de reis", escreveu-lhe: "Porquanto nos consta estares vivendo, nessa conquista nova, a lei de Moisés, com trezentas concubinas, mau exemplo para um povo novo, vos ordeno casais com uma filha de D. Cristóvão Melo que vai a meu serviço à Bahia." Com a legítima mulher, Felipa de Melo, ainda teve tempo para fazer dez filhos.

pode fazer guerra, e sem Jerônimo de Albuquerque não temos índios". Enfim, estava tudo preparado para assaltar Saint Louis.

Acampando, no final de setembro, na barra do rio Periá, no atual município maranhense de Primeira Cruz, as hostes ibéricas acabariam por escolher uma região mais favorável: um local chamado na época de Guaxenduba, na margem direita da foz do rio Munim, no atual município de São José do Ribamar. Logo, a expedição ibérica levou o engenheiro Francisco Frias de Mesquita que, rapidamente, ergueu ali um imponente forte, em formato hexagonal, e bem armado. Tão importante como a solidez daquele reduto era seu padroeiro, e assim por "sorte" lançada pelos padres franciscanos, que acompanhavam as tropas, a escolha recaiu em Santa Maria. Ironicamente, o forte francês mais próximo tinha São José como protetor.

Se por intercessão de Deus — que preferiu apoiar a mãe de Cristo em detrimento de seu pai humano —, se pela perícia do engenheiro português ou se pelo empenho dos militares ibéricos, ou se por tudo isso junto, é certo que, na madrugada de 11 de novembro, o forte aguentou uma investida francesa. Era apenas para medir forças. Na semana seguinte, os franceses montaram cerco, preparando ofensiva de maior escala. Auxiliados por mais de dois mil índios tupinambás, primeiro cavaram trincheiras em um monte diante do reduto ibérico, tapando-lhes parcialmente a vista do mar. Esperavam assim ocultar as canoas indígenas, que depois lançariam sem prévio aviso contínuas saraivadas de flechas sobre o Forte de Santa Maria.

A estratégia foi literalmente para o buraco. Também por um caminho oculto, um contingente de cerca de 150 soldados e índios arqueiros, comandado por Jerônimo de Albuquerque, contornou a primeira trincheira gaulesa, aniquilando franceses e tupinambás a torto e a direito. Indo ao socorro de suas hostes, Daniel de La Touche mandou então avançar as naus e canoas, mas os canhões ibéricos atiraram. Uma vez dispersado o inimigo, um batalhão liderado por Diogo de Campos Moreno acabou o serviço, matando aqueles que fugiam e incendiando as canoas abandonadas. Contenda feliz para os ibéricos que, acreditando nos escritos setecentistas do jesuíta José de Morais, contavam com um armeiro-mor sobrenatural, já que "foi fama constante (e ainda hoje se conserva) que a Virgem Senhora fora vista entre os nossos batalhões, animando os soldados, em todo o tempo de combate". E transformando, segundo constou, areia em pólvora e seixos em balas.

Mais dignas de crédito são as crônicas que contabilizam as perdas no confronto: apenas dez soldados lusitanos morreram, contra 115 soldados franceses — de um contingente inicial de 120 — e cerca de quatrocentos tupinambás. Depois disso, Jerônimo de Albuquerque passou a adotar o apelido de Maranhão.

Após essa sangrenta batalha, os franceses refugiaram-se no seu Fort Saint Louis, na ponta de terra entre os rios Anil e Bacanga. Acuado, até porque a maior parte dos seus aliados tupinambás deram no pé, Daniel de La Touche tentou ganhar tempo, procurando a via diplomática: propôs que um oficial francês e outro português fossem à Europa consultar suas respectivas Cortes. Na cabeça do senhor de La Ravardière, a manutenção da ilha de Upaon-Açu cabia à França, enquanto a área continental deveria ficar nas mãos da União Ibérica. Por não possuir um grande contingente que lhe garantisse a vitória em um assalto direto ao último reduto francês, Jerônimo de Albuquerque Maranhão aceitou a trégua. E Diogo de Campos Moreno seguiu para a Espanha, depois de ter assinado trégua pelo prazo de um ano.

Contudo, em julho de 1615, chegaria ao Maranhão um batalhão de 250 homens comandados por Francisco Caldeira de Castelo Branco. Trazia já ordens expressas da Espanha para se ignorar o armistício. Intimou-se assim Daniel de La Touche a abandonar o Maranhão no prazo de cinco meses, mas com entrega imediata do Forte de São José. Prometeu-se, porém, uma indenização pelos transtornos. E também, por via das dúvidas, para ajudar os franceses a decidirem, montou-se um cerco no mar e outro em terra.

A vida daqueles franceses andou, a partir de então, de mal a pior, ao sabor da vinda de novas naus da Europa. Pouco depois do ultimato, foi a vez de chegar ao forte francês um contingente de novecentos soldados liderados por Diogo de Campos Moreno, auxiliado por seu sobrinho Martim Soares Moreno — o mesmo que se perdera, no ano anterior, na viagem de reconhecimento à colônia francesa. Trazia mais ordens escritas de Filipe III da Espanha. O rei ibérico estava impaciente para resolver a questão do Maranhão: desejava a saída imediata dos estrangeiros, sem mais delongas. No primeiro dia de novembro de 1615, o Fort Saint Louis acabaria sendo atacado, rendendo-se ao fim de apenas dois dias. Cerca de quatrocentos franceses logo foram enviados de volta ao seu país em duas naus. E não foram mais porque a permanência de cerca de cinquenta franceses foi permitida, pois haviam se casado com índias. O senhor de La

Ravardière não seguiu logo para a França. Indo para o Recife, o governador Gaspar de Sousa o recebeu diplomaticamente, concedendo-lhe inclusive dinheiro e uma mercê, sob a condição de ele não se juntar a corsários.[4]

Depois de alcançada a vitória, a colonização portuguesa do Maranhão acelerou. Como recompensa pela organização do ataque a Saint Louis, Gaspar de Sousa recebeu a doação de uma nova capitania na região, que se estendia vinte léguas para o sertão entre Turiaçu e o pequeno Forte de Caeté, já no Pará. Para se precaver de novas incursões estrangeiras, e expulsar eventuais feitorias instaladas, no dia de Natal de 1615, uma expedição comandada por Francisco Caldeira Castelo Branco começou a percorrer a costa. Em 12 de janeiro do ano seguinte, fixou-se na baía do Guajará, onde ergueu um forte de madeira, batizado de Presépio. Mais tarde seria construído ali o Forte do Castelo do Senhor Santo Cristo do Presépio de Belém, ao redor do qual nasceu a primeira colônia ibérica no Pará, denominada então Feliz Lusitânia, um embrião da cidade de Belém.

Entretanto, após a nomeação de Jerônimo de Albuquerque Maranhão como capitão-mor do Maranhão — cargo que ocupou até a sua morte, em 1618, vindo a ser sucedido por seu filho Antônio —, além de se reforçarem postos fortificados, alargou-se o antigo povoado francês em moldes mais definitivos, sob traço de Francisco Frias de Mesquita. Estranhamente, ao contrário do que aconteceu com o Fort Saint Louis — que mudou de denominação para Forte São Filipe, em honra do rei Filipe III da Espanha —, o aglomerado da ilha de Upaon-Açu manteve a denominação francesa, apenas traduzida para a língua portuguesa — ou seja, São Luís, que se perpetuou.

Como sinal da crescente importância econômica e estratégica do Nordeste, uma ordem real de 1621 determinou a criação do estado do Maranhão, uma subida na hierarquia do sistema colonial. Agregando as capitanias do Pará, Maranhão, Piauí e Ceará, ficava assim separado, inclusive do ponto de vista administrativo, da colônia do Brasil.[5] A razão também

[4] Três anos mais tarde, por reivindicar um aumento de sua pensão em Lisboa, Daniel de La Touche seria encarcerado na Torre de Belém. Foi libertado apenas em 1622.

[5] Esta denominação manteve-se até 1652, quando se decidiu extinguir esse estatuto, criando duas capitanias independentes: Grão-Pará e São Luís. Porém, dois anos mais tarde foi restabelecido, passando a se chamar estado do Maranhão e Grão-Pará, solução apoiada pelo padre Antônio Vieira que escreveu ao rei: "Digo que menos mal será um ladrão que dois; e que mais dificuldades serão de achar dois homens de bem que um." Em 1751, a capital foi mudada de São Luís para Belém. Cerca de duas décadas depois, em 1772, seriam criados dois estados distintos: Maranhão e Piauí, com sede em São Luís, e Grão-Pará e Rio Negro,

era logística: por causa das correntes, dos ventos e, sobretudo, da perigosa passagem ao largo do Cabo Branco, na Paraíba, as comunicações entre o Nordeste e a sede do governo-geral em Salvador eram perigosas e demoradas. Uma travessia entre São Luís e Salvador da Bahia demorava muitíssimo mais tempo do que entre São Luís e a Europa. Mostrava-se assim mais fácil e rápido receber ordens diretas de Madri e Lisboa. Por outro lado, a Coroa espanhola, julgando ainda que manteria para sempre Portugal sob seu domínio, considerava que esse novo e mais nobre estatuto político agilizaria os projetos de ligação no Norte com as demais colônias castelhanas na costa do Pacífico.

Nos anos seguintes, a presença ibérica ao redor de São Luís se intensificou ainda mais com a vinda de colonos açorianos, que se dedicaram sobretudo à cultura da cana-de-açúcar. Além de reforçarem o controle dos territórios ao redor de São Luís — chegando até a região do atual estado de Amapá. E houve também extermínio e escravização de índios, o que já era comum em outras partes do Brasil. Dentre os mais selvagens exploradores, o lugar de maior destaque cabe a Bento Maciel Parente, nomeado Capitão de Entradas e mais tarde capitão-mor do Maranhão. Sob seu comando, realizaram-se inúmeras incursões para capturar indígenas, entre os afluentes que convergem para a baía de São Marcos até os rios Mearim e Pindaré. A violência era tão hedionda que, poucos anos mais tarde, padre Antônio Vieira se escandalizou com os procedimentos daqueles exploradores, dizendo que todos os que participavam das expedições falavam de suas ações "como se se referissem às festas de uma montaria, e não importasse mais a vida dos índios que a dos javalis ou gamos". A "limpeza" dos sertões foi tão eficaz que já em 1622 era possível ir sem problemas de São Luís a Belém do Pará.

Porém, quando tudo estava correndo bem, vieram os holandeses estragar a festa. Durante a invasão de Pernambuco, iniciada em 1630 e consolidada por Maurício de Nassau cinco anos mais tarde, a região nordestina também acabou sendo atacada.[6] Em 1637, os holandeses começaram por Fortaleza. E depois continuaram. Quatro anos mais tarde, em 25 de novembro de 1641, depois de Portugal ter recuperado a independência, uma frota comandada pelo almirante Joan Cornellizon Lichthart ancorou às margens de São Luís.

---

com a capital em Belém. Grosso modo, no século XVIII, esta vasta região incluía os atuais estados do Maranhão, Pará, Roraima, Amazonas, Acre, Amapá, Piauí e parte do Tocantins.

[6] Ver o capítulo "Os Estranhos Caminhos do Patriotismo e da Traição" (pág. 89).

O capitão-mor Bento Maciel Parente, ótimo caçador de índios, mas péssimo em perceber uma armadilha, decidiu saudar a armada holandesa com pólvora seca e tiros ao alto. Ele pensava que, tendo Portugal assinado um acordo de não-agressão com a República das Sete Províncias Unidas dos Países Baixos, aquela visita era uma cortesia. Ledo engano: ninguém faz uma visita com dezenove navios e dois mil soldados. Desembarcados na capital maranhense, os holandeses ainda manifestaram sinais de amizade, para conseguirem desembarcar o maior número possível de tropas. Quando quiseram, a cidade e o forte já estavam em suas mãos, sem resistência. Bento Maciel Parente, que já contava cerca de 75 anos, foi preso e enviado para Pernambuco, morrendo durante a viagem. Em todo o caso, os holandeses não seguiram para oeste e Belém do Pará se tornou a capital, nomeando-se então um novo capitão-mor: Pedro de Albuquerque Melo, meio-irmão de Jerônimo de Albuquerque Maranhão.

Tal como se passara em Salvador da Bahia, os holandeses mal tiveram tempo para se fixar em São Luís. Em 30 de setembro de 1642, o antigo capitão-mor Antônio Moniz Barreto, o sargento-mor Antônio Teixeira de Melo, o capitão Paulo Soares de Avelar e vários caciques tupis, instigados pelos jesuítas Lopo do Couto e Benedito Amodei, começaram a lançar uma série de ataques a engenhos dominados pelos holandeses. Depois tomaram o Forte da Vera Cruz do Itapecuru, no atual município do Rosário, causando trezentas baixas ao inimigo. Animados com essas vitórias, a resistência maranhense, reforçada pelas milícias de Pedro Maciel Parente e seu irmão João Velho do Vale, avançou em seguida pelas margens do rio Cutim, ocupando posições em Outeiro da Cruz. Naquele local, em 21 de novembro, eclodiu uma sangrenta batalha contra as forças do capitão Pieter Bass. Consta, como era comum em uma guerra considerada "santa", que a vitória dos portugueses se deveu em parte a um milagre: supostamente, quando a pólvora faltou, a areia serviu de munição nos arcabuzes.

Os holandeses ainda tiveram uma réstia de esperança quando receberam um reforço militar de sete naus e quinhentos homens. Mas a resistência lusitana também: vindo do Pará, chegou ao redor de São Luís um contingente de quase mil homens, em grande parte índios. Deste modo, Moniz Barreto retomou a ofensiva contra a cidade, avançando até os muros do convento do Carmo, vizinho da grande fortaleza da cidade. Em seguida, montou um cerco no quartel-general do governador holandês Pieter Bass. Vários confrontos se seguiram a partir de janeiro de 1643, com os holandeses se esforçando para romper o cerco. Numa dessas contendas, Moniz Barreto acabou sendo morto e substituído por Teixeira de Melo.

Seria nas mãos e na cabeça deste homem que a vitória final surgiria.[7] Diante da iminente derrota, numa situação insustentável, os holandeses fugiram na calada da noite de 28 de fevereiro de 1644. Abandonaram São Luís em estado não muito bom. "Posto que estragassem pouco, destruíram tudo", assim escreveu, no século XIX, o político e escritor maranhense João Francisco Lisboa.

Com este episódio, a cobiça das outras nações europeias em colocar as mãos sobre o Maranhão acabou e os portugueses se tornaram os senhores definitivos daquela vasta região. Para azar dos indígenas, que foram vendo suas terras serem invadidas com o passar do tempo, apesar dos esforços dos jesuítas em protegê-los. Nesse aspecto, e em muitos outros, não foi nada diferente do que aconteceu no restante do território brasileiro.

---

[7] Pedro de Albuquerque, o governador do Maranhão nomeado em Belém do Pará durante a invasão holandesa, acabou tendo um papel secundário na resistência contra os holandeses. Aliás, durante os conflitos, sua nau acabaria naufragando perto de Belém, onde ele perdeu a vida.

BANDEIRANTES
COLONIZAÇÃO
CONFLITOS ÉTNICOS
ESCRAVIDÃO
ESPANHÓIS
ÍNDIOS
INVASÃO
JESUÍTAS
UNIÃO IBÉRICA

5

MERIDIANO DE SANGUE

Na história de qualquer país, engrandecida com atos heroicos e conquistas gloriosas, encontramos também vitórias agridoces, ou seja, triunfos que quase parecem derrotas. E até o oposto, isto é, derrotas que acabam beneficiando, ao fim de alguns anos, quem foi antes subjugado. O atual território do Brasil saiu favorecido por este tipo de ironias.

De fato, em 1580, quando o rei Filipe II da Espanha invadiu Portugal com sucesso para reclamar seus supostos direitos ao trono, tinha também como propósito fundir todas as colônias ultramarinas das duas nações. Com essa investida, a Espanha se tornou dona absoluta de grande parte do Mundo e, sobretudo, da América do Sul. Contudo, se esta forçada União Ibérica parecia beneficiar sobretudo os espanhóis — porque os portugueses passaram a ser vistos como um povo vassalo do rei castelhano —, o tempo trouxe algumas reviravoltas. Durante o domínio espanhol sobre Portugal, que durou seis décadas, os colonos portugueses e espanhóis na América do Sul entraram em conflito, aos quais se juntaram também os jesuítas, em grande parte por causa da exploração dos indígenas. Assim, quando se restaurou a independência lusitana em 1640, o neto do "conquistador" Filipe II, chamado Filipe IV, perdeu não só o domínio de noventa mil quilômetros quadrados que formavam o território português na Europa como viu lhe escapar uma imensidão de terras na América do Sul que antes de 1580 pertenciam à Espanha. Com efeito, se não fosse a perda de soberania portuguesa durante sessenta anos, talvez hoje os atuais territórios do Paraná, Rio Grande do Sul e Mato Grosso do Sul não pertencessem ao Brasil.

Antes da formação da União Ibérica em 1580, aquelas regiões pertenciam, de acordo com o Tratado de Tordesilhas, aos domínios da Espanha, mesmo se algumas dúvidas persistiam ou eram alimentadas. Naquela época, a cartografia não era uma ciência muito exata, já que variava de acordo com a nacionalidade dos cosmógrafos. Por isso, enquanto os espanhóis defendiam que a divisória longitudinal da América do Sul ficava na altura de Iguape, um pouco ao sul de São Paulo, os portugueses diziam que esta se localizava na foz do rio da Prata.[1]

Com a União Ibérica, esse acordo quinhentista deixou de fazer sentido. A Espanha passou a dominar Portugal; as fronteiras entre as regiões sul-americanas, embora tênues e fluidas quando os dois países estavam separados, deixaram de existir. O rei da Espanha passou a ser o senhor de tudo. Porém aqui começa a ironia, pois foi exatamente durante o período de seis décadas em que a América do Sul teve apenas um rei que paradoxalmente se desenrolou uma série de confrontos entre homens de fé: de um lado, homens que acreditavam que a América do Sul era um paraíso de almas para servir ao Céu; de outro, homens que acreditavam que a América do Sul deveria ser antes de tudo um paraíso de corpos para servir à terra. E, com muita violência, sacanagem e extermínio de indígenas. Embora esses conflitos não tenham tido efeitos práticos na soberania castelhana até 1640 na América do Sul, o mapa deste continente mudaria radicalmente depois dessa data, quando Portugal recuperou sua autonomia.

Comecemos pela região do Paraná, que nos primeiros dois séculos após a chegada dos europeus se chamava Guairá, ou Guayrá em caste-

---

[1] Assinado antes da descoberta do Brasil, o Tratado de Tordesilhas estabelecera uma linha imaginária a 360 léguas da ilha de Cabo Verde. Todas as terras que estivessem a leste pertenceriam então a Portugal e as terras a oeste à Espanha. Deste modo, seguindo esse acordo escrupulosamente à risca, com exceção de uma pequena faixa do litoral, os territórios do Paraná, Mato Grosso e Rio Grande do Sul pertenceriam à Espanha. Grosso modo, a "repartição" da América do Sul entre as duas nações ibéricas só pôde ser definida após diversos tratados (Madri, Prado e Santo Ildefonso), assinados ao longo da segunda metade do século XVIII, embora isso não evitasse alguns pontos de conflito.

lhano. Embora claramente o interior desta região se localizasse na parte espanhola do Tratado de Tordesilhas, foi um português que iniciou as incursões. Em 1524, depois de integrar a expedição espanhola de Juan Díaz de Solís ao Rio da Prata, o lusitano Aleixo Garcia decidiu seguir até Santa Catarina. Na companhia de três outros portugueses e de um grupo de índios guaranis, organizou uma expedição para alcançar a "montanha da prata", nos Andes, terra dos incas. Para chegar lá, Aleixo Garcia tomou o mítico Caminho do Peabiru, atravessando os campos de Piratininga; desviando-se para sudeste, ultrapassou o rio das Cruzes, navegou depois pelo Tibagi e pela foz do Iapó. Percorreu então o sertão entre os rios Tibagi e Ivaí, rumou pelo Piquiri e transpôs finalmente o rio Paraná perto das Sete Quedas.[2] Conquistando a amizade e a confiança dos povos locais, reuniu cerca de dois mil índios para continuar até os Andes. Chegou afinal à região da atual cidade boliviana de Sucre, onde atacou um posto fronteiriço do império inca, apossando-se de muitas riquezas, quase uma década antes da chegada de Francisco Pizarro. Essa sua viagem demorou cerca de três anos.

Aleixo não deixou marcas no Paraná nem pôde aproveitar os prazeres de sua conquista. Na viagem de volta, acabou sendo vítima dos paiaguás, que massacraram grande parte dos membros daquela expedição. Porém o caminho que percorreu se tornou bastante útil para outros exploradores, como o castelhano Álvar Núñez Cabeza de Vaca, o primeiro europeu a avistar e descrever, em 1541, as célebres Cataratas do Iguaçu.

Os portugueses ainda tentaram novas incursões nos anos seguintes, mas desistiram depois de, entre os rios Iguaçu e Paraná, os sonhos de riqueza terem terminado em pesadelo, pelas flechas dos guaranis. Assim, seriam os espanhóis, durante a colonização da Bacia Platina em meados do século XVI, que tomariam posse daquela vasta região.

A região paranaense foi, durante muito tempo, usada pelos espanhóis sobretudo para "apresar" índios guaranis, por meio do sistema de "mita" ou de encomendas — um modelo de exploração de trabalho, de aspecto feudal, que não era nada senão escravidão disfarçada. Em 1544, os espanhóis fundariam então o povoado de Ontiveros, próximo à foz do rio Piquiri, criando até o final da década de 1570, a Ciudad Real del Guayrá e a Villa Rica del Espíritu Santu, além de outros pequenos povoados.

---

[2] As Sete Quedas eram uma das maiores e mais belas cachoeiras do mundo, localizada no rio Paraná. Em 1982, foi submersa pela represa de Itaipu.

Foi, contudo, no início do século XVII, por meio da já poderosa Companhia de Jesus, que a colonização dessa região se consolidou através das ditas "reduções" de indígenas — como também eram conhecidas as missões. O modelo seguiu, em certa medida, o projeto do jesuíta português Manuel da Nóbrega no Brasil. Percebendo a inconstância dos nativos na conversão — pois tanto aceitavam sem pestanejar o cristianismo como regressavam aos ritos pagãos num piscar de olhos —, ele decidiu que a criação de comunidades autossuficientes seria a forma mais eficaz de lhes enraizar hábitos europeus. Ao mesmo tempo, isso protegia os indígenas das investidas de bandeirantes[3] que queriam escravizá-los.

Autorizados por um documento real de Filipe III da Espanha, assinado em março de 1608, os jesuítas José Cataldino e Simón Mazeta foram os primeiros responsáveis pela criação das missões em Guayrá, contando com o forte apoio de Hernando Arias de Saavedra. Governador do Rio da Prata e do Paraguai durante vários períodos, entre 1592 e 1618, este homem, também conhecido por Hernandarias, foi o primeiro titular do cargo a nascer na América do Sul. Talvez por isso procurou sempre disciplinar os abusos dos colonos espanhóis contra os índios. Em um ambiente político favorável, entre 1610 e 1628, com o reforço de mais jesuítas, estabeleceram-se treze missões em Guayrá: Nuestra Señora de Loreto del Pirapó e San Ignacio Mini, nas margens do Paranapanema; San Francisco Xavier, Nuestra Señora de la Encarnación, San José e San Miguel, ao longo do rio Tibaji e seus afluentes; Siete Arcángeles, San Pablo del Ivagy e Santo Tomé, nas margens do rio Ivaí; e ainda Jesús María de Guaraverá, San Antonio, San Pedro de los Piñares e Nuestra Señora de la Concepción, ao longo do rio Piquiri.

Esse autêntico programa de planejamento urbano não foi isento de riscos; pelo contrário, na região do Cerro do Inhacurutum, a noroeste do atual estado do Rio Grande do Sul, três jesuítas — Alfonso Rodríguez, Roque González de Santa Cruz e Juan del Castillo — foram mortos pelo cacique guarani Nheçu.[4] Independentemente deste episódio, as aldeias

[3] A expressão "bandeirante" começou a ser usada apenas no século XIX para denominar os exploradores do sertão vindos da região de São Paulo. Na época das incursões pelo interior do Brasil, esses homens eram conhecidos como "sertanistas". Não confundir com "sertanejos", termo que se refere aos habitantes do sertão. Isto é, se um sertanista se fixasse nesta região só então se tornaria um sertanejo.

[4] Conhecidos como Santos Mártires das Missões, foram canonizados em 1998 pelo papa João Paulo II.

da Companhia de Jesus rapidamente floresceram, mostrando uma potência e organização extraordinárias. Cerca de duas décadas após a criação da primeira missão, as aldeias agregavam muitas dezenas de milhares de índios.

Contudo, no final da década de 20 do século XVII, com a entrada de Luis de Céspedes Garcia na função de governador do Paraguai, nuvens negras obscureceram aquele tranquilo paraíso. Embora nomeado em 1625 para substituir Hernandarias, Céspedes somente saiu da Europa no ano seguinte. Não se dirigiu diretamente para seu posto. Demorou-se vários meses no Rio de Janeiro, e depois em São Paulo, onde se casou com a filha do bandeirante Martim Correia de Sá, então governador da capitania fluminense. Ignora-se qual foi o trato nupcial combinado na vila paulista, mas se sabe que Céspedes saiu dali com as queixas dos bandeirantes contra as missões de Guayrá, que acusavam os jesuítas de acolherem índios foragidos. Três centenas, mais precisamente.

Assim, antes de chegar a Assunção para ocupar o cargo, Céspedes passou por algumas dessas missões, em visitas inéditas para um governador. Suspeita-se ter sido acompanhado por paulistas interessados em espiar a região. Na verdade, o próprio governador castelhano sabia que se preparava uma expedição em São Paulo para atacar Guayrá.

E não era uma expedição qualquer, agindo na surdina; era um autêntico exército. Tendo como líder Manuel Preto — e como imediatos Raposo Tavares, Pedro Vaz de Barros, Brás Leme e André Fernandes —, agruparia noventa colonos, muitos dos quais mamelucos, auxiliados por três mil índios tupis da capitania vicentina. Todos em São Paulo quiseram ir à aventura. Tanto foi assim que, naquele ano de 1628, se tornou necessário eleger novos vereadores da câmara paulista, porque os anteriores integraram a expedição.

Todas as companhias eram lideradas por homens experientes na caça aos índios. Por exemplo, Manuel Preto bandeirava desde 1602, contando com incursões esporádicas e de pequena dimensão a Guayrá. Porém Raposo Tavares, corajoso alentejano, que viera ao Brasil em tenra idade e então com cerca de 30 anos, era aquele que mostrava, e mostraria, maior bravura, combatividade e, claro, menor piedade.

Com óbvias ligações com Lisboa, os paulistas não tiveram nenhum escrúpulo em empreender uma expedição no interior de um território oficialmente espanhol. Por um lado, sabiam que era reduzida a ocupação por colonos castelhanos; por outro, e de suma importância, não se podia falar, a bem da verdade, de uma invasão a um território estrangeiro; para o mal e para o bem, Portugal estava integrado na Espanha; formavam juntos a União Ibérica. Ou seja, formalmente não existiam distinções de nacionalidade na América do Sul. Deste modo, os paulistas assumiram ter uma espécie de carta branca para "desbravar" qualquer lugar, até mesmo regiões que, antes de 1580, eram exclusividade da Espanha.

Antes da partida daquela grande expedição, grupos de paulistas se infiltraram em Guayrá, certamente para espionar e abrir caminho para a expedição, selecionando pontos estratégicos para formar acampamentos seguros. Devem também ter aproveitado para caçar alguns índios. A notícia desses primeiros reconhecimentos chegou a Madri em setembro de 1628, e o rei Filipe IV ordenou de imediato ao governador do Rio da Prata que procurasse, "por todas as vias possíveis", apanhar e "castigar, com grande demonstração, os delinquentes e pessoas que se ocupam ou estejam nas ditas crueldades e outras quaisquer com que se perturbe a paz e quietude da república e por consequência cesse a propagação do Santo Evangelho".

Quando o documento real chegou à América do Sul alguns meses depois, já era tarde. De fato, na mesma época em que Filipe IV escrevia aquela ordem, os bandeirantes já tinham saído de São Paulo. Cruzaram primeiro o rio Tibagi e acabaram se instalando numa fortificação no caminho do Iguaçu. Pouco depois, capturaram dezessete índios da missão de Encarnación que rondaram o acampamento. Tomando conhecimento daquilo, o provincial jesuíta da aldeia, acompanhado de 1.200 índios missionários, dirigiu-se ao reduto paulista exigindo a restituição dos cativos. Na conversa, o pior esteve para acontecer. Um guarani chegou a ser morto, mas os ânimos não azedaram demais. Raposo Tavares assegurou ao padre que a expedição estava ali apenas para prender índios infiéis, e prometeu confirmar se efetivamente os guaranis presos eram ou não cristianizados. Em todo o caso, o bandeirante aconselhou o jesuíta a fornecer aos índios que iam sair das aldeias um bilhete para garantir sua segurança, do contrário poderia ser capturado.

Durante quatro meses, não aconteceu mais nada envolvendo bandeirantes e missões. Os paulistas aventuravam-se exclusivamente pelas matas no intuito de cativar tribos em seu estado natural. Nesse período, os jesuítas visitaram diversas vezes o reduto dos paulistas para lhes ministrar os sacramentos. Até que, certo dia, um antigo cacique de Guayrá, chamado Tatavrana, cativo em São Paulo já há alguns anos e que então

acompanhava os bandeirantes, escapuliu do pequeno forte, junto com outros índios. Bateram na porta da missão de San Antonio e os jesuítas os acolheram, como bons cristãos. Esses indígenas agradeceram aos jesuítas, mas os bandeirantes também agradeceram aos Céus, ou talvez ao Inferno, este episódio. Isso serviu como um pretexto, havia muito aguardado, talvez, para abrir hostilidades. Uma vez que o ultimato dado aos jesuítas para entregarem os foragidos não foi cumprido, uma expedição liderada por Simão Álvares atacou a aldeia de San Antonio, destruindo-a, queimando até mesmo a igreja, e capturando ali dois mil indígenas. Uma boa e fácil recompensa. Depois que contabilizaram, os bandeirantes viram que, em apenas um dia, aquela aldeia "fornecera" mais escravos do que os cinco meses de expedições chefiadas por Brás Leme e Pedro Vaz de Barros, que havia meses investiam em regiões de caayus, ybianguiras e huybays. E sem baixas.

Ignora-se se os bandeirantes já tinham refletido sobre essas questões antes; porém sabe-se que quem começa algo e vê que isso é bom, quer continuar. No mês seguinte, os paulistas desencadearam ataques à missão de San Miguel, por iniciativa do bandeirante Antônio Bicudo de Mendonça, e à de Jesús María, sob comando de Manuel Morato. Depois seguiram para Encarnación, San Xavier e San José. Invariavelmente, as aldeias acabaram destruídas com muitos índios capturados e jesuítas espancados.

Numa relação escrita ao provincial da Companhia de Jesus na província do Paraguai, o padre Simon Mazeta relata que só uma das companhias de Raposo Tavares regressou a São Paulo com vinte mil indígenas cativos. Ali, como escravos, partiram para outras capitanias. Nem tudo correu bem para os portugueses. Muitos acabaram sendo alvo de emboscadas esporádicas, como se passou com Manuel Preto, morto em 1630 por uma flecha.

Com a invasão de Pernambuco pelos holandeses, os paulistas intensificaram mais suas campanhas em Guayrá, atacando as outras missões. Em alguns casos, encontraram-nas abandonadas. A fama dos bandeirantes já os precedia. No final de 1631, como os índios cristianizados se limitavam a duas missões — Nuestra Señora de Loreto e San Ignacio Miní —, o padre Antonio Ruiz de Montoya decidiu empreender um êxodo com mais de doze mil indígenas em setecentas balsas, descendo o rio Paranapanema e depois o Paraná. Em tempo, porque três dias mais tarde, os bandeirantes alcançariam aquelas aldeias. Numa épica jornada, cheia de contratempos e obstáculos, com epidemias se propagando, os migrantes atingiram as margens do rio Yabebirí, no atual território argentino, em março de 1632. Ali, em lugar mais seguro, novas missões foram fundadas, mas apenas com cerca de quatro mil índios. Ou seja, dois em cada três indígenas morreram no caminho.

Os ataques dos bandeirantes aconteceram diante da quase completa passividade das autoridades espanholas. O governador castelhano, Céspedes, claramente conivente com os paulistas, nunca se mostrou muito interessado em lhes controlar as investidas. Chegou até mesmo a informar Madri do que vinha acontecendo, culpando os jesuítas pela gênese dos conflitos em Guayrá e dizendo que acolhiam sistematicamente foragidos dos portugueses e dos colonos espanhóis. Também nos povoados castelhanos desta região a reação foi quase nula; talvez os colonos esperassem se beneficiar com o desmantelamento das missões. E, na verdade, quando os sobreviventes das missões de Loreto e San Ignacio Miní seguiam em seu êxodo, os colonos de Ciudad Real tentaram capturá-los, embora sem sucesso.

Essa atitude de abutre saiu cara aos espanhóis. A partir de 1631, os bandeirantes não se satisfizeram mais em apenas caçar índios. Quiseram conquistar a região, começando por atacar as vilas castelhanas de Ciudad Real del Guayrá e Villa Rica del Espíritu Santo, obrigando seus habitantes a se retirarem. E não descansaram. Em 1638, Ciudad Real del Guayrá acabaria arrasada pelos paulistas, terminando aí a presença castelhana. É bom lembrar que tudo isso se passou numa época em que Portugal e Espanha integravam a União Ibérica. Ou seja, foi uma espécie de guerra civil, embora nunca os paulistas tivessem mostrado quaisquer sinais de insurreição contra o soberano ibérico.

Na verdade, os bandeirantes confiavam em sua impunidade, porque sabiam que as ordens de Madri, emitidas por "seu" rei — simultaneamente Filipe IV da Espanha e Filipe III de Portugal —, não produziam qualquer efeito na longínqua Guayrá. Além disso, mostrava-se evidente que a corte ibérica estava em um dilema diante daquelas investidas paulistas. Mandar simplesmente prender os bandeirantes culminaria em uma guerra fratricida, com resultados incertos, porque estes se encontravam bem armados. Atacar colonos portugueses no Brasil poderia também trazer consequências nefastas para a manutenção da União Ibérica, pois abriria feridas nacionalistas. Por fim, estando então grande parte do Nordeste brasileiro ocupado pelos holandeses, também não era muito prudente criar problemas com os paulistas, cujas milícias poderiam ser úteis no reforço da resistência ibérica em curso. Aliás, não por acaso, Raposo Tavares integrou a partir de 1639 um grupo de forças paulistas que confrontou os holandeses. O bandeirante permaneceria naquela região de Pernambuco até 1642, quando Portugal já se tornara novamente independente.

Foi por essas e outras que os bandeirantes mantiveram suas investidas, ampliando-as para outras regiões sul-americanas. Em 1632, Ascenso Ribeiro e André Fernandes lideraram uma expedição no Itatim, no atual estado do Mato Grosso do Sul, então também sob administração do governador castelhano do Paraguai. Transpondo o rio Paraná, ocuparam Santiago de Xerez, perto das nascentes do rio Aquidauana, e destruíram as missões de San José, Ángeles e San Pedro y San Pablo, criadas havia pouco tempo por jesuítas, após os ataques em Guayrá. No ano seguinte, dizimaram San Pablo, Concepción de los Gualaxos, Santo Inácio e Loreto.

Pouco mais tarde, deram início à ocupação das províncias de Tape, no atual estado do Rio Grande do Sul, alcançando partes da província do Uruguai. Em meados da década de 1630, a expedição de Raposo Tavares, com 120 paulistas e mais de mil índios, destruiu as missões jesuítas de Jesus María, San Cristóbal e Santa Ana, onde capturou mais indígenas para a escravidão, é claro. Em 1637, foi a vez de Francisco Bueno atacar as missões de Yequi e Santa Teresa de Ibituruna. No ano seguinte, chefiados por Fernão Dias Pais, os paulistas tomaram as missões uruguaias de Caaró, Caazapáguazú, Caazapámini e San Nicolás. Estima-se que, ao longo dessa violenta década de "caça" pelos territórios do Paraná, Mato Grosso, Rio Grande do Sul e até mesmo Uruguai, foram aprisionados entre setenta mil, segundo algumas fontes, e trezentos mil indígenas, segundo outras. O número de mortes torna-se impossível de calcular.

Naquela terra de ninguém, sem lei nem ordem, os jesuítas se fartaram. Cansados da inação do rei espanhol, em 1638 o provincial nas missões do Paraguai e Rio da Prata, Diego de Alfaro, ainda tentou usar as armas teológicas, ameaçando de excomunhão os bandeirantes. Tudo em vão; ninguém o levou a sério. Na Europa, a Companhia de Jesus pediu então a intervenção de Roma, conseguindo até que o papa Urbano VIII emitisse uma bula, em setembro de 1639, concedendo a liberdade dos índios e decretando a excomunhão de quem os escravizasse. Um anátema do papa era uma sentença levada muito a sério naquela época; contudo, apenas depois de ser publicada no destino. Por isso, quando Francisco Díaz Taño chegou ao Brasil em abril do ano seguinte, na qualidade de "procurador dos índios e missionários do Paraguai e Tucumã", com a incumbência de executar aquilo que estava prescrito pela bula papal, geraram-se conflitos no Rio de Janeiro e especialmente em São Paulo. Os jesuítas acabaram sendo expulsos desta capitania — apenas reunindo condições para regressar treze anos mais tarde — e a bula não teve qualquer efeito.

Os jesuítas não dormiram apenas confiando na diplomacia e nas bulas papais. Assim, fazendo jus ao passado belicoso de seu fundador, Inácio de Loyola, um antigo soldado, decidiram enfim pagar aos bandeirantes na mesma moeda. Armaram-se literalmente para uma "guerra santa". Não apenas com as flechas, mas ensinando os índios a manejarem espingardas, cimitarras e outras armas. Em 1639, numa nova invasão de bandeirantes na região de Caaguaçu, foram mortos nove portugueses e capturados vinte. Neste combate, morreu baleado o padre Diego de Alfaro, superior geral das missões jesuítas.

Nos meses seguintes, como os paulistas continuaram a avançar mais para o sul, chegando inclusive a alcançar o território argentino, sempre buscando mais missões jesuítas, uma expedição de André Fernandes teve então uma desagradável surpresa. Os padres tinham abandonado a atitude meramente defensiva. Armaram mais de três mil índios guaranis e de outras tribos, estabeleceram uma rede de espiões e começaram a atacar bandeirantes em guerrilha. Queimaram também plantações, para reduzir os víveres. Finalmente, em 11 de março de 1641, nas proximidades da missão de San Francisco Xavier, na confluência dos rios Uruguai e Mbororé, na atual província argentina de Misiones, uma forte milícia jesuíta investiu contra a expedição paulista, constituída por trezentos portugueses e mais de mil índios tupis. Os confrontos prolongaram-se por uma semana. Nem no dia da Páscoa os jesuítas deram trégua, tampouco concederam misericórdia quando o inimigo içou a bandeira branca. Quando os bandeirantes tentaram recuar, o braço jesuíta foi no encalço deles, sem piedade. Para os jesuítas, reparavam as ofensas com uma "guerra santa". Poucos homens daquela expedição paulista sobreviveram.

A retumbante derrota paulista em Mbororé conteve a descida ao sertão, embora os ataques a missões não tenham cessado por completo. Essa alteração na estratégia também se deveu a fatores de conjuntura política: com a independência portuguesa recuperada em 1640, as expedições paulistas se concentraram no reconhecimento territorial e sobretudo na busca de esmeraldas e metais preciosos em território sul-americano. Por exemplo, a última expedição de Raposo Tavares, iniciada em 1648, embora ainda aproveitasse para atacar algumas missões no Itatim, preocupou-se mais em explorar o sertão brasileiro, ligando São Paulo ao Pará, numa jornada de três penosos anos, que ficou conhecida por Bandeira dos Limites.

Independentemente de tudo isso — que já é muito —, ou seja, independentemente dos massacres, da escravidão, da violência, da passividade e das armações dos castelhanos, sabe-se que os paulistas acabaram "oferecendo" ao novo soberano lusitano, D. João IV, muito mais terras para reinar. Um território muito maior do que aquele que Portugal possuía em 1580.

De fato, muito provavelmente, sem as investidas dos bandeirantes, hoje o Brasil não integraria em seu território os estados do Rio Grande do Sul, Paraná e Mato Grosso do Sul. Pode sempre se dizer — e com inteira razão — que não passaram de conquistas vergonhosas, manchadas de sangue e violência; dizimando e escravizando indígenas. E foram mesmo. Mas que venha alguma nação dizer que se formou sem fazer algo semelhante. Infelizmente, os países nunca se criaram e cresceram como um conto de fadas. Ou, se assim foi, ao longo da História, muitas vezes foi a bruxa má quem riu por último.

GUERRA
HOLANDESES
INVASÃO
UNIÃO IBÉRICA

6

OS HOLANDESES NÃO SABEM SAMBAR

Era dia de mata-mata. Em 25 de junho de 2006, as seleções de Portugal e Holanda desembarcaram em Nuremberg para conquistar um lugar nas quartas de final da Copa do Mundo de futebol. Naquele jogo de vida ou morte só havia lugar para um. Luiz Felipe Scolari, o gaúcho Felipão, que agora não traz boas lembranças no Brasil, então treinador do time lusitano, pediu para se comer até a grama, se necessário fosse. Do outro lado da barricada, Marco van Basten não deve ter solicitado coisa diferente aos seus jogadores.

Nelson Rodrigues escreveu que "no futebol, o pior cego é o que só vê a bola". E, de fato, ali, naquela cidade alemã, viu-se de tudo: futebol e violência. Ainda não passara uma centena de segundos desde o primeiro apito do árbitro russo e uma entrada "assassina" sobre Cristiano Ronaldo abriu as hostilidades. Aos 34 minutos, o jovem astro português saiu de campo machucado, depois da segunda agressão. Os portugueses não deixaram barato e pagaram na mesma moeda. No segundo tempo do jogo, só piorou: golpes de caratê, cotoveladas, bagunça, cortadas por trás e pela frente, empurrões, cabeçadas, entradas com as travas da chuteira, vergonhosas faltas de fair play; enfim, não faltou nada. No final, os lusitanos conquistaram nove cartões amarelos e dois vermelhos; os holandeses, sete amarelos e duas expulsões. Podia, e devia haver mais, tantas foram as faltas sancionadas com demasiada benevolência pelo atordoado árbitro, além de outras que nem sequer foram vistas. De qualquer modo, se na porrada houve empate, Portugal saiu vitorioso porque, afinal, aquilo que valia era chutar a bola no gol adversário. E aos 22 minutos de partida, o português Maniche fuzilara as redes do goleiro holandês Edwin van der Saar.

Futebolistas não costumam ser grandes mestres em História, mas os genes dos jogadores daquela violenta batalha com bola — no mais indisciplinado jogo de todas as Copas — deveriam recordar-se de outras brigas mais antigas. Também jogaram bolas, mas de chumbo grosso. Estávamos no Brasil do século XVII.

Mas talvez fosse melhor recuar primeiro ao século anterior, porque esta não foi a gota que faltava para fazer transbordar o copo de água; também não se podem explicar as razões de uma guerra apenas com o seu início.

Embora sejam raros os holandeses e portugueses conhecedores desse fato histórico, houve um breve período em que foram patrícios. Em meados do ano de 1580, os territórios da Holanda e de Portugal, embora tão afastados geograficamente, estavam sob domínio da Espanha. No caso holandês, a soberania castelhana era, na verdade, relativamente recente. Integrados antes ao Sacro Império Romano-Germânico, os territórios dos Países Baixos tinham sido oferecidos à Espanha em 1555 pelo imperador Carlos V — que também reinava nesta nação ibérica por ser filho de Joana a Louca — quando abdicou em favor do seu filho Filipe II. O império, que passou naquele ano a ser governado por Fernando I de Habsburgo — irmão de Carlos V e tio de Felipe II da Espanha —, deixou assim de ter domínio sobre o povo holandês.[1] Em relação a Portugal, sua anexação pela Espanha ocorreu após a morte sem descendentes, em janeiro de 1580, do cardeal-rei D. Henrique, que governara o país depois do desaparecimento de D. Sebastião na trágica batalha de Alcácer-Quibir.[2]

---

[1] Os Países Baixos se compunham de dezessete províncias, constituídas sobretudo por ducados e condados, dos atuais territórios da Holanda, Bélgica e Luxemburgo, de partes do norte da França e ainda de uma pequena região da Alemanha Ocidental.

[2] Filipe II da Espanha, que se tornou Filipe I de Portugal, era filho de Isabel de Portugal, ou seja, neto do rei português D. Manuel, e primo em segundo grau de D. Sebastião.

Esta ligação casual entre os portugueses e os holandeses cedo terminou. No decorrer de uma série de rebeliões nos Países Baixos, iniciadas em 1564 por Guilherme o Taciturno, as províncias do norte da região viriam a declarar unilateralmente a independência em 26 de julho de 1581, nascendo então o país hoje conhecido como Holanda, embora fosse, na época, denominado República das Sete Províncias Unidas dos Países Baixos.[3]

Por via dessa emancipação, holandeses e portugueses — que, como se sabe, continuaram por mais seis décadas sob dominação castelhana — perderam o efêmero estatuto de compatriotas. E, por tabela, passaram a ser inimigos. Com efeito, a jovem nação não se contentou com a separação, nem a Espanha aceitou de bom grado a cisão. Logo depois da independência, os descendentes dos batavos,[4] aproveitando a emigração de judeus endinheirados, foragidos da Inquisição ibérica, recrutando homens de competência técnica, rapidamente transformaram Amsterdã em um poderio econômico. Com o dinheiro e a ciência veio a ambição, irmã da cobiça. Nada que já não existisse no mundo. E, encravados num continente com tantos donos ao redor, olharam para o

---

Casara também com uma infanta portuguesa, Maria Manuela, sua prima, que morreu em 1545, sendo por isso também tio por afinidade de D. Sebastião. Em todo o caso, apenas se impôs no trono português pela força das armas e de suborno, reprimindo uma tênue resistência de um outro pretendente, D. Antônio, prior do Crato, filho ilegítimo de um irmão do rei D. João III.

[3] Embora apenas reconhecida pela Espanha em 1648, através do Tratado de Vestfália, a República das Sete Províncias Unidas dos Países Baixos corresponde, grosso modo, ao atual território dos chamados Países Baixos, vulgarmente conhecido em português também por Holanda, que na realidade agrega apenas duas de suas províncias. Até a sua dissolução em 1795, funcionou como uma república aristocrática, de complexa e volúvel administração federativa, controlada por um Conselho Geral, tendo tido, por regra, como figuras centrais o *Estatuder* (chefe de Estado, quase sempre de sucessão hereditária) e o Grande Pensionário (primeiro-ministro). Enfrentou depois algumas convulsões políticas no século XIX, com as invasões napoleônicas, passando a constituir uma monarquia independente a partir de 1815.

[4] Os batavos foram um povo germânico que na Antiguidade se fixou no delta do Reno, no atual território da Holanda. Por um curto período, entre 1795 e 1806, os Países Baixos chegaram até mesmo a se denominar República Batava, antes de se tornar uma monarquia. Ainda hoje, tal como acontece aos portugueses — também conhecidos como lusitanos, por descenderem de povos da antiga Lusitânia —, os holandeses são denominados batavos, ou ainda neerlandeses, neste caso por galicismo (*néerlandais*), proveniente da denominação original *nederlanders*.

mar, tal como Portugal fizera dois séculos antes, em busca das riquezas do Novo Mundo.

Contudo, a sua entrada foi inovadora. Em vez de apanharem o seu quinhão por iniciativa direta do Estado, ou camuflada através de corsários, os holandeses executaram um novo mercantilismo de iniciativa privada. Com efeito, logo em 1602, um grupo de investidores fundou a Companhia Unida das Índias Orientais. Embora a Inglaterra já desse os primeiros passos na criação de empresas monopolistas — a Companhia Britânica das Índias Orientais nascera em 1600 para o comércio de chá —, os mercadores holandeses inovaram: bem aparelhados, possuíam naus tanto para comércio como para atividades de pirataria e de conquista.

Naqueles tempos deixou de haver diplomacia em terra que valesse muito nos mares: pirateava-se, conquistavam-se feitorias, arreganhavam-se os dentes e armavam-se frotas poderosas para controlar as travessias marítimas. Nos oceanos, as palavras emudeciam no marulho; só o barulho da artilharia mostrava quem tinha razão — ou, melhor dizendo, quem era o mais forte. Pelo mar se ganhava a terra, e lá se roubava, se pilhava, por fim se negociava e se protegia para evitar ao vencedor de ontem a vergonha de se ver vencido amanhã.

Os holandeses souberam fazer isso muito e bem, e também depressa. No Oriente começaram atacando as feitorias portuguesas, algumas quase ao abandono após a sua integração na Coroa espanhola. Alcançadas algumas possessões estratégicas — como Amboina, nas Molucas, e Jacarta, na Indonésia —, que lhes permitiu garantir o fluxo de mercadorias, decidiram então ousar atacar alvos mais atrativos. Em 1621, por iniciativa de um grupo de calvinistas flamengos e brabanteses, nasceu outra empresa mercantilista: a Companhia Neerlandesa das Índias Ocidentais, cujo ambicioso plano previa a entrada no rentável tráfico de escravos e mercadorias de todo o Atlântico e Pacífico.

Nessa altura, o objetivo já não era somente mercantil, mas também de sobrevivência da própria república neerlandesa. De fato, após um período de trégua de cerca de duas décadas com a sua antiga nação colonizadora, os holandeses começaram a sofrer um aperto econômico por parte da Espanha, que impediu seus mercadores de comercializar em Lisboa e Antuérpia. Em represália, a nova companhia mercantilista mudou o alvo que estava em sua mira, ou seja, apontou os canhões para as colônias espanholas. Como o Brasil pertencia na época à Espanha, os portugueses apanharam por tabela, porque a Bahia seria o alvo privilegiado escolhido pelos holandeses para iniciar o ambicionado controle do Atlântico.

De uma forma metódica, os holandeses recolheram primeiro informações detalhadas sobre a capacidade defensiva daquela região, recorrendo a cristãos-novos brasileiros. Na verdade, eram judeus, seduzidos por um regime de maior liberalidade de culto. Embora espiões da Corte espanhola radicados na república batava tivessem avisado Madri e Lisboa sobre a iminência de um ataque ao Brasil, esses alertas foram aparentemente ignorados. A Corte ibérica errou feio, errou rude. No final de 1623, uma frota da Companhia Neerlandesa das Índias Ocidentais, comandada por Jacob Willekens, e tendo Piet Hein como almirante, atravessou o Atlântico rumo ao Brasil. Não era para visita comercial; era para atacar mesmo a região. Transportando mais de três mil homens, entre tripulantes e soldados, em 26 naus de grande poder de fogo, as intenções bélicas mostravam-se evidentes.

A travessia, como era habitual, não foi fácil: uma tempestade logo em Plymouth dispersou as naus, que apenas se reagruparam em Cabo Verde, antes de eclodir nova borrasca. Apenas em meados de abril de 1624, a primeira nau holandesa, capitaneada pelo fidalgo Johan van Dorth, alcançou a costa brasileira. Enquanto aguardavam a frota, escondeu-se ao lado do morro de São Paulo, a uma dúzia de léguas de Salvador.

Sabendo da presença daquela nau, o governador da Bahia, Diogo de Mendonça Furtado, reforçou suas defesas. Não tinha muito por onde reforçar: além de parca artilharia, contava apenas com oitenta soldados e 1.600 mosqueteiros sem treino. Contudo, como a nau de van Dorth não avançou nem recuou durante dias, o então bispo da Bahia, Marcos Teixeira — que não morria de amores pelo governador —, garantiu, até no alto do púlpito, ser uma estupidez empenhar-se tempo e dinheiro com medo de uma embarcação. Disse ele que eram apenas uns piratas esperando por qualquer incauta embarcação. Erro crasso: por causa desse discurso, desmobilizou-se a já pouca defesa que se estava montando. E assim, nos primeiros dias de maio, o horizonte de Salvador da Bahia abriu com a visão de uma poderosa armada inimiga.

Então começou a balbúrdia. Em terra, correram para buscar voluntários; quando não os encontravam por bem, arranjavam alguns à força, sob a visão de uma forca que o governador mandou colocar na praça principal para dissuadir potenciais desertores. Mas era já tarde demais. Em 8 de maio, os holandeses lançaram um ataque concentrado, por mar

e por terra. Foi infernal. "Com a luz do dia seguinte, apareceu a armada inimiga, que, repartida em esquadras, vinha entrando. Tocavam-se em todas as naus trombetas bastardas ao som de guerra, que com o vermelho dos paveses vinham ao longe publicando sangue. Divisavam-se as bandeiras holandesas, flâmulas e estandartes, que, ondeando das antenas e mastaréus mais altos, desciam, até varrer o mar com tanta majestade e graça que, a quem se não temera, podiam fazer alegre e formosa vista. Nesta ordem se vieram chegando muito a salvo, sem lho impedirem os fortes, porque, como o porto é tão largo, tinham lugar para se livrar dos tiros", assim foi descrita esta abordagem batava pela pena do padre Antônio Vieira, na época, um noviço de 16 anos. Em seguida, o pânico; a debandada geral com o início do massacre holandês. "E foi tal o estrondo e confusão", continuou o jesuíta, "que a muitos, principalmente aos poucos experimentados, causou perturbação e espanto, porque os muitos relâmpagos, fuzilando, feriam os olhos, e com a nuvem espessa de fumo não havia quem se visse; por outra, o contínuo trovão da artilharia tolhia o uso das línguas e orelhas, e tudo junto, de mistura com as trombetas e mais instrumentos bélicos, era terror de muitos e confusão de todos."

Quase sem resistência — morreram apenas cerca de cinquenta holandeses —, a cidade se rendeu. Jacob Willekens e Piet Hein até se surpreenderam por nem um tiro ter sido disparado quando se apossaram da praça da cidade. Lá dentro apenas o filho do governador quis lutar até a morte. Nem esse direito lhe concederam: prenderam-no apenas, assim como o pai.

Inicialmente, o povo julgou ser intenção dos holandeses apenas saquear Salvador, e depois a abandonar. Enganaram-se. Eles entraram ali com a intenção de ficar, com armas e bagagens. Johan van Dorth foi de imediato nomeado governador de Salvador, dando início à reparação e construção das fortificações e muralhas. Para atrair os habitantes foragidos, a Companhia Neerlandesa das Índias Ocidentais prometeu segurança, uso pleno dos bens e até mesmo liberdade de culto, algo que, convenhamos, agradou bastante aos cristãos-novos.

Contudo, se muitos se seduziram com o *riepe riepe garste* holandês, nem todos quiseram entrar na dança. Para uma grande parte dos portugueses daquela cidade já bastava a tutela de um rei castelhano; não desejavam trocá-la assim, sem mais nem menos, por um grupo de mercadores desconhecidos de uma jovem nação. E ainda mais de outra religião — hereges, portanto. Por isso, cerca de 1.400 homens, entre moradores, clérigos e soldados sobreviventes, bem como cerca de 250 índios tupinambás, aliados dos portugueses, abrigaram-se no Arraial do Rio Vermelho, nos arredores da cidade. E prepararam então um contra-ataque, arquitetado pelo bispo Marco Teixeira de Mendonça, bastante arrependido por ter subestimado a primeira nau holandesa.

Enfim, arrependimentos se pagam primeiro com ave-marias; e depois dessas, que raro resultam, o bispo decidiu trocar as vestes clericais pelas de líder da resistência. Usando táticas de guerrilha, as denominadas Milícias dos Descalços — assim conhecidas por não haver botas para quase ninguém — iniciaram os ataques com ousadia, em alvos escolhidos a dedo, mesmo dentro da cidade. E para atingir a cúpula dos invasores.

Na tarde de 15 de junho, pouco mais de um mês após a tomada da cidade, o governador Johan van Dorth passeava em frente ao pequeno Forte de São Filipe,[5] montado a cavalo e acompanhado de "alguns soldados, tocando trombetinha diante". Lá foi emboscado por uma guerrilha lusitana, capitaneada por Francisco Padilha. O primeiro tiro matou o cavalo do administrador holandês e, "arremetendo sem escutar razões, ou promessas", Padilha "lhe cortou a cabeça". Consta que a levaram como troféu para o arraial, sem nariz nem orelhas. Pouco tempo duraria seu substituto, Albert Schoutens, também aniquilado por uma bala de mosquete, sucedendo-lhe no posto seu irmão Willem.

Obviamente, os holandeses responderam à altura, fuzilando presos portugueses e tentando conquistar novos territórios, na esperança de que, em outros lugares, a resistência seria mais fraca. Por conta disso, Piet Hein seguiu com uma armada para a costa africana com o objetivo de se tornar o senhor de Luanda, fundamental entreposto negreiro. Se conquistada, "garrotariam" o fornecimento de escravos a todo o Brasil. Como estratégia, isso seria um sonho, mas terminou em pesadelo para os batavos. A defesa dos militares da colônia angolana, liderada pelo governador Fernão de Sousa, rechaçou o ataque. Regressando ao Brasil, indisposto por aquela derrota, Piet Hein decidiu atacar o Espírito Santo. Também ali se deu mal. E em grande parte por causa de uma mulher. De fato, se os portugueses têm a sua Brites de Almeida — a famosa padeira de Aljubarrota que, em 1385, matou com pazadas meia dúzia de soldados castelhanos —, o Brasil tem em Maria Ortiz uma épica heroína.

[5] Posteriormente, no século XVIII, seria construído ali o Forte de Nossa Senhora de Monte Serrat, atual Museu da Armaria do Ministério do Exército.

Contam as crônicas que, enquanto os holandeses marchavam por uma ladeira do Espírito Santo, que se afunilava ao lado da casa daquela jovem capixaba, esta lhes jogou água fervente, incentivando os vizinhos a arremessarem pedras e o que houvesse à mão. Supostamente, Maria Ortiz teve ainda coragem para atirar uma tocha nas peças de artilharia dos invasores. Resultado: voaram para a morte 38 holandeses, e os demais deram no pé em direção às naus para literalmente lamberem as feridas. Este sucesso permitiu ao donatário da capitania do Espírito Santo, Francisco de Aguiar Coutinho, reforçar as defesas da vila, não deixando outra opção a Piet Hein além de seguir, com as mãos abanando, para seu porto seguro: Salvador. Ou melhor, para o porto que ele pensava ser seguro.

De fato, muita coisa mudara desde que aquele aventureiro atravessara o Atlântico para tentar conquistar Angola. A infeliz notícia da perda de Salvador chegara à Península Ibérica apenas em 26 de julho, cerca de dois meses depois do ataque batavo. Foi como um golpe no coração da União Ibérica. A Bahia não era uma mera feitoria asiática, como as que os holandeses haviam conquistado; era um centro de produção de açúcar e, pela sua importância estratégica e política no continente sul-americano, seria impensável cair nas mãos de outro país. Aberta uma brecha, outros Estados, como a Inglaterra e a França, poderiam também cobiçar outras regiões sul-americanas. Além disso, o rei Filipe IV da Espanha, também soberano de Portugal, teria plena consciência de não poder menosprezar uma das mais antigas fortalezas criadas pelos lusitanos.

Por isso, soaram os sinos a rebate[6] em Lisboa e Madri. Literalmente, já que bem rápido se organizaram novenas — afinal, os holandeses eram hereges —, pedindo a intercessão divina. Mas como Deus nem tudo pode nem ajuda, espanhóis e portugueses tiveram de lutar pela vida. "Batido o Céu com devoções e rogos, foi necessário também acudir às armas para refrear as insolências do inimigo", escreveria mais tarde o jesuíta Bartolomeu Guerreiro.

Por vontade do rei, teria saído de imediato uma armada ibérica para o Brasil. A prudência, contudo, recomendou maior ponderação. Erro colossal seria enviar expedição com a emoção à flor da pele, sem garantia de vitória. Por isso, preparou-se uma armada adequada. Ou melhor, duas:

---

[6] Quando se "tocavam os sinos a rebate", isto é, com golpes apressados e repetidos, alertava-se o povo sobre a iminência de um ataque inimigo. Por extensão, a expressão passou a designar qualquer alerta de perigo.

uma portuguesa e outra espanhola, já que a União Ibérica não era assim tão unida.

Enquanto em Madri se incumbiu Fadrique de Toledo Osório, em Lisboa a tarefa ficou a cargo de Manuel de Menezes, um experimentado cosmógrafo e militar. Desde a perda da independência em 1580, nunca se vira em Portugal tamanho espírito patriótico. Quase todas as famílias da nobreza lusitana concederam generosos donativos e indicaram um membro para a desejada reconquista baiana. E não faltaram voluntários, até porque a Igreja ofereceu um jubileu — ou seja, um perdão pelos pecados — para todos os que fossem à luta. O rei espanhol se rejubilou com tanto entusiasmo guerreiro. Escreveu que nem era necessário incitar ninguém a embarcar; mais difícil seria conter todos aqueles que queriam fazê-lo.

Mesmo assim, apenas em novembro ficou tudo pronto. A armada portuguesa, composta por 26 naus, partiu de Lisboa no dia 22 daquele mês, com instruções para aguardar por Fadrique de Toledo Osório em Cabo Verde. Poucas semanas depois, a frota espanhola chegou, então rumaram todos juntos até a costa baiana. Estava ali a maior e mais poderosa armada ibérica a atingir o hemisfério sul, agrupando 52 navios, 1.185 canhões e 12.566 homens. Em 28 de março de 1625 ancoraram perto de Salvador.

Os contingentes ibéricos estavam confiantes de sua supremacia numérica, mas sabiam que os holandeses eram osso duro de roer. Mostravam-se peritos em fortificações e detinham balas incendiárias e brulotes.[7] Atacar a cidade diretamente pelo mar seria uma operação suicida. Por isso, depois de se reagruparem e contatarem a resistência da Milícia dos Descalços — reforçada por tropas do governador de Pernambuco, Matias de Albuquerque —, desembarcaram em pontos estratégicos. Ao mesmo tempo, montaram um bloqueio naval ao longo da Bahia, com o auxílio de uma pequena esquadra vinda do Rio de Janeiro.

Diante das infrutíferas tentativas de quebrar o assédio ibérico, os holandeses começaram a se sentir cada vez mais acuados. O moral foi baixando também à medida que índios arqueiros, trazidos de aldeias jesuítas das capitanias do Rio de Janeiro e São Vicente, caçavam de vez em quando soldados mais incautos. A guarnição holandesa — em parte com-

---

[7] Embarcação carregada de material inflamável ou explosivo destinada a incendiar ou destruir navios.

posta também por mercenários franceses e ingleses — ansiava pela vinda de reforços da Europa, que nunca chegavam. Diante dessa constatação, buscaram um bode expiatório. O mais fácil de encontrar acabou sendo o governador Willem Shouten, acusado por seus subordinados de andar mais entretido com vagabundas do que em preparar estratégias de defesa e contra-ataque. Semanas mais tarde, cansados de tudo isso, depuseram-no e nomearam Hans Kijff apenas com o objetivo de negociar uma rendição. A vitória ibérica se consumava.

No acordo, os holandeses comprometeram-se a entregar a cidade de Salvador com toda a artilharia, armas, munições, bandeiras, escravos, naus, dinheiro e metais preciosos. Em troca receberam a garantia de retorno em segurança para a Europa. Fadrique de Toledo Osório também exigiu uma lista de colaboracionistas baianos, mas os holandeses não satisfizeram esse pedido. Em todo o caso, os judeus, que durante a presença holandesa estavam tendo uma vida nova, ficaram em maus lençóis. Muitos receberam depois a amarga vingança da Inquisição.

No dia 1º de maio de 1625, Salvador da Bahia tornou-se assim novamente uma cidade ibérica. Abriram-se as portas da praça, desfraldaram-se os estandartes da Conceição e de Santa Teresa na torre da catedral — em satisfação de um pedido expresso de Filipe IV da Espanha — e desembarcaram-se imagens de santos para substituir as destruídas pelos holandeses. Vários clérigos ajudaram na festa, açoitando os púlpitos profanados pelos capelães heréticos, como se as pedras tivessem culpa. Os cadáveres dos holandeses sepultados na cidade foram desenterrados e lançados ao mar. Apenas os restos mortais de Johan van Dorth, por razões de honra militar, foram poupados da profanação geral.

A festa da Jornada dos Vassalos, como ficou conhecida esta expedição ibérica, terminaria com muito choro. Depois de deixar em Salvador cerca de mil soldados, a armada sofreu com as inclementes tempestades e com ataques de piratas, alguns deles holandeses, ao longo da travessia atlântica. Da frota portuguesa de 26 naus, apenas a comandada pessoalmente por Manuel de Menezes alcançou Lisboa. E, mesmo na hora de cantar vitória na Península Ibérica, houve mais brechas abertas do que reunião. De fato, sendo necessário glorificar no papel este feito, tanto em Portugal como na Espanha foram escritas várias relações. E, enquanto as de autores espanhóis engrandeciam seus patrícios, os manuscritos lusitanos entoavam hosanas apenas aos portugueses. Na denominada "Guerra das Tintas" os castelhanos venceram: o rei proibiu a publicação das crônicas dos portugueses, entre as quais a do próprio Manuel de Menezes, cujo manuscrito apenas foi descoberto, e publicado, em 1859.

Enfim, volta-se ao batavo Piet Hein, que não se perdeu na História, e nesta história. Quando, como se disse, depois de suas tribuladas incursões por Angola e Espírito Santo, se aproximou de Salvador da Bahia, viu a mudança de bandeira. Foi assim obrigado a dar meia-volta e ir piratear em outro lado. Similar atitude teve uma armada holandesa de 34 embarcações e seiscentos soldados que, três semanas após a reconquista ibérica, se dirigia também para aquela cidade. Neste caso, o comandante, Edam Hendrikson, decidiu rumar para norte e desembarcar numa baía de praias sinuosas da Paraíba, habitada por índios potiguares, aproveitando para avançar até Mataraca e Mamanguape. Somente após um contra-ataque das tropas de Pernambuco e da Paraíba, comandadas pelo capitão Francisco Coelho de Carvalho, é que foram expulsos. Em represália por terem acolhido os holandeses, os potiguares seriam depois exterminados pelos portugueses, que não pouparam velhos nem crianças. De muito bom grado, os tabajaras participaram desta violenta tarefa.[8] A região ficou conhecida a partir deste episódio como Baía da Traição.

Apesar desses reveses, os holandeses, e sobretudo Piet Hein, não desistiram da América do Sul. Nos meses seguintes atacaram Porto Rico e São Jorge da Mina, embora também sem sucesso. Piet Hein optou, a partir de então, apenas por ações de corso, sempre ao serviço da Companhia Neerlandesa das Índias Ocidentais. Em 1627, atacou Salvador da Bahia, conseguindo roubar trinta naus carregadas de açúcar. E por muitos meses continuou por aqueles e outros mares, fazendo aquilo que melhor sabia: piratear.

Ironicamente, sua vida terminou quando passou para o lado dos caçadores de piratas. Em junho de 1629, ocupando então o posto de tenente-almirante da Holanda e Frísia Ocidental, depois de abandonar a Companhia Neerlandesa das Índias Ocidentais, interceptou corsários espanhóis perto do Canal da Mancha. Uma bala de canhão atingiu em cheio o seu ombro. Mas ele deixou um legado. No ano anterior, seu último saque como corsário mudaria indiretamente o rumo da história do Brasil.

---

[8] A animosidade entre potiguares e tabajaras era ancestral. No romance *Iracema*, de José de Alencar, cujo enredo se desenrola em período anterior, essa situação já era retratada.

No dia 8 de setembro, perto da baía de Matanzas, ao largo da ilha de Cuba, o bando de Piet Hein conseguiu roubar o carregamento dos galeões espanhóis da célebre *Flota de Indias*, que transportava anualmente produtos preciosos a partir do golfo do México. Foi uma colheita inédita e espantosa: cerca de 11 milhões de florins em prata, ouro e outras mercadorias, fortuna suficiente para a Companhia Neerlandesa das Índias Ocidentais financiar uma esquadra de 64 navios e 3.800 homens, pronta para nova investida contra o Brasil.

Em fevereiro de 1630, os batavos mostrariam assim que a derrota em Salvador da Bahia, cinco anos antes, não encerrara o "jogo"; era apenas o primeiro tempo. E se, tal como na Copa de 2006, em que houve violência de ambas as partes, os lusitanos chegaram até o intervalo vencendo, os holandeses regressaram depois com vontade de mudar o rumo da batalha. Tiveram melhor sorte em 1630? A resposta parece óbvia, mas essa segunda parte se mostraria ainda mais virulenta.

GUERRA
HOLANDESES
INVASÃO
UNIÃO IBÉRICA

7

OS ESTRANHOS CAMINHOS DO PATRIOTISMO E DA TRAIÇÃO

Aristóteles escreveu que a realidade é a única verdade. Máxima certeira, se houvesse apenas uma realidade. Porém sabemos que a realidade é paradoxalmente volúvel e depende dos distintos pontos de vistas dos observadores. E são tantos, que, não poucas vezes e com tão distintas perspectivas e interpretações de um só acontecimento, ficamos, enfim, com várias verdades. Além disso, nem sempre é possível garantir que um mesmo observador seja inflexível na sua visão da realidade. Ou seja, aquilo que lhe pareceu, em certo dia, uma insofismável verdade, se torna refutável, ou até mesmo descartável.

A culpa é do tempo, do espaço e das circunstâncias, que se metem em tudo e tudo mudam. Um traidor visto por um lado pode ser um herói, por outro. Um criminoso executado transforma-se, não raro, anos mais tarde, em mártir. Um herege vivo se torna depois um santo morto. Um valente soldado hoje pode parecer um mercenário sanguinário amanhã. Um tenebroso conspirador de ontem, um pacifista resoluto hoje. Amanhã um herói de hoje será um crápula. Eis que um canalha, enfim, se revela um patriota. Ou então um ilustre homem, tão elogiado em seu tempo, se apresenta aos olhos futuros como um ambicioso facínora a serviço do interesse do inimigo. Tantas estátuas já se ergueram honrando aqueles que, se houvessem morrido em outro lugar, nem sepultura receberiam. E tantos cenotáfios glorificam agora em panteões homens que, por castigo, foram esquartejados e tiveram a cabeça espetada em postes e os restos queimados para que sua existência jamais fosse lembrada.

Enfim, desde a Antiguidade, o maior dilema de um mortal era saber se deveria agradar gregos ou favorecer troianos. Se nunca foi fácil para uma criatura saber como andar por este mundo, mais difícil ainda, para não dizer impossível, é saber como os olhos do futuro examinarão uma existência, avaliando aqueles que nunca conheceram, que nunca souberam por que agiram daquele modo ou por aquele caminho.

Em calmos e fartos tempos, muitas vezes andam com um mortal a coerência, a bondade, os bons modos, o amor à pátria e aos seus patrícios. Já em tempos belicosos e magros, nem tanto. Ora, nos séculos XVI e XVII, quando as guerras pipocavam pelos quatro cantos de um mundo ainda em constante descoberta — pelo menos na visão dos europeus; quando as nações ora se formavam, ora se fundiam, ora feneciam, ora se aliavam, ora se desfaziam, ora se revoltavam, ora conspiravam — enfim, nesses tempos, não era fácil ser um patriota. Após cada ação, um homem nunca sabia exatamente o que seria colocado em seu pescoço: uma medalha de honra ou o laço de uma forca.

Na verdade, nessa época, uma nação estava longe de pertencer a seus habitantes. As regras e a vida quotidiana se curvavam aos caprichos dos reis e de senhores poderosos, ao dinheiro, à ambição, à ganância ou a qualquer outra vontade humana. Era normal nascer num país e, ao longo da vida, mudar de nacionalidade duas ou mais vezes; ou viver em outro lugar que, de repente, mudava para as mãos de outro soberano, mesmo sem haver guerras. Patrícios de ontem podiam se tornar inimigos de amanhã. Os invasores do passado, compatriotas no futuro. Ou não. Tudo dependia de muitos fatores; por vezes inatingíveis. Em muitos casos, os acontecimentos evoluíam num rumo quase incompreensível ao pensamento atual.

Tanto em nações velhas como jovens, o patriotismo nunca foi uma árvore de raízes fortes. Poderia até se mostrar verde e florida, mas como se sustentava em um sistema político e social com resquícios de feudalismo, firmava-se em terreno pouco sólido, ou até mesmo fluido. Em muitos casos, mais do que os reis ou as elites, era a religião que surgia como elemento agregador, superior à pátria, como se viu na Europa durante o período das Cruzadas. Porém, durante o chamado Renascimento, as "guerras santas" deixaram de se fazer apenas contra os muçulmanos; com a eclosão dos movimentos protestantes, estouraram até mesmo no seio das velhas nações. Em todo o caso, a religião era, por vezes, um argumento muito falacioso, escondendo um único e vital objetivo: a obtenção do poder terreno.

Pertencer a um reino ou a outro, ser vassalo de um monarca ou de outro, era indiferente para a maioria da população. Como era natural que, após a morte de um rei, viesse outro, não era estranho aparecerem novas nações. O problema maior era que, por regra, uma nova nação implicava novos conflitos. Salvo em casos que, por razões familiares, territórios eram ofertados ou desmembrados, quase sempre um tratado de paz entre dois monarcas beligerantes marcava apenas o início do intervalo para a guerra seguinte. E o povo assim era coagido a lutar ao lado de seu "senhor", independentemente de seus motivos. Ou, então, contratavam-se mercenários, que não raro se comportavam de forma mais ousada e valorosa do que os ditos conterrâneos de uma nação. Na verdade, naqueles tempos, nem a pátria era a língua, como disse o poeta Fernando Pessoa: a pátria era o dinheiro e a glória individual.

Ser mercenário ou estar a serviço de uma nação estrangeira, mesmo implicando choque de interesse com seus compatriotas, era muito habitual. Na época dos Descobrimentos, das grandes conquistas marítimas, desde o mais simples marinheiro ou soldado até o mais talentoso almirante, todos tinham a pátria no bolso. No coração, pouco ou nada. Por exemplo, Cristóvão Colombo, embora fosse natural da República de Gênova, esteve ao serviço de Portugal e, depois, do rei da Espanha. Também Américo Vespúcio, nascido na República Florentina, começara trabalhando para os portugueses, e depois adotou a nacionalidade castelhana. O português Fernão de Magalhães fez a primeira viagem de circum-navegação sob a bandeira dos castelhanos. Em 1604, a serviço da Companhia Neerlandesa das Índias Ocidentais, o inglês Henry Hudson descobriu Nova York, que durante muito tempo se chamou Nova Amsterdã.

No início do segundo quartel do século XVII, apesar de Portugal já ser uma das mais velhas nações mundiais, o patriotismo lusitano não vivia tempos promissores. Sua integração à União Ibérica, em 1580, por imposição de um rei castelhano, não registrara oposição popular digna de nota, com exceção da tentativa frustrada de uma pequena tropa liderada por D. Antônio, prior do Crato. E muito menos no Brasil. Na verdade, as colônias nunca eram consideradas em Portugal como extensões da pátria; tratava-se apenas de territórios a explorar. Aliás, em sua inglória tentativa de assumir o trono de Portugal, o prior do Crato chegou a estabelecer um acordo secreto com Catarina de Médici, no qual oferecia o território do Brasil ao rei francês Henrique III em troca de apoio militar contra a Espanha.[1]

Também nessa época, os habitantes no Brasil não sentiam um pingo de patriotismo lusitano. A começar pelos nativos. Disseminados por aquele vasto continente, integrando tribos em muitos casos violentamente antagônicas, seu território era o lugar que herdavam de seus antepassados e não havia fronteiras definidas. Dos escravos negros não se poderia esperar, obviamente, qualquer manifestação de patriotismo. Traficados da África como presas de guerra, em terras brasileiras não detinham nem direitos, quanto mais pátria. Ninguém dentre esses dois grupos se sentia brasileiro ou português; os índios tampouco tinham se tornado portugueses após a viagem de Pedro Álvares Cabral. E muito menos viraram espanhóis depois da criação da União Ibérica em 1580.

De igual modo, salvo os mais altos funcionários e alguns oficiais — que serviam a Espanha como poderiam servir Portugal, se ainda fosse uma nação independente —, os colonos brasileiros também não se importavam com patriotismos. Uma parte estava ali para pagar por crimes cometidos na Metrópole, outros tinham seguido pela aventura e em busca de melhores oportunidades. Tudo aquilo que conquistavam, consideravam seu; não pagavam impostos nem se submetiam às leis pátrias de bom grado. Um oceano os separava de seu soberano; logo, o poder régio, apenas exercido por governadores quase sempre corruptos, não deixava espaço para grandes paixões pela nação. Era-lhes indiferente quem fosse o rei na longínqua metrópole europeia.

Foi neste cenário, nesta amálgama social, que a Bahia acabou sendo invadida pelos holandeses em 1624. E mesmo a Jornada dos Vassalos,

---

[1] O prior do Crato, D. Antônio, era primo ilegítimo de D. Sebastião, e tentou se opor ao domínio castelhano, autoproclamando-se rei em Santarém. Contudo, foi derrotado na batalha de Alcântara, em agosto de 1580, refugiando-se na ilha açoriana durante algum tempo. A França, de forma oficiosa, chegou a apoiar militarmente as suas pretensões ao trono, mas uma forte armada castelhana venceu as forças luso-francesas, comandadas por Filippo Strozzi, em 26 de julho de 1582. Assim se frustraram os desejos de D. Antônio. Curiosamente, numa dessas batalhas navais participou, no lado espanhol, o escritor Miguel de Cervantes. Por felicidade, ele saiu de lá vivo, do contrário não teríamos *Dom Quixote*.

uma resposta da Corte de Madri para os expulsar, mostrou-se sobretudo como uma reação de orgulho ferido. Foi uma coisa pontual que até mostrou, nessa artificial União Ibérica, as feridas latentes dos conflitos históricos entre as duas nações, patente na chamada "Guerra das Tintas".[2] Assim, depois deste episódio, os habitantes do Brasil continuaram sem se sentir espanhóis; ficaram como antes: portugueses no Brasil, mas sem grande estima por Portugal nem pela Espanha. Os escravos continuaram a pertencer a seus donos; os índios se mantiveram, vivendo como habitualmente, em maior ou menor animosidade com os brancos.

Os holandeses mostravam um comportamento diferente, talvez por integrarem uma nação nova, com menos de meio século. Ainda não tinham incorporado o patriotismo em seus genes, mas possuíam aquela energia dos adolescentes que julgam poder sempre mudar o mundo a seu favor. Além disso, não andavam pelos mares para engrandecer a sua pátria, mas sim para encher os seus bolsos, o que pode parecer menos apaixonante a olhos românticos, porém se mostra mais eficaz para atingir um objetivo, porque a emoção cega por vezes a razão.

A derrota dos holandeses na Bahia não os amedrontou. Quiseram se vingar da desfeita. O saque da prata espanhola perpetrado em 1628 por Piet Hein na baía das Matanzas haveria de dar à Companhia Neerlandesa das Índias Ocidentais recursos financeiros para uma nova ofensiva. Mas, escaldados pelo fracasso em Salvador, mudaram de estratégia. E de poder militar. Em vez de voltarem ao local que os fizera infelizes, decidiram subir para o norte e atacar Pernambuco com uma armada de setenta embarcações, 1.200 canhões e 7.200 homens, sendo metade soldados. Ou seja, quase o triplo do contingente que atacara a Bahia anos antes e bem superior às duas armadas ibéricas da Jornada dos Vassalos.

A informação dos preparativos desse ataque chegou a Madri e a Lisboa ainda em 1629. Ou seja, mais uma vez não deveria ter surpreendido ninguém. Matias de Albuquerque — que no ano anterior regressara à Europa após quatro anos no governo de Pernambuco — predispôs-se a regressar ao Brasil para reforçar as defesas militares, mas o rei Filipe IV da Espanha não se mostrou muito disposto a lhe fornecer meios relevantes. Talvez porque, por um lado, não acreditasse seriamente na ousadia holandesa; por outro, mantinha fresca a memória do trágico retorno da Jornada dos Vassalos, que tantas vidas deixara no fundo do Atlântico. Por

[2] Ver o capítulo "Os Holandeses Não Sabem Sambar" (pág. 75).

isso, embora tenha recebido uma autorização real para retornar ao Brasil em outubro de 1629, Matias de Albuquerque levou apenas 27 soldados.

Chegando a Pernambuco com tão poucos reforços, o antigo governador tentou fazer aquilo que podia, que era pouco. A guarnição da vila contava com apenas duzentos soldados, a artilharia era pouca e velha, faltavam carretos e escassos eram os artilheiros. Eram poucos também aqueles que desejavam consertar as fortalezas. Quase todos preferiam farrear, até porque Matias de Albuquerque trouxera uma prazerosa notícia: em 17 de outubro daquele ano nascera o príncipe Baltasar Carlos, o aguardado primeiro varão de Filipe IV da Espanha e, portanto, herdeiro da União Ibérica.[3] Festejou-se, portanto. Nisto se passaram semanas, dias e noites, e ficou claro como os portugueses não tinham lá muita saudade de sua independência. O defunto Afonso Henriques, a quem tanto custou fundar Portugal, certamente estava se revirando em seu túmulo em Coimbra, enquanto os pernambucanos comiam, bebiam e dançavam, em honra de um castelhano.

Nada interrompeu as festas e bebedeiras. Nem um sério aviso trazido por uma "pinaça" de Cabo Verde — alertando sobre um grande número de naus holandesas, que se reuniram durante dois meses, ao largo daquela ilha — assustou os foliões. Na verdade, ninguém quis acreditar que uma armada inimiga navegava em direção ao Brasil, porque aquela pequena embarcação portuguesa nunca chegaria primeiro se os holandeses escolhessem a mesma rota.

Fizeram mal em não acreditar. E assim, no dia 15 de fevereiro de 1630, após tanta farra, após tanta pompa, após tanta festa de gala e após tão idílicas e etílicas celebrações, a ressaca bateu com tudo, em Olinda. Metaforicamente falando, em relação à cura da bebedeira, mas bem real no caso das batidas sob forma de bala de canhão holandês. Como o mar estava revolto, o comandante Hendrick Lock, antigo companheiro de Piet Hein, orquestrou uma manobra para iludir os defensores brasileiros: enquanto parte da frota se manteve ao largo de Olinda, entretendo os poucos canhoneiros lusitanos, a restante desembarcou em Pau Amarelo, a cerca de quatro léguas ao norte. Rapidamente, chegaram às margens do rio Doce.

---

[3] Morreu aos 17 anos, em 1646, quando já era herdeiro apenas do trono espanhol. O cetro da Espanha acabou nas mãos de seu meio-irmão Carlos II, nascido em 1661, que reinou até 1700, não deixando descendentes e abrindo a crise política conhecida por Guerra de Sucessão Espanhola (1701-1714).

Quando a má notícia do desembarque chegou a Olinda, foi um deus nos acuda, um "ai Jesus". Matias de Albuquerque ainda reuniu algumas dezenas de homens para conter a passagem do inimigo para a margem direita daquele curso de água. Assim, a vila, ainda mais desguarnecida, ficou nas mãos da sorte. Que não foi simpática. Quem tinha pernas, fugiu. Quem tinha inimizades, com ou sem motivos, aproveitou aquela oportunidade para ajustar as contas. No meio da confusão pela iminência da chegada dos holandeses ao povoado, os saques correram pelas ruas abaixo tanto como os pés pela terra acima. Os escravos, sem dono nem rédea, se vingaram bem dos maus-tratos sofridos, agredindo e matando, incendiando casas e propriedades. Enfim, nessas poucas horas, havia mais fumaça saindo de Olinda por causa de seus próprios moradores do que devido aos canhões inimigos. Alguns até disseram que os holandeses não conseguiriam fazer pior.

Entretanto, apesar da forte resistência na praia do Janga, os holandeses cruzaram o rio Doce, depois o rio Tapado. Com quase todas as suas tropas mortas ou em fuga, não restou a Matias de Albuquerque nada além da fuga, contornando Olinda. Já consciente da derrota, passou por Recife e mandou queimar trinta embarcações e armazéns de açúcar. Perdido por cem, perdido por mil. Ou seja, não tinha mais nada a perder, e, assim, os holandeses não ficariam com despojos de valor. Em todo o caso, segundo as crônicas, restaram muitos tonéis de vinho em boas condições, que os batavos agradeceram com inesquecíveis bebedeiras.

Caídas as vilas de Olinda e Recife, os holandeses tomaram, dias depois, os fortes de São Francisco e São Jorge, parcamente defendidos. Nesta segunda defesa destacou-se pela temeridade um rapaz madeirense, de apenas 17 anos: João Fernandes Vieira. Reza a lenda que, com o forte já perdido, ele teria se enrolado na bandeira portuguesa para defender a honra. E a pátria, talvez. Estes atos eram, por vezes, muito respeitados pelos opositores. Em vez de o matarem, os holandeses apenas o prenderam. Pouco depois, o jovem conseguiu escapar, juntando-se à resistência.

Tal como acontecera na Bahia, também em Pernambuco os portugueses foragidos refugiaram-se num arraial chamado Bom Jesus. E, de igual modo, optaram pela tática da guerrilha. Para além de Matias de Albuquerque, numa primeira fase destacaram-se, nesta resistência, o jovem João Fernandes Vieira, o jesuíta Manuel de Morais, o fazendeiro Domingos Fernandes Calabar e ainda o cacique Potiguaçu, nome que significa, em língua tupi, "camarão grande".

Apesar de pertencer à mesma etnia dos indígenas dizimados pelos portugueses na Baía da Traição quando os holandeses foram expulsos da Bahia,[4] este índio nascera na região da atual cidade de Natal e era um dos casos de "sucesso" da colonização ibérica. Estava completa e orgulhosamente ocidentalizado. Educado pelos jesuítas, era, nas palavras de frei Manuel Calado, "destro em ler e escrever e com algum princípio de latim", mostrando-se tão zeloso em seus modos que, apesar de se expressar na língua de Camões, preferia usar um intérprete quando falava com alguém importante. Receava usar algum termo incorreto ou inapropriado. E quando foi batizado, recebeu o nome europeu Filipe Camarão, em honra do rei Filipe II da Espanha. Ou seja, se não existem dúvidas de que este cacique sentia que tinha uma pátria, por outro lado ele se mostrava na verdade um patriota castelhano, o que é compreensível, pois ele nascera já durante a União Ibérica.

Apesar dos esforços, e ao contrário do que se passara em Salvador da Bahia, a guerrilha lusitana nunca conseguiu emboscar o inimigo nos principais povoados. Os ataques ocorreram, sobretudo, no trajeto entre Recife e Olinda — em um dos quais mataram quarenta holandeses —, mas a escassez de meios era demais. Tiveram até mesmo de improvisar, derretendo panelas de estanho e chumbos de rede para arranjar munições. As vicissitudes eram semelhantes às vividas anos antes na Bahia, e por isso também tomaram a decisão estoica e solidária de todos andarem apenas descalços.

O cenário em Pernambuco era preocupante para os resistentes, porque os holandeses nunca tiveram, como acontecera em Salvador da Bahia, uma atitude meramente defensiva. Com melhor armamento e mais homens, mostraram que não queriam apenas manter encraves, isto é, territórios dentro de terrenos inimigos. Logo investiram nas regiões ao redor. Para garantir abastecimento de água potável e víveres, assaltaram a ilha de Itamaracá, edificando ali o Forte Orange. E avançaram ainda mais pelo Nordeste, tentando, ao mesmo tempo, estabelecer negócios com os fazendeiros pernambucanos nas imediações das vilas. Obviamente, quem aceitou foi considerado traidor pela resistência. Matias de Albuquerque mandou enforcar pelo menos três deles.

A Espanha mais uma vez acordou tarde e em má hora para esta invasão de Pernambuco, deixando os holandeses aumentarem os contingentes

[4] Ver o capítulo "Os Holandeses Não Sabem Sambar" (pág. 75).

militares e enviarem colonos, muitos dos quais ricos judeus, para desenvolver de maneira autônoma a agricultura na região. Além disso, militarmente um contra-ataque semelhante à Jornada dos Vassalos tornava-se cada vez mais difícil, porque a costa não era tão acessível a grandes frotas nos locais ainda não ocupados pelos holandeses. Numa primeira fase, a opção foi enviar, pouco a pouco, alguns galeões no intuito de reforçar a resistência, enquanto se traçava uma estratégia e organizava uma armada mais arrojada.

Desse modo, somente mais de um ano depois da invasão, em 5 de maio de 1631, sairia de Lisboa uma frota de doze caravelas em direção a Pernambuco. Sob as ordens do almirante castelhano Antonio de Oquendo, que levava três mil homens, esta armada tinha como objetivo aumentar as defesas em Salvador — para evitar novo ataque — e distribuir, a partir de Alagoas, colunas militares para conter os avanços dos holandeses para o norte e procurar possíveis contra-ataques às suas fortalezas.

Uma vez na Bahia, Oquendo zarpou pouco depois para o norte, auxiliado por mais de vinte naus, e confrontou no meio do caminho uma imponente frota batava liderada por Adriaan Hans Pater. Apesar de possuir menor poder naval, a armada ibérica alcançou uma estrondosa vitória, embora sangrenta para ambos: novecentas baixas contabilizadas no lado holandês e seiscentas para os ibéricos. Para fugir da desonrosa derrota, o comandante holandês suicidou-se, mergulhando nas águas do mar enrolado na bandeira.

Com o moral elevado, Antonio de Oquendo deixou depois várias centenas de homens no porto da Barra Grande, a cerca de trinta léguas do arraial da resistência. À frente deste contingente ficou o napolitano Giovanni di San Felice, experiente militar, cheio de glórias em batalha e títulos nobiliárquicos na lapela, como o de príncipe de Monteverde e duque de Bagnolo.[5]

Essa reação ibérica levou os holandeses a alterarem sua estratégia, concentrando seu quartel-general exclusivamente em Recife. Abandonaram assim Olinda. Segundo as crônicas, teriam enviado uma missiva a Matias de Albuquerque informando-o dessa intenção, mas avisando que a deixariam queimada. "Queimai-a, se não a podereis guardar", teria respondido o português, "que nós saberemos edificar outra melhor."

Apesar disso, os holandeses não se mostravam acuados. Pelo contrário, usaram apenas a estratégia da terra queimada, depois de conquistada,

[5] Nessa época, o reino de Nápoles também integrava a Espanha.

para diminuir o interesse pela sua recuperação por parte dos ibéricos. E lá continuaram suas incursões para o norte, até a Paraíba. Por exemplo, no reduto de Santo Antônio foram rechaçados, em mútuo massacre. Em dezembro de 1631, investiram também contra diversos povoados do Rio Grande do Norte com similar resultado.

Enfim, na verdade, ao final do segundo ano da invasão do Nordeste, tudo parara em um impasse. Nem os ibéricos retomavam o território perdido, nem os holandeses conseguiam grandes avanços. Foi nessa época que, por ideia de Matias de Albuquerque, se traçou um plano que se transformaria numa autêntica caixa de Pandora: entrou-se em negociações secretas com o inimigo. Através de um emissário, o líder da resistência sugeriu o pagamento de um suculento resgate em açúcar para a Companhia Neerlandesa das Índias Ocidentais abandonar definitivamente o Brasil. Os batavos não aceitaram aquela doce sugestão; ao invés disso, propuseram que Matias de Albuquerque, e todos os outros oficiais, depusessem suas armas, prometendo-lhes generosas gratificações, cargos rentáveis e outras sinecuras.

Abriu-se uma caixa de Pandora. A cobiça pelo dinheiro e a ambição pelos altos postos começaram a falar mais alto do que o suposto patriotismo e do que o ruído das armas. Se foi por isso ou por outro motivo qualquer, sabe-se que, pouco tempo depois, em abril de 1632, ocorreu uma deserção do lado ibérico que marcaria indelevelmente os destinos daquela guerra ibero-holandesa pelo domínio nordestino. Domingos Fernandes Calabar, até então um dos mais destacados resistentes sob comando de Matias de Albuquerque, ferido duas vezes em combate, decidiu passar para o lado do inimigo.

O verdadeiro motivo de ter virado a casaca nunca foi desvendado. Há quem afirme que Calabar decidiu fugir após cometer um crime grave;[6] outros defenderam que ele ficara chateado pelo tratamento discriminatório de Matias de Albuquerque, por ser mulato de pai branco incógnito; outros ainda acham que ele considerou, depois de tantos meses de luta inglória, que Pernambuco prosperaria melhor sob domínio ho-

---

[6] O oficial inglês Cuthbert Pudsey, que serviu na Companhia das Índias Ocidentais entre 1629 e 1649, escreveu em seu diário: "Por esse tempo veio até nós um português chamado Domingos Fernandes [Calabar], que por haver estuprado uma mulher na região de Camaragibe, e para que depois ela não contasse quem havia feito isto, cortou-lhe a língua da boca. Vivera como renegado por cerca de dois anos entre os portugueses."

landês. Traidor no coração dos portugueses — ou, melhor dizendo, da União Ibérica — como certamente deve ter sido, também se transformou em herói aos olhos dos holandeses.

De fato, nos meses seguintes, onde Cabalar colocou o pé, os holandeses puseram a mão. Sob sua orientação, a Companhia Neerlandesa das Índias Ocidentais conseguiu finalmente consolidar a conquista de Pernambuco e de outras regiões nordestinas: a vila de Igarassu, ainda em 1632; depois Rio Formoso, Itamaracá e Rio Grande do Norte, no ano seguinte; Nazaré do Cabo em 1634. Para além dos conhecimentos do terreno, Calabar obteve alianças com algumas tribos e com muitos escravos foragidos em quilombos, que auxiliaram os holandeses no combate contra os ibéricos.

Calabar foi um vira-casaca muito querido pelos holandeses. Seus novos camaradas depositavam nele mais confiança do que ele já havia recebido do lado ibérico. E ele retribuiu. Aprendeu holandês, aderiu ao calvinismo e seus feitos em batalha elevaram a estima das altas e loiras patentes holandesas. Nunca sofreu qualquer discriminação por ser mulato. O batismo de um de seus filhos na Igreja Reformada do Recife, em 20 de setembro de 1634, contou com a presença, como testemunhas, de um represente do Alto Conselho da denominada Nova Holanda e de seus dois principais chefes do Estado-Maior.

Porém, os dias felizes de Calabar terminaram inesperada e abruptamente em julho de 1635, confirmando, como se diz, que as coisas só acabam quando terminam. De fato, no final do outono daquele ano, os holandeses tinham finalmente conquistado o Arraial do Bom Jesus e o Cabo de Santo Agostinho — que constituíam, respectivamente, o quartel-general e o porto de abastecimento da resistência ibérica. A desolada tropa de Matias de Albuquerque perambulava, em fuga, pela região de Alagoas quando, ao passar perto de Porto Calvo, souberam da presença de Calabar naquele povoado. Oportunidade única para uma arriscada vingança. Valendo-se de todos os truques possíveis, pois contava com apenas 140 homens contra os 350 presentes no reduto holandês, o antigo governador de Pernambuco obteve a renúncia do major Alexandre Picard. Nos termos da rendição, exigiu apenas que lhe entregassem Domingos Fernandes Calabar e o judeu Manuel de Castro, almoxarife do povoado. O judeu foi prontamente enforcado num cajueiro.

A sorte de Calabar ficou reservada para o dia seguinte. Submetido a julgamento sumário no dia 22 de julho, saiu obviamente condenado à morte. Naquela mesma noite, o sargento-mor Paulo Barnola o asfixiou com as próprias mãos. Esquartejado, seu cadáver foi exposto em estacas. Depois, Matias de Albuquerque seguiu viagem, talvez com um sorriso de satisfação pela derradeira vendeta.[7]

Calabar, hoje, personifica a traição no imaginário brasileiro, mas é questionável se a sua execução pelos portugueses cumpriu as normas da lei da época. Com efeito, em 1633, os dois beligerantes tinham assinado uma pioneira convenção orientando os procedimentos corretos em combate e as obrigações e deveres perante os prisioneiros. Por exemplo, proibira-se o uso de balas envenenadas, "mastigadas", "entrançadas" ou "encadeadas", bem como munições contendo pedaços de ferro ou chumbo. Também não era permitido atirar com espingardas de cano sulcado; apenas com arcabuzes, mosquetes, espingardas de fuzil, carabinas e pistolas. Estas também matavam, é claro. Nenhuma ofensa se poderia dar ao prisioneiro que "pedisse quartel" — ou seja, que se rendesse por completo —, nem matar clérigos, mulheres e crianças, tampouco destruir igrejas ou artefatos religiosos. Do mesmo modo, ficaram estabelecidos os custos que cada parte deveria suportar pelo sustento de seus soldados detidos pelo inimigo, bem como o respectivo resgate. Apenas os presos rebeldes e os espiões poderiam ser executados. Sem piedade. Aliás, no ano anterior à convenção, holandeses surpreenderam, entre as suas hostes, um espião português e um mulato que lhe servia de mensageiro. O mulato foi estrangulado e decapitado, e o outro teve dois dedos da mão direita cortados e acabou sendo degolado.

Os holandeses sentiram o desaparecimento de Calabar como se fosse um dos seus. Ele recebeu honras fúnebres em Olinda, como destacado militar, e a sua mulher e os seus filhos receberam uma pensão vitalícia. Mas, apesar deste revés, os dados estavam definitivamente lançados. E a favor dos holandeses: Pernambuco tornara-se mesmo a Nova Holanda. A resistência ibérica claudicara e os colonos, cansados da guerra, aceitaram os novos senhores do território.

Em janeiro de 1637, chegaria ao Recife um novo governador: Maurício de Nassau. Escolhido a dedo pela Companhia Neerlandesa das Índias

---

[7] Pouco tempo mais tarde, Matias de Albuquerque regressou a Portugal, onde se destacaria, já depois da Restauração de 1640, no comando das tropas portuguesas na decisiva batalha do Montijo, em 1644, durante a denominada Guerra da Restauração. Morreu três anos depois, com o título de conde de Alegrete.

Ocidentais, era ainda jovem, com apenas 33 anos, mas já era um erudito, amante das ciências e das artes, bom diplomata e melhor administrador ainda. O homem certo, julgavam os batavos, para consolidar as conquistas e desenvolver, com lucro, aquela vasta região.

Uma das primeiras ações de Maurício de Nassau foi tentar conquistar aquilo que, anos antes, não conseguiram manter: Salvador da Bahia. Em meados de 1638, com cerca de três mil soldados auxiliados por mil índios, montaram cerco à cidade, que resistiu com tenacidade. Ao fim de quarenta dias, os batavos desistiram, mas regressariam em abril de 1640, saqueando o Recôncavo. Não fizeram mais porque chegara a Salvador, em janeiro de 1639, uma frota ibérica comandada pelo conde da Torre que deixou um contingente militar. Aliás, esta armada, constituída por 87 naus e catorze mil soldados, deveria ter seguido para a região nordestina, mas imperícias diversas causaram uma série de naufrágios. Aquilo que restou voltou à Europa sem nada fazer. Foi a derradeira e frustrada tentativa da União Ibérica para expulsar os holandeses do Brasil.

Maurício de Nassau, enfim, acabou definitivamente desistindo da Bahia. Achou melhor consolidar, e sobretudo rentabilizar, aquilo que estava conquistado. Além de reforçar e construir novas fortalezas no litoral nordestino, sob sua batuta a região pernambucana ergueu-se da poeira da guerra. Recife floresceu. Literalmente também, já que ele mandou construir um jardim botânico e, drenando pântanos, implantou diversos jardins. Fez ainda mais: palácios, um zoológico, um observatório, enfim, uma cidade moderna, muito da qual ainda hoje perdura. Ao redor do povoado original, na chamada ilha de Antônio Vaz, seria edificado também um imponente centro urbano: Mauritsstad, ou Cidade Maurícia.

Investiu também muito numa política de conciliação, incluindo a liberdade religiosa. Atraiu assim a simpatia da esmagadora maioria dos pernambucanos, que, a bem da verdade, olhavam mais para o modo como as autoridades os tratavam do que para questões de pátria. Mesmo alguns dos mais intrépidos resistentes à ocupação se deixaram seduzir. A exemplo de João Fernandes Vieira que, sem pudores, começou a trabalhar para um abastado judeu holandês, Jacob Stachhouwer, com fortes ligações com a Companhia das Índias Ocidentais. Desenvolvendo depois boas relações com Maurício de Nassau, ele conseguiu acumular riquezas. Integrou depois cargos públicos na administração holandesa; em 1639 chegou a vereador da câmara de Olinda; dois anos mais tarde, de Mauricia. Também o nomearam capitão de um corpo de ordenanças, enquanto continuava se beneficiando de empréstimos holandeses para prosperar seus negócios. Ou seja, no fim das contas, fez o mesmo que Calabar, mas na época certa.

Enfim, era tudo muito complexo, e mais confuso ficou em dezembro de 1640, quando Portugal recuperou a independência. Ou seja, as colônias lusitanas deixavam de estar sob domínio espanhol, eliminando assim o motivo inicial para, por via indireta, a República das Sete Províncias Unidas investir contra o território brasileiro. Porém o que está feito, feito está.

Embora na Europa a república holandesa tenha manifestado simpatia pela revolução lusitana, chegando até a assinar um tratado de trégua em 1641 — que até incluía a criação de uma frota conjunta para atacar interesses espanhóis —, no Brasil tudo ficou como estava. Ou, melhor dizendo, Maurício de Nassau e a Companhia Neerlandesa das Índias Ocidentais continuaram como se não tivesse ocorrido a Restauração da Independência em Portugal.

De fato, sob ordens de Maurício de Nassau, os holandeses não apenas avançariam em direção ao Ceará e ao Sergipe, chegando até mesmo ao Maranhão,[8] como voltaram a cobiçar a costa africana controlada por Portugal. Ressuscitando o plano de Piet Hein, o entreposto comercial de Luanda foi atacado por uma força do almirante Cornelius Jol em agosto de 1641. A cidade se rendeu sem qualquer resistência. Poucos meses mais tarde, tomaram o Forte de São Filipe de Benguela. Ou seja, de uma vez, os holandeses passaram a dominar o tráfico negreiro afetando o músculo da agricultura de todo o Brasil novamente português. E não pararam por aí: os holandeses também conquistaram São Tomé, Malaca e Axim.

Apesar da administração eficiente e conciliatória de Maurício de Nassau em Pernambuco e das outras conquistas, a administração da Companhia Neerlandesa das Índias Ocidentais não andava satisfeita com os fracos lucros. Queriam mais, enquanto o governador batavo lhes pedia calma. Talvez defendesse que se na Europa, em Roma e em Pavia não se fizera tudo em um dia, não havia como esperar riqueza imediata em território sul-americano. As desavenças e desentendimentos aumentaram — os capitalistas queriam sempre lucros rápidos —, de modo que Maurício de Nassau acabou sendo destituído, regressando à Europa na primeira metade de 1644.

---

[8] Ver o capítulo "No Maranhão Ninguém Põe a Mão" (pág. 51).

Foi um erro crasso cometido pelos holandeses. O triunvirato que lhe sucedeu — Henrike Hamel, Adriaan van Bullestraten e Pieter Bass — comportou-se como elefante em uma loja de porcelana: aumentou impostos e começou a cobrar dívidas, sem deixar espaço para apelações, em um ano fustigado por secas e pragas agrícolas. Foi o suficiente para os anos de cuidadosa gestão de Maurício de Nassau — ainda hoje recordado com respeito em Pernambuco[9] — tombarem por terra como um castelo de cartas.

Até então pacificada ou adormecida, a antiga resistência lusitana começou a se movimentar para arquitetar uma rebelião. Em 15 de maio de 1645, reunidos no engenho de São João, quase vinte pernambucanos assinariam um compromisso de terminar com o jugo holandês. Entre outros, este grupo integrava João Fernandes Vieira, Felipe Camarão, Henriques Dias, Francisco Barreto de Menezes, Antônio Dias Cardoso e André Vidal de Negreiros.

Pela primeira vez em território brasileiro, escreveu-se a palavra "pátria". E, de fato, se o Brasil se orgulha hoje de ser nação formada por uma mescla de povos e naturalidades, a liderança dos conjurados já tinha naquela época quase todas as raças e origens: João Fernandes Vieira nascera na Madeira; Vidal de Negreiros nascera na Paraíba, filho de um português e de uma madeirense; Menezes era filho de pais portugueses, mas nascera no Peru; Dias Cardoso nascera no Porto; Felipe Camarão era índio e Henrique Dias, um negro, ambos nascidos no Brasil. Talvez faltasse apenas um mulato, que bem poderia ter sido Calabar, se o destino não lhe tivesse pregado uma peça.

Em Lisboa, sabendo dos preparativos para uma insurreição pernambucana, o rei D. João I a desautorizou. Portugal precisava na Europa do apoio da República das Sete Províncias Unidas dos Países Baixos para consolidar a independência, ainda não garantida, e privilegiara a via diplomática para encontrar uma solução para as colônias portuguesas ocupadas pelos holandeses no Brasil e na África. Padre Antônio Vieira, que se tornara o conselheiro favorito na Corte lusitana, foi enviado a Haia para auxiliar o embaixador Francisco de Sousa Coutinho.

---

[9] Talvez o mais simbólico testemunho de sua importância ainda hoje seja o fato de ser o "patrono" da Faculdade Maurício de Nassau, criada em 2003 em Recife, e que hoje conta com filiais em vários estados brasileiros, desde Pernambuco e Bahia até o Maranhão e Amazonas.

Disfarçado de nobre, vestindo trajes escarlates, capa e espada, o célebre jesuíta chegou a lhes propor o pagamento de 2 milhões de cruzados para recuperarem o Nordeste brasileiro. Não havendo muito progresso, viajou para lá uma segunda vez, já em fevereiro de 1647, em missão pouco ortodoxa: tentar "comprar a compra", ou seja, subornar os delegados com votos nos Estados Gerais daquela república para que a proposta portuguesa fosse aceita. Também se sabe que foi apresentada uma outra alternativa: a criação de um protetorado luso-holandês naquela região, sob a administração da Companhia Neerlandesa das Índias Ocidentais. Para garantir meios financeiros, o padre Antônio Vieira seduziu até mesmo ricos judeus, prometendo-lhes proteção contra o Santo Ofício.

Não deixa de ser surpreendente — e aqui volta à tona a questão do patriotismo em tempos conturbados —, a postura do célebre jesuíta. De fato, em junho de 1640, poucos meses antes da Restauração da Independência, ele chegara até a repreender Deus por não apoiar os portugueses durante a anexação dos infiéis holandeses. Em seu célebre "Sermão pelo Bom Sucesso das Armas de Portugal contra as de Holanda", pregado na igreja baiana de Nossa Senhora da Ajuda, o jesuíta não poupara a autoridade divina perante os diabólicos inimigos. Eis um trecho como exemplo: "Prouvera a vossa Divina Majestade que nunca saíramos de Portugal, nem fiáramos nossas vidas às ondas e aos ventos, nem conhecêramos ou puséramos os pés em terras estranhas! Ganhá-las para as não lograr, desgraça foi e não ventura; possuí-las para as perder, castigo foi de vossa ira, Senhor, e não mercê, nem favor de vossa liberalidade. Se determináveis dar estas mesmas terras aos piratas de Holanda, por que lhas não destes enquanto eram agrestes e incultas, senão agora? Tantos serviços vos tem feito esta gente pervertida e apóstata, que nos mandastes primeiro cá por seus aposentadores; para lhe lavrarmos as terras, para lhe edificarmos as cidades, e depois de cultivadas e enriquecidas lhas entregardes? Assim se hão-de lograr os hereges e inimigos da Fé, dos trabalhos portugueses e dos suores católicos?"

Ciente da fúria contra Deus, curiosamente o padre Antônio Vieira, nascido em plena União Ibérica, mostrava um viés bem patriótico — ou melhor, dois, como se pode confirmar neste trecho: "Mas pois vós, Senhor, o quereis e ordenais assim, fazei o que fordes servido. Entregai aos holandeses o Brasil, entregai-lhes as Índias, entregai-lhes as Espanhas (que não são menos perigosas as consequências do Brasil perdido); entregai-lhes quanto temos e possuímos (como já lhes entregastes tanta parte); ponde em suas mãos o Mundo; e a nós, aos portugueses e espanhóis, deixai-nos, repudiai-nos, desfazei-nos, acabai-nos. Mas só digo e lembro a Vossa Majestade, Senhor, que estes mesmos que agora desfavoreceis e lançais de vós, pode ser que os queirais algum dia, e que os não tenhais." Enfim, eram outros tempos.

De qualquer modo, as famigeradas negociações capitaneadas pelo padre Antônio Vieira naufragaram sem destino à vista, pois as relações belicosas entre a Espanha e os Países Baixos cessaram em meados da década de 1640, culminando, depois de décadas de recusa, com o reconhecimento da república holandesa através de um acordo na Paz de Vestfália, assinado pelas duas nações em janeiro de 1648. Entretanto, como a Espanha andava em guerra com Portugal, tentando reverter a independência lusitana, os holandeses decidiram deixar tudo como estava. Além disso, não gostaram nem um pouco de se verem expulsos de Angola por iniciativa de colonos fluminenses.[10]

Mesmo assim, o padre Antônio Vieira não desanimou, convencendo D. João IV a propor um acordo secreto com os franceses, que, uma vez concretizado, mudaria a história de Portugal e do Brasil. Em troca de apoio militar para a reconquista do Nordeste brasileiro, o então herdeiro D. Teodósio casaria com a sobrinha do rei da França, sendo a regência de Portugal entregue, por um prazo de cinco anos, a um príncipe francês. No limite, a França poderia ficar com o território português na Europa, já que, no plano do jesuíta, a Corte portuguesa poderia migrar definitivamente para Salvador da Bahia ou para o Maranhão.

Porém, além de um pouco bizarro, este plano do jesuíta perdera todo o sentido a partir da morte do rei Luís XIII, em maio de 1643, cinco escassos meses após o falecimento de seu todo-poderoso primeiro-ministro, o cardeal de Richelieu. Em virtude da menoridade do herdeiro Luís XIV — que ficou conhecido como o Rei-Sol —, a França vivia sob regên-

[10] Numa primeira tentativa de reconquista, liderada por Francisco de Souto Maior em 1645, a investida brasileira apossou-se de Massangano. Apenas em 15 de agosto de 1648 se consumou a reconquista do litoral angolano através de uma armada comandada por Salvador Correia de Sá e Benevides, governador do Rio de Janeiro na época. Curiosamente, durante algum tempo, a cidade de Luanda passou a ser chamada simplesmente de São Paulo de Assunção, não apenas pelo fato de o dia da reconquista ser consagrado à Ascensão da Virgem Maria ao Céu como porque a palavra Luanda se assemelhava a Holanda. Nos meses seguintes à retomada de Angola, mais de sete mil escravos foram enviados do porto de Luanda até o Brasil.

cia. E a regente, mãe do pequeno rei, era Ana de Áustria, *apenas* irmã do rei Filipe IV da Espanha. Ora, por um lado, os franceses eram aliados da república holandesa na sangrenta Guerra dos Trinta Anos, que se iniciara em 1618; por outro, embora em determinada fase desses conflitos a França tivesse entrado em confronto com a Espanha, com a posse do cardeal Jules Mazarin como primeiro-ministro, iniciara-se uma reaproximação amigável entre as duas nações. Aliás, mais tarde, em 1659, através do Tratado dos Pireneus, a França reconheceria até mesmo que Portugal pertencia à nação espanhola, proibindo seus cidadãos de apoiarem ou serem contratados às pretensões lusitanas à independência.

Além dessas questões de *realpolitik*, os franceses preferiam deixar Portugal na fraqueza. Não se esqueciam também dos fracassos de suas incursões no Brasil, sobretudo no Rio de Janeiro e no Maranhão.[11] Talvez tivessem a esperança de lucrar algo mais no continente sul-americano se estivessem próximos dos espanhóis. Por isso, apesar de a proposta do padre Antônio Vieira ter sido apresentada pessoalmente a Jules Mazarin, ela foi liminarmente recusada. Consta que o primeiro-ministro mandou logo queimar todos os escritos deixados pelo jesuíta português.

Enquanto decorriam essas trapalhadas diplomáticas em solo europeu, os rejuvenescidos resistentes pernambucanos, ignorando as ordens de D. João IV, faziam o seu trabalho. Não desistiam, ainda mais animados com a expulsão dos holandeses no Maranhão em 1644. Paradoxalmente, o patriotismo luso-brasileiro contra uma invasão estrangeira nascia no momento que menos interessava ao soberano português. Também pouco interessava aos pernambucanos a opinião de D. João IV, lá no outro lado do Atlântico. Assim, quando os holandeses tentaram lembrar os líderes da conjuração que sabiam da falta de apoio formal de suas investidas, tiveram uma patriótica resposta do negro Henrique Dias: "Meu camarada, o Camarão, não está aqui; mas eu respondo por ambos. Saibam Vossas Mercês que Pernambuco é Pátria dele e minha Pátria, e que já não podemos sofrer tanta ausência dela. Aqui haveremos de perder as vidas, ou havemos de deitar a Vossas Mercês fora dela. E ainda que o Governador e Sua Majestade nos mandem retirar para a Bahia, primeiro que o façamos, havemos de responder-lhes, e dar-lhes as razões que temos para não desistir desta guerra".

---

[11] Ver os capítulos "*L'Inaccessible Ville Merveilleuse*" (pág. 37) e "No Maranhão Ninguém Põe a Mão" (pág. 51).

E não desistiram mesmo. Nunca. Obtiveram o seu primeiro grande triunfo militar em 3 de agosto de 1645, no monte das Tabocas, localizado no atual município de Vitória de Santo Antão. A partir de então eclodiu uma guerra sangrenta, que enterrou sem maiores reflexões o convênio de 1633 sobre boas práticas em tempo de batalha. Auxiliados por tribos de tapuias e também de potiguares — que, vale lembrar, eram da mesma etnia de Filipe Camarão —, os holandeses espalharam o terror na região. Ficariam tristemente célebres os massacres de Cunhaú e de Uruaçu, no Rio Grande do Norte, respectivamente em julho e outubro de 1645. Nunca foram esquecidos pela Igreja Católica, porque se cometeram em igrejas. Em 5 de março de 2000, os dois padres — André de Soveral e Ambrósio Francisco Ferro — e 28 leigos, martirizados nesses ataques, foram beatificados pelo papa João Paulo II. Na homília seria relembrado pelo Sumo Pontífice até mesmo a cruel morte do leigo Mateus Moreira, que teve o coração arrancado pelas costas enquanto gritava "Louvado seja o Santíssimo Sacramento".

Durante os anos seguintes, as batalhas aconteceram de forma pontual e intermitente. O desfecho da sangrenta guerra apenas se começou a definir em 19 de abril de 1648, quando a resistência pernambucana confrontou as tropas holandesas no morro dos Guararapes, no atual município de Jaboatão dos Guararapes, a menos de duas léguas de Recife. Segundo as crônicas, pereceram cerca de 1.200 holandeses, contabilizando-se menos de cem baixas do lado luso-brasileiro. Porém, em resultado de ferimentos sofridos nesta batalha, Filipe Camarão acabaria morrendo quatro meses depois.

A sua morte não foi inglória, e seus companheiros souberam honrá-lo. Em fevereiro do ano seguinte, também no dia 19 e na mesma região, os batavos buscaram vingança. Com cerca de dois mil cadáveres. Do lado pernambucano, as baixas foram reduzidas: um pouco menos de cinquenta mortos. Em Lisboa, diante daqueles fracassos militares, a política para o Brasil mudou. O padre Antônio Vieira anunciava que se estava frente a um "milagre". Finalmente, parecia que Deus ouvira o seu sermão de 1640.

A rendição final dos holandeses ainda demoraria alguns anos, embora nos últimos tempos estivessem encurralados em alguns fortes. O abandono ocorreu em 26 de janeiro de 1654 com a assinatura de um tratado em Campo do Taborda — assim conhecido por aquelas terras pertencerem a um pescador chamado Manuel Taborda. A República das Sete Províncias Unidas dos Países Baixos e a sua companhia mercantilista consideraram que o Brasil era um caso perdido, sobretudo por haver conflitos mais graves em curso. Com efeito, dois anos antes, a Inglaterra, então liderada pelo republicano Oliver Cromwell, disputava à força de canhões o domínio do comércio marítimo europeu.

Porém, poucos meses depois aconteceria uma grande reviravolta, pois ingleses e holandeses cessaram momentaneamente as hostilidades.[12] Os holandeses, então, tentaram dar o escrito pelo não escrito, exigindo de Portugal a devolução de "sua" Nova Holanda. Como os portugueses não aceitaram, uma armada daquela república bloqueou a costa oeste lusitana, saqueando até mesmo uma frota de prata vinda do Brasil. No ano seguinte atacaram e anexaram também territórios lusitanos no Ceilão e na Índia.

Tudo terminou, finalmente, em 6 de agosto de 1661, na cidade de Haia, com a assinatura de um tratado de paz. A bem da verdade, foi um acordo em que Portugal estava em posição inferior, por isso constituiu mais um contrato de compra e venda. A república holandesa prometeu não reivindicar mais nenhum território sul-americano, mas Portugal foi obrigado a pagar o equivalente a 63 toneladas de ouro — supostamente pelos frutos dos investimentos recebidos por Pernambuco —, a ceder as feitorias no Ceilão e nas ilhas Molucas, e ainda a conceder privilégios especiais aos mercadores batavos no comércio açucareiro. Para facilitar o pagamento, os holandeses foram "bondosos", permitindo que fosse feito em suaves prestações... durante quatro décadas.

Em suma, Portugal venceu, recuperou Pernambuco pela força da resistência e abnegação dos pernambucanos, mas pagou bem caro pela vitória. Duplamente. De fato, enquanto ocuparam o Nordeste brasileiro e dominaram durante alguns anos o tráfico negreiro na costa angolana, os holandeses desviaram investimentos, tecnologia e escravos para as Antilhas. Terrível mau negócio, portanto.

Talvez nem tudo tenha sido perdido. Nesse longo período de permanência holandesa no Nordeste, entre traidores e heróis — onde nem sempre se mostrava fácil saber o que se era ou o que se deveria ser e fazer —, germinou a semente daquilo que efetivamente veio a ser a pátria brasileira. E o orgulho de ser pernambucano. Enfim, brasileiro. Porém,

[12] Foi paz de pouca duração. Em 1665, as hostilidades recomeçaram e durariam até 1667, eclodindo em novas guerras em 1672, que terminaram dois anos mais tarde. No século XVII, ocorreriam novos confrontos bélicos, entre 1781 e 1784.

nem tudo de bom surgiu com isso. Ao longo das décadas seguintes, os heróis da reconquista pernambucana foram tomados por soberba, vícios e enfrentaram as autoridades reais. E, como sempre acontece nesses casos, infelizmente acabaram mal e em sangue, como se veria no caso da Guerra dos Mascates.[13]

[13] Ver os capítulos "A Extrema-Unção do Governador Desastrado" (pág. 119) e "Os Heróis Não São Eternos" (pág. 163).

8

OS MALES DA CACHAÇA

O engenho aguça a arte, diz o povo. Desde o final do século XVI, quando os portugueses intensificaram a produção de cana-de--açúcar no Brasil, o seu engenho tornou o mundo um lugar mais doce. Apenas literalmente. Até então um produto de luxo, a disseminação desta herbácea trazida do Sudoeste Asiático para o continente sul-americano permitiu uma baixa dos preços do açúcar e, deste modo, o seu uso generalizado.

Se os portugueses não tivessem encontrado na abundância de uma árvore da família das leguminosas — conhecida por pau-brasil — um nome mais profano para batizar a Terra de Vera Cruz, ainda no século XVI, talvez hoje o Brasil se chamasse "Açúcar", tal foi o crescimento da cultura de canaviais. Em poucas décadas, por via da entrada massiva de escravos africanos, a economia colonial portuguesa na América do Sul passou a ser sustentada, sobretudo, pela produção de açúcar. E como o engenho e a arte andaram de mãos dadas, para além da doçura do açúcar, também nasceu ali um mundo mais alcoólico. E violento.

De uma forma muito genérica, no processamento da cana para a fabricação do açúcar, a espuma do caldo cozido começou a ser aproveitada para saciar a sede de animais, após o descanso de algumas horas ao relento. Essa espuma era chamada de garapa azeda. Mais tarde, talvez fruto de experiências ou por acidente, alguém resolveu destilar essa espuma fermentada, bem como o melaço, criando-se assim um líquido alcoólico. Era uma espécie de aguardente de baixa qualidade, a que deram o nome de cachaça. Bebia-se, mas não agradava muito, servindo apenas para dar "energia" suplementar aos escravos. Mas alguém encontrou potencial ali. Ao longo do século XVII, os processos de destilação melhoraram, passando a usar alambiques de barro e, mais tarde, de cobre. Por fim, chegaram à verdadeira cachaça, à irresistível cachaça.

Essa nova bebida alcoólica célere caiu no gosto dos ricos, remediados e pobres, acabando por se transformar num produto de elevada importância econômica e comercial no Brasil colonial. Levada para a África, as goelas dos "sobas" africanos, como eram conhecidos os chefes tribais, também a aprovaram, e tanto que na compra de escravos, destinados às plantações brasileiras, a cachaça passou a ser uma autêntica moeda de troca. Os negreiros brindavam com o negócio, pois a bebida permanecia em excelentes condições nas longas viagens transatlânticas.

Esse sucesso, no entanto, não agradou a todos. Os produtores vinícolas da Metrópole, sobretudo de vinhos e bagaceira, sentiram-se afetados. Mais tarde, também os grandes latifundiários, que dominavam a produção de açúcar, se sentiram lesados. A cachaça, podendo ser produzida em qualquer alambique e por qualquer pessoa, causava escassez de matéria-prima. Por fim, também a Igreja diabolizou esta aguardente, tamanhas as bebedeiras e tumultos públicos que causava pelas ruas.

No início dos anos 40 do século XVII, devido à grande concorrência dos engenhos na região do Caribe e em resultado da anexação da costa angolana e da região de Pernambuco aos domínios holandeses, a produção de açúcar brasileiro entrou em crise. E a cachaça se transformou em bode expiatório, mesmo após a expulsão daquele povo de Angola, em 1648, e do Nordeste brasileiro, a partir de 1654. Os grandes produtores de açúcar exigiam mais cana e conseguiram interditar a fabricação de cachaça. É claro que a bebida continuava a ser produzida e consumida, mas clandestinamente, sem espaço para se tornar um produto de grande potencial econômico.

Um dos mais ativos fazendeiros que se destacou no ataque à cachaça brasileira foi Salvador Correia de Sá e Benevides, o líder da reconquista portuguesa de Angola, oriundo de uma poderosa família de bandeirantes que ocuparam quase hereditariamente o governo do Rio de Janeiro desde a sua fundação.[1] Tal como os seus antecessores, ele servira aos reis da Espanha durante o domínio filipino, ocupando diversos postos militares e administrativos, e estava no cargo de governador do Rio de Janeiro havia três anos quando a Restauração da Independência portuguesa aconteceu em 1640. Apesar de ser casado com uma espanhola, decidiu jurar fidelidade ao rei D. João IV, mantendo-se em sua função até 1642. Contudo, perdeu, com essa sua opção, muitas riquezas que detinha no Peru e na Espanha.

Não perdera, porém, com a troca; pelo contrário. Sem contar os bens da mulher, só na região do Rio de Janeiro manteve cinco grandes plantações de açúcar, quarenta fazendas de gado e muitas outras propriedades. A sua saída do governo fluminense, em 1642, não foi por razões políticas e, sim, por opção. Isto é, ele queria tratar de seus próprios negócios, embora continuasse auxiliando o rei português. Com efeito, tinha já em mente liderar a reconquista das colônias africanas ocupadas pelos holandeses e viajou para Lisboa com a intenção de convencer D. João IV. Conseguiu também integrar o Conselho Ultramarino, manobrando para fazer nascer a Companhia Geral do Comércio do Brasil, um monopólio mercantilista desejado pelos mais ricos fazendeiros.

Apesar de ter expulsado os holandeses da costa angolana, Salvador Correia de Sá se manteve em Luanda até 1653, assumindo o cargo de governador, embora com uma breve passagem, ainda em 1648, como administrador autônomo das capitanias do Rio de Janeiro, Espírito Santo e São Paulo. A sua permanência na África durante cinco anos visou sobretudo à recuperação do fluxo normal de escravos para o Brasil. Finalizada essa tarefa, regressaria ao Rio de Janeiro com muita honra e melhores condições.

Ao longo das décadas de 1650 e 1660, a família Correia de Sá alargou ainda mais o domínio político e financeiro na região fluminense. Em 1657, o seu primo Tomé Correia de Alvarenga foi nomeado governador, e outros familiares "agarraram" os mais desejáveis postos militares e administrativos, designadamente a provedoria da Fazenda e a presidência da Câmara. Em meados do ano seguinte, o próprio Salvador Correia de

---

[1] Salvador Correia de Sá e Benevides era filho de Martim de Sá (que administrou esta capitania nos períodos 1602-1608 e 1623-1633) e neto de Salvador Correia de Sá (governador também por dois períodos: 1569-1572 e 1577-1598), bem como parente de Estácio de Sá e Mem de Sá, considerados os fundadores da cidade do Rio de Janeiro.

Sá retomou as rédeas do governo com o poder reforçado, já que conseguiu ser nomeado também capitão-general da Repartição do Sul — a região entre Rio de Janeiro e Santa Catarina —, sem nenhuma dependência ao governador-geral do Brasil. Passava assim a administrar quase metade da colônia sul-americana.

Se o todo-poderoso Salvador Correia de Sá e a Igreja já tiravam o sono dos proprietários de alambiques, a implementação da Companhia Geral do Comércio do Brasil transformou os dias em pesadelos. Com efeito, além do monopólio no comércio de uma vasta quantidade de produtos, bem como o benefício de isenções fiscais e outros privilégios, esta Companhia obteve também a interdição da comercialização de aguardente da terra, de cachaça e de vinho de mel, de modo a evitar a concorrência com os vinhos do reino, cuja distribuição estava a seu cargo. Aflitos, os donos de destilarias tentaram solicitar junto ao governador a alteração dessa proibição, mas Salvador Correia de Sá apenas se mostrou favorável, numa primeira fase, a aceitar tal pretensão se fossem pagos altos tributos à Fazenda Real: 40 mil réis ou cinco pipas por ano, ou mais ainda quando a cachaça se encaminhasse para a África. Aos infratores contrapunha a aplicação de rigorosas penalizações. Em caso de tráfico marítimo, as multas poderiam ascender aos 24 mil réis, repartidas pelo vendedor, comprador e proprietário da embarcação.

Porém, inexplicavelmente as negociações voltaram à estaca zero no início de 1660, intensificando assim o descontentamento dos pequenos fazendeiros, já insatisfeitos com atitudes consideradas vergonhosas contra a lavoura promovidas por Salvador Correia de Sá. Por exemplo, em plena época de moagem do açúcar, foram obrigados, por ordem do governador, a disponibilizar bois e escravos para o transporte de madeira destinada à construção de um galeão. Por outro lado, o gado do governador tinha preferência de entrada para abate nos matadouros públicos. Enfim, eram queixas normais dos pequenos fazendeiros. Quase todos os administradores coloniais usaram o seu cargo para benefício próprio. O peculato, de tão costumeiro, não era criminalizado, a menos que o funcionário real caísse em desgraça por outros motivos.

Em meados daquele ano de 1660, mostrando-se indiferente a essas reclamações e súplicas, Salvador Correia de Sá se dirigiu à então vila de São Paulo, entregando o governo interino da cidade ao seu primo Tomé Correia de Alvarenga. E deixou-lhe a incumbência de apresentar aos fluminenses um "presente": um novo tributo predial.

Ao mal-estar silencioso sucedeu, após ser tornada pública a aplicação desse imposto, um primeiro ato de desobediência. Quando os procuradores da Câmara foram ao povoado de São Gonçalo de Amarante[2] com o intuito de recolher o pecúlio, quatro fazendeiros se recusaram a pagar, entre os quais os irmãos Jerônimo e Agostinho Barbalho Bezerra — filhos de Luís Barbalho Bezerra, um estimado governador do Rio de Janeiro, morto prematuramente em 1644, no segundo ano do mandato.

Como nos meses seguintes aquele governo interino foi mantido no Rio de Janeiro, Jerônimo Barbalho Bezerra promoveu reuniões e comunicações com mais de cem fazendeiros, que queriam encontrar uma solução para fazer o obstinado Salvador Correia de Sá mudar de ideia em relação à cachaça. E, é claro, também em relação ao novo imposto predial. Como não vislumbraram nenhuma solução pacífica, decidiram tomar o poder. Com paulada. Na madrugada de 8 de novembro de 1660, um número indeterminado de rebeldes atravessou a baía de Guanabara e, fazendo soar os sinos, reuniu uma multidão na frente da sede da Câmara. Sem grande capacidade de defesa — até porque os poucos soldados disponíveis estavam com os salários atrasados —, Tomé Correia de Alvarenga refugiou-se no convento de São Bento. Os revoltosos tomaram assim, sem resistência, a administração do Rio de Janeiro, aclamando Agostinho Barbalho Bezerra, irmão do líder do motim, novo governador.

Contudo, não esperavam um inusitado e ridículo desenlace: talvez discordando dos métodos do motim — que incluiu saques em diversos edifícios públicos e em casas de Salvador Correia de Sá e seus familiares —, Agostinho Barbalho Bezerra rejeitou o cargo. Ele se recolheu no convento de São Francisco, fugindo de sua própria tomada de posse. Mas os conjurados não renunciaram à ideia; queriam-no no poder à força, se preciso fosse. Subiram no convento e de lá o tiraram, depois de ameaçá-lo de morte.

No poder, mas contrariado, Agostinho Barbalho Bezerra acabou fazendo aquilo que mais se esperava: exonerou os militares e os funcionários dos cargos mais altos da antiga administração, substituindo-os por homens de confiança. Depois, através de um "bando",[3] concedeu um pra-

---

[2] Ocupava então os territórios das atuais cidades de São Gonçalo e Niterói.

[3] Antiga denominação da proclamação de um decreto em praças públicas feita por oficiais administrativos e/ou militares. A leitura do decreto era acompanhada de um cerimonial especial, precedida ou finalizada com toque de tambor.

zo de 48 horas para os partidários de Salvador Correia de Sá saírem da capitania, sob pena de detenção e degredo por dez anos em Angola. Por fim, enviou um relatório justificativo à Corte em Lisboa, assegurando a fidelidade dos revoltosos ao rei. Nessa embarcação deveria ter seguido também Tomé Correia de Alvarenga, mas ele habilmente escapuliu e seguiu por conta própria e às suas custas em outra embarcação.

Salvador Correia de Sá, que durante a revolta fluminense estava em Santos, não esboçou inicialmente qualquer reação. Ignorava os apoios dos insurgentes, parecendo-lhe imprudência tentar de imediato investir em direção ao Rio de Janeiro. Optou antes por regressar a São Paulo, onde soube que os fluminenses já tinham tentado seduzir os paulistas para a sua causa, embora sem sucesso. Os problemas do açúcar e da cachaça não se colocavam aos paulistas, pois a atividade agrícola se baseava nos cereais.

Para arregimentar o apoio dos paulistas para um ataque militar, Salvador Correia de Sá gastou tempo, muito dinheiro e diplomacia. Naquela vila deu ordens para se construírem estradas e melhorarem as travessias fluviais; mostrou-se a simpatia em pessoa. Em paralelo, procurou alimentar cisões nas hostes fluminenses. Em carta enviada para o Rio de Janeiro, assumindo-se como administrador da capitania, dizia conceder um perdão geral aos moradores envolvidos nos tumultos, informando ainda que entendera a nomeação do próprio Agostinho Barbalho Bezerra como governador interino. Ou seja, não reconhecia a revolta e, de forma astuciosa, transmitia a ideia de que o líder da revolução era um homem de sua confiança política. Em suma, com isso fragilizava a liderança.

Os primeiros frutos dessa estratégia foram colhidos no início de fevereiro de 1661. De fato, no dia 8 daquele mês, acusado de ser um homem conciliador até demais, Agostinho Barbalho Bezerra foi destituído pela junta revolucionária, sendo substituído por seu irmão Jerônimo. A ação deste novo governador foi, porém, bastante curta. Mais radical do que seu irmão, rapidamente entrou em litígio com os jesuítas fluminenses e abriu fendas em seu próprio grupo.

Em São Paulo, entretanto, Salvador Correia de Sá conseguira organizar um almejado contingente militar, formado sobretudo por índios e mestiços. Fretando e equipando duas naus na Bahia, rumou em direção à baía de Guanabara, onde chegou na madrugada de 6 de março. Hábil militar, atracou em um ponto afastado da cidade e decidiu invadi-la pelo interior. Apanhados de surpresa, os rebeldes praticamente não resistiram e os principais líderes da revolta acabaram presos. Todos seriam julgados em Lisboa, mas apenas Diogo Lobo Pereira, Jorge Ferreira de Bulhão e Lucas da Silva atravessaram o Atlântico. O governador Salvador Correia de Sá, encolerizado pela insurreição, quis se vingar pessoalmente de Jerônimo Barbalho Bezerra. Assim, decidiu formar um tribunal especial e, em processo sumário, decretou a condenação à morte do líder da denominada Revolta da Cachaça. Sem direito a qualquer recurso, o chefe do levante sequer viu o sol nascer outra vez: naquele mesmo dia foi decapitado em Angra dos Reis. Sua cabeça foi espetada em um poste ao lado do pelourinho.

Essa atitude despótica de Salvador Correia de Sá foi muito malvista no Conselho Ultramarino, quando as notícias dos tumultos e da execução de um dos irmãos Barbalho Bezerra chegaram a Lisboa. E, apesar da influência de sua família na colônia e os relevantes serviços prestados a favor da Coroa portuguesa, a rainha D. Luísa de Gusmão — então regente, devido à menoridade de seu filho, D. Afonso VI — decidiu destituí-lo e libertar os rebeldes fluminenses chegados à capital. No entanto, nada mais lhe aconteceu.

Para apaziguar o povo do Rio de Janeiro, o novo governador indicado, Pedro de Melo, fez questão de ser empossado por Agostinho Barbalho Bezerra, irmão do único rebelde executado. Um ato simbólico, mas essencial, como se a Coroa aceitasse nesta cerimônia a justiça da luta e reivindicações dos pequenos fazendeiros. Aliás, o trágico desfecho desta revolta acabou satisfazendo os objetivos iniciais dos produtores de cachaça. Ainda em 1661, Lisboa autorizou uma liberalização, embora parcial, do comércio desta aguardente. Os entraves que subsistiram não desagradaram aos fazendeiros nem às autoridades. De fato, restrições moderadas sempre se mostram mais atraentes para enriquecer, pois abrem portas ao tráfico, que é também bom negócio. Consta, aliás, que o contrabando de cachaça para a África, como moeda para a compra de escravos, fez enriquecer João da Silva e Sousa, governador do Rio de Janeiro entre 1670 e 1675, que, mais tarde, entre 1680 e 1684, ainda ocupou cargo similar no outro lado do Atlântico, em Luanda.

9

A EXTREMA-UNÇÃO DO GOVERNADOR DESASTRADO

Depois da tempestade, sempre se espera uma perpétua calmaria. Uma revolução, uma vitória marcante, estimula a esperança, alimenta o ânimo e a dedicação. Sempre foi assim; embora se mostre precavido aquele que, na calmaria, sabe que cedo ou tarde surgirá uma nuvem perigosa, um vento maligno. Em suma, descansar à sombra da bananeira nunca deu bons resultados. Caso não se olhe para cima, mais dia, menos dia, um cacho cairá na cachola do desavisado.

São comuns os episódios históricos que mostram grandes esperanças culminando em trágicas calamidades. O tempo passa e o amanhã que cantava as boas-novas nunca chega. Da esperança se passa ao desânimo; o desânimo se transforma em lamúria; a lamúria se desfaz em falatório, e assim vai, até que, de repente, tudo é questionado.

Diz o ditado português, aquilo que nasce torto, "tarde ou nunca se endireita". Isso é verdade. Mas também é comum aquilo que começa direito acabar torto. Foi talvez este o caso de Pernambuco durante a segunda metade do século XVII. Reconquistado definitivamente para a Coroa portuguesa em 1654, por iniciativa quase exclusiva dos pernambucanos — quando o novo rei, D. João IV, lutava na Europa para assegurar as fronteiras lusitanas após a Restauração de 1640 —, o governo da capitania foi entregue nas mãos de um dos heróis das batalhas de Guararapes: Francisco Barreto de Menezes.

Era tempo de reconstrução. Durante sua permanência de três anos em Recife, este antigo mestre de campo general do Exército Libertador procurou reconstruir as vilas e melhorar a agricultura local. Pouco mais pôde fazer, pois o chamaram para ocupar um cargo mais relevante em Salvador: governador-geral do Brasil. Hercúlea tarefa o esperava. Foi incumbido de coordenar a repressão sobre os índios no sertão baiano, apaziguar as lutas fratricidas entre poderosas famílias de bandeirantes em São Paulo, e organizar a arrecadação dos contributos das diversas capitanias para cumprir as indenizações previstas no Tratado de Haia.[1]

Com a saída daquele homem, os pernambucanos não ficaram mal servidos. Pelo contrário. Em sua substituição apareceu outro herói de Guararapes: André Vidal de Negreiros, que, desde maio de 1655, chefiara o governo do Maranhão. Deixara na região nordestina uma boa impressão, pelo menos no influente padre Antônio Vieira, que não lhe poupou elogios em missiva ao rei D. João IV: "Tem Vossa Majestade mui poucos nos seus reinos que sejam como André Vidal; eu o conhecia pouco mais que de vista e fama, [mas] pelo que toca ao serviço de Vossa Majestade (de que nem ainda cá me posso esquecer), digo a Vossa Majestade que está André Vidal perdido no Maranhão, e que não estaria a Índia perdida se Vossa Majestade lha entregasse." Os louvores do jesuíta justificavam-se também por Vidal de Negreiros ter sido um dos grandes apoiadores da Companhia de Jesus na evangelização da região, aplicando com rigor as leis reais de proibição da escravidão indígena. Algo que mudou no governo de seu sucessor, Pedro de Melo. Aliás, os jesuítas do Maranhão seriam expulsos da capitania. E, mesmo regressando mais tarde, sofreriam novo tormento em 1684 durante a chamada Revolta de Beckman.[2]

Na prática, André Vidal de Negreiros assumiu as rédeas de Pernambuco apenas em 1657, conquistando tanto a simpatia dos senhores dos engenhos de Olinda quanto a desaprovação do governo colonial brasileiro. Mesmo tendo sido companheiro de armas de Francisco Barreto de Menezes na guerra contra os holandeses, os desentendimentos foram constantes. O governador-geral chegou a enviar da Bahia um contingente militar para depô-lo e um desembargador para julgá-lo. Só não se chegou

---

[1] Ver o capítulo "Os Estranhos Caminhos do Patriotismo e da Traição" (pág. 89).
[2] Ver o capítulo "Ingenuidade se Paga com Sangue" (pág. 129).

à guerra civil porque em Lisboa a regente Luísa de Gusmão ordenou o recuo das tropas reais. Vidal de Negreiros terminaria seu mandato de quatro anos, seguindo depois para Angola, também como governador, para substituir outro herói da insurreição pernambucana: João Fernandes Vieira.

Aliás, desde a reconquista das colônias angolanas em 1648, a Corte nomeou para Luanda sucessivos governadores com ligações estreitas ao Brasil porque a escravidão constituía o motor da economia sul-americana. Vidal de Negreiros foi talvez aquele que com mais afinco se esforçou para aumentar o fluxo de escravos, exigindo condições ainda melhores ao Reino do Congo. Como não as obteve de imediato, inventaria acusações de idolatria para justificar uma guerra contra o manicongo Antônio I.[3] Na batalha de Ambuíla em 1665, a derrota e morte do rei africano fez aumentar o fluxo de escravos para o Brasil, especialmente para Pernambuco.

Entretanto, o governador escolhido pela Corte lisboeta para suceder a André Vidal de Negreiros já não era nenhum herói da reconquista da capitania, embora tivesse ligações à região. Nascido em Coruche, no Ribatejo, Francisco de Brito Freire destacara-se, sobretudo, nas diversas batalhas da Guerra da Restauração — especialmente na decisiva batalha do Montijo —, onde fora comandado por Matias de Albuquerque, antigo governador de Pernambuco e líder da resistência contra os holandeses durante vários anos. Por outro lado, desde 1653, quase no epílogo da presença daquele povo, estabelecera ligações com Pernambuco por via de sua nomeação como almirante da efêmera Companhia Geral do Comércio do Brasil.[4]

Ali ficou por três anos, até ser chamado para governar a cidade portuguesa de Beja, e, pelo que consta, não causou grandes atritos entre os

[3] O Reino do Congo era um complexo Estado soberano do sudoeste africano com influência direta e indireta numa vasta região que chegava até Angola. A partir do início do século XVI, os portugueses estabeleceram ali fortes relações de amizade e comerciais, que incluíam o tráfico de escravos. Com a conversão dos soberanos (manicongos) à religião cristã, estes passaram a usar títulos da nobreza lusitana. Embora com alguns conflitos no meio do caminho, sobretudo a partir do século XVII, a influência portuguesa naquele reino, quase em um sistema de suserania, subsistiu até ao início do século XX.

[4] Criada em 1649, e extinta treze anos mais tarde, esta empresa monopolista pretendia fomentar o comércio e aumentar o tráfico negreiro. Desde cedo, suas ações foram alvo de fortes críticas, por via dos excessivos privilégios e descumprimentos das condições do acordo. Um dos conflitos mais graves ocorreu no Rio de Janeiro. Ver o capítulo "Os Males da Cachaça" (pág. 111).

pernambucanos. Curiosamente, ainda fez algumas averiguações e estudos sobre a possibilidade de a Coroa portuguesa migrar para Pernambuco, seguindo uma ideia formulada anos antes pelo padre Antônio Vieira.[5]

Terminado o mandato de Francisco de Brito Freire, exatamente uma década após a rendição holandesa, caiu em Pernambuco, de paraquedas, se já existissem, Jerônimo de Mendonça Furtado. Filho, neto e bisneto — e talvez até tetraneto — dos alcaides-mores[6] de Mourão, vila localizada na fronteira alentejana com a Espanha. Sua família conquistara uma ascensão meteórica a partir da Restauração da Independência em 1640. Seu pai, Pedro de Mendonça Furtado, tinha sido um dos denominados Quarenta Conjurados, ocupando depois cargos importantes na hierarquia real, como o de comendador-mor da Ordem de Santiago, guarda-mor e lugar-tenente do príncipe D. Afonso, futuro rei Afonso VI. Tal como a maioria dos jovens fidalgos da época, Jerônimo de Mendonça Furtado participara da Guerra da Restauração, destacando-se na batalha do Ameixial, em 1663. Talvez tenha sido por seu desempenho, ou por empenho de familiares, que acabou sendo nomeado governador de Pernambuco. Nunca antes estivera no Brasil.

Aportando em Recife em março de 1664, Jerônimo de Mendonça Furtado recebeu a alcunha "Calça-Larga", devido às suas vestes que imitavam a moda nas cortes europeias. Porém, foi seu bigode que espantou os pernambucanos: com as pontas voltadas para o alto, em vez das tradicionais pontas em tufos viradas para os lados. O estilo tinha sido introduzido em Portugal pelo general germânico Friedrich Hermann, duque de Schomberg, recrutado em 1660 pelo conde de Soure para reorganizar, com grande sucesso, o exército lusitano.

As pilosidades do governador seriam apenas uma particularidade facial se suas ações em Pernambuco não tivessem, desde cedo, ali-

---

[5] Foi também autor de alguns livros de grande valor histórico, dos quais se destaca a obra *Nova Lusitânia — História da Guerra Brasílica*, publicada em 1675, um repositório bastante interessante sobre a colonização portuguesa, desde a chegada de Pedro Álvares Cabral até a saída dos holandeses de Pernambuco.

[6] O cargo de alcaide-mor remonta à época medieval, sendo ocupado por pessoas indicadas pelo rei para governarem civil e militarmente um castelo ou um povoado. Ao alcaide-mor cabiam certos direitos e rendas vindos de multas, de casas de vendas e de jogos, e do comércio. Via de regra, estes cargos eram hereditários e destinados a fidalgos. A partir do século XVI, passou a ser uma distinção apenas honorária, ou seja, o alcaide-mor muitas vezes nem vivia nas proximidades. No Brasil colonial, o cargo parece ter sido pouco usado.

mentado ódio e inimizades. Em pouco tempo, explodiram contra ele acusações de todas as formas: que interferira diretamente em assuntos judiciários por meio da nomeação de um amigo como ouvidor; que executara dívidas e sequestrara bens ilegalmente; que desviara uma parte do donativo de D. Catarina de Bragança, rainha-consorte da Inglaterra, destinado a apoiar Pernambuco; que surrupiara os tributos da região destinados ao pagamento das indenizações brasileiras aos holandeses, previstas no Tratado de Haia; que traficara pau-brasil e escravos com seu irmão Luís, que, em 1670, se tornaria conde do Lavradio; que cunhara moeda falsa; e que permitira a entrada de franceses em negócios ilegais na capitania. Parece que ele apenas se dava bem com o vinho. Em meio a todas estas acusações, consta também que frequentemente ficava bêbado.

Nem tanto ao mar nem tanto à terra. Jerônimo de Mendonça Furtado deve ter furtado alguma coisa — pouquíssimos foram os administradores que não viviam de peculato, isto é, roubos da receita pública —, mas também não deve ter sido nenhum facínora. Seu maior pecado parece ter sido o fato de ter vindo de fora e, sobretudo, ter se indisposto, por razões familiares, com o poderoso João Fernandes Vieira. Com efeito, durante seu mandato em terras africanas, entre 1658 e 1661, Vieira sequestrara a carga de uma frota de um dos irmãos de Mendonça Furtado. Uma demanda posterior junto à Corte condenou o pernambucano a pagar uma gorda indenização a Luís de Mendonça Furtado e Albuquerque. Portanto, quando o governador Mendonça Furtado chegou a Pernambuco, não teve ali a melhor das recepções. Até porque João Fernandes Vieira, que mantinha muitas fazendas e negócios açucareiros na região, ainda ocupava o cargo de superintendente das fortificações do Nordeste do Brasil.

Enfim, provocou tanta balbúrdia que logo ganhou um apelido cômico: em vez de Jerônimo de Mendonça Furtado passaram a chamá-lo de "Xumbergas", uma corruptela do nome do general germânico que imitava. O nome passou a ser empregado em outros casos, nunca como elogio. Por exemplo, uma terrível epidemia de "bexigas" — ou seja, de varíola — em Olinda e Recife também ficou conhecida naquela época por este termo.

Apesar da longa série de reclamações, a Corte em Lisboa não acolheu os desejos dos poderosos de Pernambuco em retirá-lo do cargo. D. Afonso VI, um rei pouco decidido, ainda reinava, e existiam problemas mais graves para tratar, como a guerra contra a Espanha. E, por isso, as elites pernambucanas decidiram que se Jerônimo de Mendonça Furtado não saísse por bem, teria de sair por mal. Saiu por mal.

O estopim para a conspiração veio no final de agosto de 1666, com uma esquadra francesa de doze naus. A caminho de Madagascar, o comandante conseguira a autorização do governador para aportar em Olinda para alguns reparos. Na casa de um poderoso fazendeiro de origem castelhana, João de Novalhaes y Urréa, se reuniram então diversos conjurados, entre os quais o juiz de Olinda, André de Barros Rego, e os vereadores Lourenço Cavalcanti e João Ribeiro. Já não era mais para se lamentarem, nem para preparar nova carta para a Corte. Ao contrário, planejaram sobre a melhor maneira de derrubar o desgraçado governador, encontrando, por fim, um ardiloso e caricato *modus operandi*.

Naquela época, quando um agonizante precisava receber a extrema-unção, era comum um padre seguir em cortejo pelas ruas, chamando para acompanhá-lo os fiéis com quem cruzava. Os conspiradores sabiam que era normal ver Mendonça Furtado nessas procissões espontâneas. Assim, os conspiradores tramaram com um padre de confiança para simular um pedido de viático,[7] cuja procissão passaria na frente da residência do governador. E assim foi feito, na tarde do último dia de agosto. Mendonça Furtado caiu como mosca na teia da aranha. Depois de acompanhar o padre até a igreja, sem qualquer tropa, acabou rodeado por um grupo de homens. Saíra de casa pensando que veria um agonizante receber um sacramento, mas, no fim das contas, era ele mesmo quem estava na pior. O juiz André de Barros Rego lhe deu voz de prisão e o algemaram antes de ter tempo de ao menos puxar sua espadinha. Em seguida, lançaram-no nos calabouços do Forte de São João Batista sem nenhuma reação militar.

Esse episódio, executado de forma cirúrgica, quase resultou, porém, em um banho de sangue. Sem saberem o que se passava, diversos soldados franceses estavam se divertindo na principal rua de Olinda, com jogos de cavalos e varas, munidos de escudos de couro e atirando laranjas uns nos outros. A notícia sobre a prisão do governador chegou rápida ao povo, mas seus motivos não estavam muito claros. E julgando que estaria associada à presença dos franceses — existiam boatos sobre a intenção

---

[7] Também conhecido como "nosso-pai", o viático é o sacramento da comunhão ministrado em casa aos enfermos impossibilitados de sair. No caso dos moribundos que ainda possam engolir, precede a extrema-unção.

de Mendonça Furtado em entregar Pernambuco à França —, uma multidão eclodiu em gritos de morte contra os supostos invasores. Foi uma confusão. Vários franceses foram desarmados enquanto apanhavam, outros conseguiram escapulir para o convento dos capuchinhos. Os ânimos somente se acalmaram após a intervenção direta dos principais conspiradores. Com um pedido de desculpa ao respectivo comandante, a frota francesa, por via das dúvidas, se apressou a seguir viagem.

De viagem para a Bahia e, depois, para Lisboa, também seguiu Jerônimo de Mendonça Furtado. O então vice-rei do Brasil e conde de Óbidos, Vasco de Mascarenhas, não sentiu pena de sua triste queda. Aliás, teria até ficado satisfeito, pois entre os dois existiam fortes e insanáveis disputas. Suspeita-se inclusive que o conde de Óbidos até já sabia dos planos dos senhores de engenho de Pernambuco. Enfim, o que se sabe com certeza é que simplesmente mandou Mendonça Furtado de volta para Portugal, explicando os motivos e pedindo nova nomeação. Para apaziguar os pernambucanos, André Vidal de Negreiros acabou assumindo como governador interino da capitania.

Em Lisboa, o Conselho de Estado ainda determinou a abertura de uma investigação, enviando o magistrado João Vanvessem. Os resultados foram nulos, porque este oficial chegou a ser ameaçado de morte e coagido a ouvir apenas algumas supostas testemunhas e de acordo com perguntas previamente transmitidas pela Câmara de Olinda — dominada, é claro, pelos principais senhores de engenho. Enfim, foi colocada uma pedra sobre o assunto. Os pernambucanos ainda se beneficiavam de uma aura de heróis e não houve assim qualquer penalização ou represália. Este manto de impunidade acabaria mal décadas mais tarde.[8]

Jerônimo de Mendonça Furtado não recebeu, na Metrópole, nenhuma punição nem teve sua imagem prejudicada. Poucos anos depois, o famigerado antigo governador de Pernambuco ficaria do lado errado da História, depois que D. Pedro II destronou seu irmão D. Afonso VI. Com efeito, em 1673, seis anos após esse golpe de Estado, enquanto o rei deposto estava exilado na ilha Terceira, descobriu-se uma conspiração para reempossá-lo ao trono. Entre os envolvidos se encontrava Francisco de Mendonça Furtado, irmão mais velho de Jerônimo. Acusado posteriormente de não ter denunciado as manobras do irmão — que seria condenado à morte e fugiria para a Espanha antes da execução —, ainda

[8] Ver o capítulo "Os Heróis Não São Eternos" (pág. 163).

clamou por sua inocência junto ao rei. Nunca pensou em fugir, pois via nisso uma desonra e uma confissão de culpa, permaneceu, portanto, em Portugal. Acabou sendo preso e exilado para a Índia, onde encontraria outro de seus irmãos, Luís, que estava em posição muito mais favorável e até mesmo invejável. De fato, apoiara incondicionalmente D. Pedro II desde o início do golpe de Estado de 1667, recebendo então, por sua lealdade, o título de conde do Lavradio e, ao mesmo tempo, o honroso cargo de vice-rei da Índia.

O desgraçado Jerônimo de Mendonça Furtado jamais regressou a Portugal ou ao Brasil. O rei D. Pedro II nunca o perdoou nem o autorizaria a herdar os bens e o título nobiliárquico do irmão Luís quando este faleceu em 1677, sem descendentes diretos. Morreu em 1693 sem deixar lembranças nem saudade.

Sua breve passagem por Pernambuco criou, porém, raízes bem mais duradouras. Lexicais, na verdade. Não pelas melhores razões, é claro. Jocosamente, desde o século XVII até hoje, seu apelido — "Xumbergas" — remete, com diversas variantes, para estados de embriaguez (*chumberga*), para comportamento indecoroso (*chambregação*, *chumbregação* ou *chumbrego*), como sinônimo de incomodar (*chambregar*), e ainda para designar uma batida ou ferimento (*chumbergada*) ou ainda para algo brega, fora de moda (*chumbrega*). Poucos conseguiram dar tamanha contribuição à língua portuguesa.

AGRICULTURA
CONFLITOS SOCIAIS
JESUÍTAS
SUBLEVAÇÃO

10

INGENUIDADE SE PAGA COM SANGUE

Alguns historiadores, sobretudo em Portugal, ainda discutem se, em vez da armada de Pedro Álvares Cabral, foi através de uma expedição capitaneada em 1498 por Duarte Pacheco Pereira que os europeus descobriram o Brasil. E também se debate, mais agora em Portugal do que no Brasil, se o termo mais adequado para se referir a tal acontecimento é "descobrimento" ou "achamento".[1] No entanto, quer se prefira "achamento" ou "descobrimento", quer se dê primazia a Pedro Álvares Cabral ou a Duarte Pacheco Pereira, pouco importa agora. Até porque, na verdade, o território brasileiro somente começa a interessar à velha Lusitânia mais de duas décadas depois de ser encontrado. Em

[1] Se agora os brasileiros aceitam de modo pacífico o termo "descobrimento", em Portugal muitos políticos e acadêmicos optam por usar "achamento", porque, segundo a perspectiva dos povos indígenas, os europeus nada descobriram (uma vez que o território já existia); logo, eles apenas o acharam. Aliás, a esmagadora maioria das edições portuguesas da carta de Pero Vaz de Caminha trazem o termo "achamento" (e não descobrimento). Em Portugal, as comemorações oficiais dos 500 anos da chegada dos portugueses ao Brasil usaram também o termo "achamento". Vale também mencionar que, antes de Pedro Álvares Cabral, nos últimos anos do século XV, alguns navegantes não portugueses aportaram nas regiões costeiras do Norte e do Nordeste do atual território brasileiro.

Portugal, durante o longo reinado de D. Manuel I, as prioridades se direcionaram para o reino africano do Congo e para a Ásia, onde as riquezas e o comércio de mostravam mais interessantes.

Somente no começo da segunda metade do reinado de D. João III — já em um quadro de forte disputa ibérica nos mares, mas com outras potências europeias emergentes na arte da navegação —, foram dados os primeiros passos concretos para a colonização do Brasil. E a Igreja Católica, sempre onipresente, não quis perder o barco. Receando cada vez mais o avanço dos movimentos protestantes na Europa — iniciados com o luteranismo e continuados pelo anglicanismo e pelo calvinismo —, a Santa Sé estava particularmente interessada na evangelização do Novo Mundo por reinos católicos. E não quis apenas abençoar e apoiar indiretamente este empreendimento; disponibilizou seu mais recente "braço armado": a Companhia de Jesus.

Fundada em 1539 pelo ex-militar basco Inácio de Loyola, esta ordem religiosa cedo mostrou uma intrépida postura de sacrifício em prol da evangelização. E se inicialmente eram poucos, viriam a crescer como mato, sobretudo a partir de 1546, após a adesão à ordem de Francisco de Borja, duque de Gandia e antigo vice-rei da Catalunha, que decidira, após a morte de sua mulher, dedicar o resto da vida à religião.

Escolhendo os noviços a dedo, inculcando-lhes uma exigente formação intelectual, preparando-os como guerreiros da evangelização, os jesuítas tornaram-se autênticos porta-estandartes da colonização territorial em toda a América do Sul. Não por acaso, foram eles, e não outros, que seguiram na esquadra do primeiro governador-geral do Brasil, Tomé de Sousa, que chegou à Bahia no fim de março de 1549. Na primeira missa rezada, o jesuíta Manuel da Nóbrega anunciou logo a seus interlocutores: "Esta terra é nossa empresa."

Preparado o terreno por esses pioneiros, nos anos seguintes a Companhia de Jesus reforçou ainda mais sua presença na América do Sul, acompanhando a própria ascensão política e social na Europa e em outras regiões do mundo. Com efeito, se no ano seguinte à sua fundação existiam apenas dez padres na companhia, uma década e meia depois já atingiam os mil. Em 1626 ultrapassavam os 15 mil, distribuídos em mais de cinquenta colégios, seminários e escolas.

Os jesuítas tinham como marca a abnegação. Nunca viraram a cara aos maiores sacrifícios. Mais corajosos e baratos que soldados — suas armas eram a palavra —, o risco de morte não lhes tirava o ânimo. Muitos morreram precocemente, chacinados ou em acidentes. O martirológio da Companhia de Jesus, compilado em 1675, listou 304 baixas, embora uma parte considerável tenha ocorrido nas perigosas viagens de navio e no Japão, terra de povo mais organizado e hostil à evangelização cristã.[2]

A parceria entre a Companhia de Jesus e a Coroa portuguesa — e, a bem da verdade, também com a Espanha, nos outros territórios sul-americanos — mostrou-se perfeita: por um lado, os padres evangelizavam almas e, ao mesmo tempo, abriam caminho para uma ocupação territorial mais segura; por outro, viam seu trabalho reconhecido pelos soberanos, abrindo-lhes portas para seu fortalecimento no seio da Igreja e até mesmo junto do poder de Estado. Por exemplo, em Portugal tornaram-se, ainda durante o reinado de D. João III, confessores da família real. Enfim, foi uma parceria estratégica com a qual todos ganhavam. Todos, menos os colonos, que sempre pensaram, como na África, em usar os indígenas, com maior ou menor grau de submissão, como mão de obra escrava. Um desejo que contou sempre com a intrépida oposição da Companhia de Jesus.

Convém mencionar que os jesuítas, de modo geral, tinham uma postura dúbia a respeito da escravidão. Embora se opusessem à exploração dos indígenas brasileiros, aceitavam a servidão dos africanos, alegando que estes, sendo já escravos em suas terras e criados no paganismo, não eram livres perante Deus. Por mais esdrúxulo que seja esse argumento, pelo menos aos olhos de hoje, no século XVII poucos jesuítas foram defensores do abolicionismo total. Padre Antônio Vieira seria uma exceção. Em todo o caso, praticamente todos os clérigos das outras ordens religiosas abençoavam a escravidão e não poucos padres acompanhavam os bandeirantes nos descimentos, como eram chamadas as expedições para captura de índios no sertão.

Para a maioria dos colonos brasileiros, a compra de escravos africanos era um luxo, apenas acessível aos maiores fazendeiros. E mesmo esses sempre preferiam patrocinar a captura de índios do que adquirir negros da África. Por isso, tentava-se de tudo para caçar indígenas pelos sertões,

---

[2] Os primeiros jesuítas mortos em ação de evangelização no Brasil foram o padre João de Souza e o escolástico Pedro Correia, pelos índios carijós em Cananeia. Ainda no século XVI, em 1570 e 1571, piratas calvinistas atacaram naus portuguesas em pleno Atlântico, quando se dirigiam para a América do Sul, chacinando, no primeiro caso, quarenta jesuítas e mais doze no outro.

aproveitando as exceções, que se tornavam regra, previstas nas leis reais. Ou então, como muitas vezes aconteceu, os colonos simplesmente ignoravam as proibições, o que sempre acarretava brigas com a Companhia de Jesus, sobretudo após a criação das missões desta ordem religiosa. Aliás, com a fundação destas aldeias, os desentendimentos aumentarem. Os padres ocupavam os índios com atividades de lavoura, para tornar as missões autossuficientes, mas quando havia excedentes, eles os vendiam com isenções fiscais. Os colonos acusavam assim a Companhia de Jesus, com alguma razão, de concorrência desleal.

A guerra surda entre colonos e jesuítas rapidamente se transformou em batalhas declaradas, atingindo seu auge a partir dos anos 20 do século XVII, quando bandeirantes assaltaram sistematicamente aldeias da Companhia de Jesus, sobretudo no Rio Grande do Sul, Paraná e Mato Grosso.[3] Os jesuítas, porém, nunca se desarmaram e, mesmo quando os colonos ficavam em vantagem em certos episódios, souberam ser pacientes. Aguardavam sempre por uma nova e melhor oportunidade política para chegar a brasa à sua sardinha.

Se, durante a dominação filipina sobre Portugal, esta ordem religiosa não teve vida fácil, diante das investidas dos paulistas, durante o reinado de D. João IV recuperaram, e ampliaram muito, sua influência nas esferas do poder. Com efeito, embora a bula *Commissum Nobis* do papa Urbano VIII, emitida em 1640, ameaçasse de excomunhão quem insistisse no cativeiro de índios, os jesuítas não conseguiram nada além de uma série de confusões em São Paulo, Rio de Janeiro e Maranhão. Anos mais tarde, porém, deram mais um passo para alcançar seu objetivo de extinguir a escravidão de indígenas. Através de uma lei real, de 1653, D. João IV decidiu conceder liberdade absoluta aos índios, incluindo aqueles que já haviam sido capturados antes de a bula do papa Urbano VIII entrar em vigor.

Como seria de esperar, os colonos ficaram furiosos, sobretudo no Maranhão, tendo como alvo principal de seu ódio o padre Antônio Vieira, então superior das missões daquela região, que se estendiam até o Grão-Pará. A paciência dos colonos foi se esgotando, sobretudo após a morte de D. João IV em 1655, e com a indefinição política resultante de uma regência durante a menoridade de um herdeiro, D. Afonso VI, considerado inapto. Assim, em 17 de julho de 1661, um grupo de colonos

[3] Ver o capítulo "Meridiano de Sangue" (pág. 63).

assaltou o colégio de São Alexandre, obrigando o governador Pedro de Melo a expulsar os jesuítas do Maranhão. Somente quatorze anos mais tarde, puderam retornar àquela região.

A palavra derrota não entrava no léxico jesuíta. A partir de 1680, já durante o reinado de D. Pedro II, entraria em vigor uma lei determinando a total liberdade dos índios no Brasil. Deste modo, ou se passava a lhes pagar o salário devido, ou então os colonos apenas poderiam usar escravos africanos. Para suprir a escassez de mão de obra resultante dessa legislação viria a ser criada, dois anos mais tarde, em 1682, a Companhia de Comércio do Maranhão, também conhecida por Estanco do Maranhão. Além do monopólio de um vasto conjunto de produtos, essa empresa prometia introduzir, em duas décadas, pelo menos dez mil escravos africanos com um preço tabelado de 100 mil réis por cabeça.

Rapidamente ficou evidente que o Estanco do Maranhão, ao invés de constituir um auxílio aos colonos, tornou-se uma canoa furada. Com efeito, o desespero tomou conta dos colonos diante da passividade do governador Francisco Sá de Menezes, que nada fazia para obrigar a companhia a cumprir com as prometidas cotas de escravos africanos. Por outro lado, os preços e as condições de comercialização dos produtos impostos pela companhia comercial mostravam-se extremamente abusivos para os fazendeiros. Para piorar o clima de descontentamento, a Companhia de Jesus conseguira se safar desse aperto comercial, obtendo prerrogativas especiais.

Foi neste cenário de raivosa insatisfação que um conjunto de fazendeiros de São Luís, instigados por padres de outras ordens religiosas — que invejavam as boas relações dos jesuítas na Corte —, decidiu traçar um plano para expurgar a supremacia comercial do Estanco do Maranhão. As reuniões do grupo se iniciaram no fim de 1683, no engenho Vera Cruz, propriedade dos irmãos Manuel e Tomás Beckman. Sabe-se que, em muitos casos, a comunicação entre os confrades se dava por meio de cartas escondidas dentro de queijos.

Um dos planos inicialmente aventado incluía a eliminação do próprio governador e do capitão-mor Baltazar Fernandes. Prevaleceu, no entanto, uma solução menos sanguinária, mas também radical: a tomada do poder, aproveitando a ausência de Francisco Sá de Menezes em uma viagem oficial por Belém do Pará.

O toque para a rebelião soou no primeiro domingo de Quaresma de 1684, dia 20 de fevereiro, durante um sermão do padre carmelita Inácio da Fonseca e Silva. Falando mal da Companhia Geral do Maranhão, da apatia do capitão-mor e da ausência do governador, lançou ali a fagulha que incendiou o sangue quente do povo. Quatro dias mais tarde, pela madrugada, houve motim na rua. Liderada por Manuel Beckman, uma multidão com mais de cem pessoas começou a descer a rua de Santo Antônio gritando "fora os padres [jesuítas], fora o Estanco, fora o capitão-mor". Pararam diante da casa de Baltazar Fernandes. Encontraram apenas uma guarda de cinco soldados, o que dá uma ideia das precárias condições de segurança e autoridade naquela época. Os rebeldes detiveram o capitão-mor em prisão domiciliar, designando sua própria mulher como "fiel carcereira", sob risco de morte. Baltazar Fernandes, perante tal desonra, ainda gritou preferir então a morte, mas ninguém o quis ouvir, nem satisfazer aquele pedido. Deixaram-no ali mesmo, furioso e impotente.

Sem a menor resistência, os revoltosos seguiram depois para o Senado. Depuseram os vereadores e constituíram uma Junta Governativa, formada por Manuel Beckman, Eugênio Ribeiro Maranhão, Francisco Dias Deiró, Belchior Gonçalves e os padres carmelitas Inácio da Fonseca e Inácio da Assunção. Naquela mesma manhã, proclamaram três resoluções: a deposição definitiva do governador Sá de Menezes e do sargento-mor Baltazar Fernandes, a expulsão dos padres da Companhia de Jesus e a abolição do Estanco do Maranhão. Ao fim da reunião, a nova Junta Governativa deslocou-se ao colégio dos jesuítas de São Luís, no atual Palácio Arquiepiscopal. Chamaram o vice-reitor Estêvão Gandolfin e, na varanda do edifício, leram-lhe a ordem de expulsão, para alegria do povo. Depois disso, no meio da tarde, cantaram um *Te Deum Laudamus* na sé catedral, obviamente sem jesuítas presentes.

Nos dias seguintes, o governo de Manuel Beckman tentou pacificar e reorganizar as estruturas administrativas de São Luís, evitando abusos. Apesar de um ou outro caso anormal, a revolta não causou mortes, nem violações ou profanações de locais sagrados. Numa tentativa de conquistar adesões em outras regiões do Maranhão, um emissário seguiu para Belém do Pará, onde se encontrava refugiado o governador deposto. No entanto, o Senado daquela cidade se recusou a se associar à insurreição, embora de forma bastante polida.

Temendo uma invasão de São Luís pelas tropas da Bahia, a junta revolucionária montou uma estrutura defensiva. Manuel Beckman chegou inclusive a organizar falsos ataques, sem aviso prévio, para verificar se o povo continuaria fiel. Contudo, em Salvador, o governador-geral,

Antônio de Sousa Menezes, já no final de seu mandato, preferiu aguardar a chegada de seu sucessor para que aquela questão fosse resolvida. Em todo o caso, dizem que o governador maranhense deposto, Francisco Sá de Menezes, teria tentado, a partir de Belém do Pará, seduzir Manuel Beckman com uma oferta de quatro mil cruzados e diversas outras regalias para que desistisse da rebelião. O líder revolucionário recusou.

Apesar das tentativas de ampliar a revolta até o Grão-Pará, os objetivos da Junta Governativa em São Luís nunca assumiram um viés verdadeiramente separatista. Pretendia somente a extinção do Estanco e a demissão do inábil e corrupto governador, além do fim da influência jesuíta na região. Por isso, decidiram enviar Tomás Beckman a Lisboa para apresentar, junto ao rei D. Pedro II, as reclamações dos maranhenses. Certamente, tinham bastante esperança de êxito, mas se mostraram bastante ingênuos. De fato, a expulsão dos jesuítas produziu efeitos muito nefastos na Metrópole. E quando Tomás Beckman acostou na capital portuguesa, nem foi ouvido pelo rei; foi imediatamente preso. O monarca português já estava organizando um contra-ataque, através da nomeação do general Gomes Freire de Andrade para o cargo de governador do Maranhão.[4] A armada deste militar saiu de Lisboa em 25 de março de 1685 — ou seja, mais de um ano após a revolta — e chegou ao largo de São Luís em 15 de maio.

Ao contrário do que Gomes Freire de Andrade talvez esperasse, não houve reação hostil à sua chegada. Os rebeldes entregaram-lhe o poder sem pestanejar, ignorando os acontecimentos em Lisboa, isto é, a prisão de seu emissário. Somente alguns dias mais tarde, Manuel Beckman se deu conta de seu engano, quando um navio acostou ao porto trazendo seu irmão fortemente amarrado. A raiva voltou e o novo governador agiu então com determinação, ordenando a prisão imediata dos amotinados, incluindo diversos padres.

Manuel Beckman conseguiu, contudo, escapar. O novo governador indicado por Lisboa publicou um decreto prometendo o cargo de capitão das ordenanças a quem o capturasse. Só um homem se disponibilizou: Lázaro de Melo de Freitas, afilhado do fugitivo. Conseguindo, por essa

---

[4] Foi o tio do homônimo Gomes Freire de Andrade, governador do Rio de Janeiro e de Minas Gerais, que desempenhou também o cargo de comissário português na delimitação das fronteiras meridionais da América do Sul entre Portugal e Espanha, no âmbito do Tratado de Madri (1750), a qual desencadearia a Guerra Guaranítica.

ligação, conhecer o paradeiro secreto do padrinho, capturou-o perto de um engenho, recorrendo à ajuda de dois escravos. E o levou preso até São Luís, atravessando a floresta durante vários dias. Recebeu a prometida recompensa, mas nenhum dos seus subordinados lhe aceitou ordens. Lázaro reclamou disso com Gomes Freire de Andrade, que retrucou que lhe prometera o posto, não a garantia de ser obedecido. Consta que este Lázaro, que se comportou como um Judas, morreu não muito tempo depois, em um acidente absurdo; enquanto rezava, com o rosário da Nossa Senhora da Vitória nas mãos, foi perfurado pelos chifres de um boi.

O processo judicial desta rebelião maranhense, envolvendo mais de trinta réus, decorreu ao longo do verão e outono do ano de 1685. Além de diversas punições, entre as quais multas e exílio, os juízes decretaram a condenação à morte de Manuel Beckman, de Jorge de Sampaio e de Fernando Deiró, embora este último à revelia. Dois dos principais réus, Tomás Beckman e Eugênio Ribeiro, foram reenviados para Lisboa, para não sofrerem pena capital. No caso do irmão mais novo de Manuel Beckman, teria sido o jesuíta Bettenford quem intercedeu por ele. Apesar de expulso durante a revolta, o padre era amigo de longa data da família Beckman. Deste modo, Tomás recebeu "apenas" uma pena de vinte anos de exílio, chegando a regressar ao Maranhão no início do século XVIII.

As execuções de Manuel Beckman e de Jorge de Sampaio, este já septuagenário, ocorreram em 10 de novembro de 1685 na Praia Pequena, nos arredores da cidade de São Luís. Segundo relatos da época, os dois condenados foram levados pelas ruas da cidade, amarrados com cordas no pescoço e nas pernas, e entre dois carrascos negros, que transportavam um saco com dois facões, que serviriam para cortar as cordas da forca após as execuções. Rezam ainda as crônicas que Manuel Beckman, antes de ser pendurado, gritou "Morro feliz pelo povo do Maranhão".

Poucos dias depois, como era comum, os bens confiscados dos condenados foram leiloados para que o valor fosse incorporado à Fazenda Real. O único comprador dos bens de Manuel Beckman foi o próprio governador Gomes Freire de Andrade, que os devolveu à família do executado. Uma atitude que, na época, demonstrava um inquestionável e honroso sinal de respeito ao condenado.

Em meio a tudo isso, descontados os transtornos, a Companhia de Jesus foi quem mais se beneficiou com a chamada Revolta dos Beckman. Com efeito, o Estanco do Maranhão, que interferira também em seus negócios, foi extinto antes do final do século XVII. E, com a volta da companhia ao Maranhão, pouco depois da chegada de Gomes Freire de Andrade, seus direitos foram reforçados. Nas missões, os corregedores do reino passaram a não poder exercer qualquer jurisdição. Na verdade, qualquer colono estava impedido de visitar suas aldeias, sob pena de exílio. Ao longo das décadas seguintes, as aldeias jesuítas se tornariam um autêntico Estado dentro do Estado.

Esses benefícios terminaram abruptamente em 1755, quando, já depois dos conflitos da Guerra Guaranítica, o futuro marquês de Pombal, através de seu irmão, Mendonça Furtado, então governador do Grão--Pará e Maranhão, incorporou todas as férteis aldeias à Coroa. Quatro anos mais tarde, a própria presença dos jesuítas na região desmoronou-se como um castelo de cartas, com a expulsão da ordem religiosa dos territórios portugueses, por suposto envolvimento político no atentado ao rei D. José.[5]

[5] Ver o capítulo "Um Acordo para um Real Pesadelo" (pág. 221).

BANDEIRANTES
CONFLITOS ÉTNICOS
ESCRAVIDÃO

11

DO QUILOMBO AO PANTEÃO, TRÊS SÉCULOS SÃO

Quem passasse pela principal praça de Recife no início de dezembro de 1695 assistiria a uma macabra exposição: a cabeça de um negro, espetada em um poste. Macabra, convém dizer, apenas nos dias de hoje, é claro. Naquela época, não chocava ninguém; era algo habitual. Após uma execução por um crime muito grave costumava-se desmembrar o cadáver em quartos e se expor a cabeça decapitada. Um pedaço para cada lado. Era uma selvageria, feita pelo Estado para demonstrar autoridade e, sobretudo, para amedrontar.

Daquela vez, porém, a cabeça tinha ainda outra nauseante particularidade: um pênis na boca. Além de tudo, encontrava-se desfigurada, por ter sido conservada no sal. Tinha sido trazida assim de Porto Calvo. Quem tivesse conhecimento das práticas ancestrais logo veria que a cabeça não pertencera a um criminoso comum; era um troféu de guerra. No caso, simbolizava um marco triunfal do domínio e da supremacia dos colonos brancos como epílogo da vitória sobre a primeira tentativa persistente de emancipação de escravos negros em um território brasileiro.

Traficados da África em meados do século XVI, mais precisamente a partir de 1549 — quando os portugueses estabeleceram relações comerciais naquele continente e desenvolveram a cultura açucareira no

Brasil —, os negros eram apenas vistos como mão de obra. Despidos de qualquer humanidade, tratados como bichos aptos para trabalho, por serem mais "domesticáveis" e "produtivos" do que os índios — que, aliás, sempre foram mais protegidos da escravidão pela Igreja —, os negros não possuíam direito algum na época. Mesmo assim, apesar de completamente desenraizados em terras desconhecidas, desde cedo muitos planejaram fugas das senzalas, embora sozinhos ou em pequenos grupos. Quase sempre trágicas. Em todo o caso, já em 1588 surgiam informações em documentos oficiais sobre a existência de "negros de Angola e Guiné levantados" em regiões fortificadas ao longo do vale do rio Jaguaripe. Esses redutos chegaram até mesmo a colocar em perigo as comunicações terrestres entre as capitanias da Bahia e de Pernambuco. Em 1597, ocorreu a primeira grande debandada: mais de quarenta escravos escaparam de um engenho do sul de Pernambuco, refugiando-se em um local envolto por palmeiras na serra da Barriga, no atual município de União dos Palmares, hoje integrado ao estado de Alagoas. Na obra cartográfica *Razão do Estado do Brasil*, atribuída a João Teixeira Albernaz, já aparecem referências ao mocambo ou quilombo dos Palmares.

A invasão holandesa na Bahia e em Pernambuco, a partir dos anos 20 do século XVII, provocou o caos naquelas regiões, resultando na fuga generalizada de escravos. Muitos rumaram para a serra da Barriga que, de um pequeno quilombo, se transformaria numa confederação negra com diversos aglomerados e um sistema arcaico de organização. Em seu auge, em meados do século XVII, destacavam-se, entre os quilombos fortificados, o Macaco — de grande dimensão, constituindo uma espécie de centro político, contando com mais de 1.500 habitações —, Subupira, Zumbi e Tabocas. Embora com uma população flutuante, estima-se que, por volta de 1670, aglomerariam cerca de trinta mil negros, grande parte dos quais já nascidos lá. Territorialmente, dominavam uma extensão quase equivalente a Portugal.

Embora não se tenha certeza sobre como funcionavam os quilombos, acredita-se que detinham uma estrutura social que, grosso modo, se assemelhava às sociedades tribais africanas. Ou seja, embora houvesse um líder supremo, cada quilombo tinha seu chefe, auxiliado por um conselho. Também se supõe que existiria uma ordem jurídica, pelo menos incipiente. Por exemplo, os homicídios, o adultério e o roubo deviam ser punidos com a morte. Apesar de serem aglomerados livres, na verdade havia uma distinção de tratamento entre os negros foragidos das senzalas e aqueles que eram capturados nos ataques dos próprios quilombolas nos engenhos das imediações. Estes eram mantidos escravos. Na maior parte dos casos, esses assaltos às fazendas e suas senzalas tinham como objetivo principal "caçar" mulheres, já que a maioria dos foragidos eram homens. Em suma, era uma África tribal no Brasil colonial.

Aliás, reza a lenda que o primeiro líder conhecido dos Palmares, Ganga Zumba, era neto do manicongo Nvita-a-Nkanga — também conhecido como D. Antônio I do Congo — e filho da princesa Aqualtane do Congo, que teria sido capturada após a batalha de Ambuíla, onde seu pai foi morto pelos portugueses. Porém, não existem dados históricos que confirmem esta versão; pelo contrário, mostra-se cronologicamente impossível, pois esse conflito africano somente ocorreu em 1665. Também não existem informações sobre o tráfico de membros desta família real congolesa para o Brasil.

Independentemente disso, os quilombos em Palmares cresceram, ao longo das décadas do século XVII, como estruturas sociais completamente autossustentáveis. Para além da caça, da pesca e da coleta de frutos nas matas, os negros desenvolveram uma agricultura bastante diversificada, complementada com artesanato. Com o tempo, os colonos das redondezas estabeleceram trocas comerciais com os negros, até porque isso evitava ataques, chegando inclusive a alugar terras quilombolas para plantio. Em troca, os quilombos recebiam armas e munições. Assim, Palmares se tornou um conjunto de várias dezenas de núcleos quase intransponíveis, defendidos por altas paliçadas e fossos.

Sobretudo após a expulsão dos holandeses de Pernambuco, em 1654, quando as autoridades portuguesas e os fazendeiros procuraram subjugar os quilombos. O objetivo não era apenas repor a ordem "natural" de um território que Portugal considerava seu; na verdade, a existência de Palmares constituía, no imaginário dos escravos das senzalas, uma espécie de Terra Prometida, aguçando seu desejo de evasão. Além disso, aprisionar os milhares de negros daqueles quilombos, em vez de comprá-los no continente africano, significaria uma enorme poupança.

Curiosamente, nas primeiras campanhas de ataque aos quilombos, havia soldados do regimento dos Henriques — a milícia negra e mulata criada por Henrique Dias durante a insurreição pernambucana contra a ocupação holandesa. As autoridades parecem ter pensado que, pondo negros contra negros, a tarefa seria mais fácil. Não foi. Depois disso, poderosos senhores de engenho contrataram sertanistas e bandeirantes, experientes caçadores de índios, que também seriam rechaçados. O tiro, por vezes, saía pela culatra. Por exemplo, em 1672, Cristóvão Lins, um poderoso fazendeiro e alcaide-mor de Porto Calvo, que contratara os serviços do sertanista Antônio Jácome Bezerra, sofreu um duro revés: os quilombolas queimaram seus extensos canaviais após um frustrado assalto.

Cinco anos depois, o experiente sertanista Fernão Carrilho — que algum tempo antes destruíra pequenos mocambos nas regiões de Sergipe e Bahia — foi chamado a Pernambuco. O governador, D. Pedro de Almeida, concedeu-lhe a patente de "capitão-mor da guerra dos Palmares", o que demonstra que os quilombos eram uma incômoda pedra no sapato da administração colonial. Nessa altura, o governador convocou as câmaras e os capitães-mores das vilas ao redor para potencializar os recursos militares e logísticos para essa expedição. Pela primeira vez, os colonos portugueses alcançaram uma vitória parcial, tomando os quilombos de Amaro, Aqualtane e Subupira, destruindo habitações e queimando plantações dos negros. No entanto, logo concluíram que a principal fortaleza dos Palmares, o Cerro Real do Macaco, se mostrava intransponível. De todo modo, mais importante do que a vitória em si foi o fato de que durante os combates conseguiram capturar alguns chefes militares e até mesmo alguns familiares do então líder negro, Ganga Zumba, incluindo seu irmão, Ganga Muiça.

Cansado de uma guerra infindável, D. Pedro de Almeida propôs então ao líder Ganga Zumba a assinatura de um acordo de paz. Em troca da submissão à Coroa portuguesa e suas leis, tornando-se assim vassalos, o governador comprometia-se a libertar os negros capturados nos conflitos anteriores, concedendo carta de alforria aos moradores dos quilombos. Porém, teriam de sair daquela região e se distribuírem no Vale do Cucaú, nas terras do atual município de Rio Formoso, tendo a garantia de abertura ao comércio de seus produtos. Com prévia aprovação real de Lisboa, o acordo foi aceito por Ganga Zumba em 1678 e assinado por um de seus irmãos em Recife.

Apesar desse líder dos Palmares ter se deslocado para Cucaú com algumas centenas de homens, um de seus protegidos, conhecido como Zumbi, rebelou-se contra esse tratado de paz. Pouco tempo depois, Ganga Zumba apareceu morto, sob suspeita de ter sido envenenado. E Zumbi foi proclamado chefe dos negros, mantendo-se no Cerro Real do Macaco.

Nascido por volta de 1665, num dos mocambos de Palmares, Zumbi era filho de pais desconhecidos. A tradição oral diz que era sobrinho de

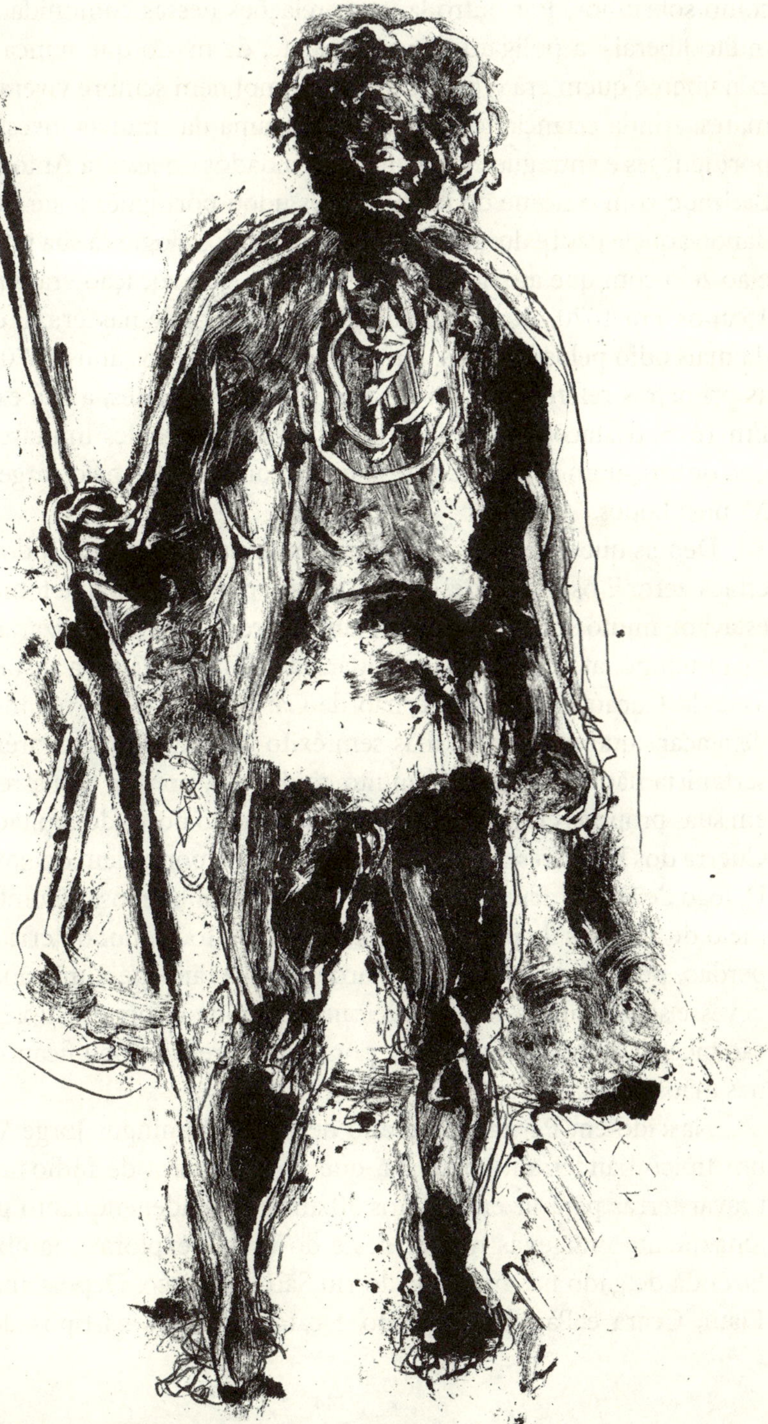

Ganga Zumba, mas, nas comunidades quilombolas, eram comuns os tratamentos familiares sem parentesco de sangue. Por exemplo, o líder supremo tratava o chefe de um quilombo como irmão, e seus conselheiros como sobrinhos. Por outro lado, as relações nessas comunidades eram muito liberais: a poligamia era frequente, de modo que nunca se sabia exatamente quem era o pai de quem. Zumbi nem sempre vivera em Palmares. Ainda criança, foi capturado em uma das muitas investidas dos portugueses e entregue em Recife aos cuidados do jesuíta Antônio Melo. Batizado com o nome de Francisco, estudou português e até latim, ajudando aquele padre durante a missa. Apesar dos elogios à sua inteligência e ao zelo com que auxiliava o padre jesuíta, sua vocação era outra: com 15 anos, em 1670, Zumbi fugiu de volta para onde nascera. E com ainda mais ódio pelos brancos. Na primeira metade dos anos 1670, surgem as primeiras referências, em documentos portugueses, à sua existência. Em 1675, destacou-se como um dos principais chefes militares negros que destroçaram as tropas portuguesas comandadas pelo sargento-mor Manuel Lopes.

Depois que Zumbi dos Palmares assumiu a liderança, tudo voltou à estaca zero. E os portugueses mostraram, por sua vez, que também não estavam muito interessados em um acordo, pois escravizaram, nesse meio-tempo, até mesmo os partidários de Ganga Zumba instalados no Vale do Cucaú. Em 1683, Fernão de Carrilho foi outra vez incumbido de atacar aqueles redutos, mas sem êxito algum. Consta, porém, que o sertanista não se mostrou lá muito cuidadoso, porque temia represálias em suas próprias criações de gado. Suspenso do posto de capitão-mor da Guerra dos Palmares, foi exilado para o Ceará, por ordem do governador D. João de Sousa, acusado também de colaborar com os quilombolas por meio de acordos de paz não autorizados. De todo modo, teria recebido perdão, porque dois anos mais tarde devolveram-lhe a missão, embora devesse se articular com o bandeirante Domingos Jorge Velho. Esta direção bicéfala nunca funcionou e, por isso, a tarefa acabou ficando apenas nas mãos do bandeirante.

Nascido em Parnaíba, no ano de 1641, Domingos Jorge Velho era um típico bandeirante paulista, que vivia da caça de índios e de desbravar terras para fazendas. Aos 30 anos de idade, enquanto perseguia tenazmente indígenas no Nordeste do Brasil, explorava também uma fazenda de gado nas margens do rio São Francisco. Depois andou pelo Piauí, Ceará e Paraíba, caçando e catando todos os tipos de índios.

Lutava, porém, contra seus genes: era mameluco, tetraneto de índios tupiniquins e tapuias.

O convite para liderar a Guerra dos Palmares, por iniciativa do governador João da Cunha Souto Maior, mostrou-se irrecusável: não só parecia ser uma atividade que lhe agradava, como, em caso de sucesso, receberia em Pernambuco extensas terras não cultivadas, conhecidas como sesmarias, e também condecorações, como hábitos de ordens militares. Enfim, Domingos Jorge Velho juntaria a glória ao dinheiro, o que para aqueles homens nunca era demais.

Ainda demorariam, contudo, alguns anos até o bandeirante iniciar investidas mais fortes nos quilombos de Palmares. Não apenas por ser necessário preparar um poderoso contingente para evitar os fracassos anteriores, mas também porque Domingos Jorge Velho aguardava a aprovação do rei português, D. Pedro II, às condições impostas para liderar a missão.

Finalmente, em janeiro de 1694, obtida a autorização do rei, o bandeirante concluiu a formação de suas milícias. Ou melhor, de seu colossal exército de nove mil homens. Mesmo assim, quando chegou ao Cerro do Macaco, viu que teria muito trabalho pela frente. Estava diante de uma autêntica cidade europeia medieval, circundada por três muralhas de troncos e pedras, com aproximadamente 16 metros de altura, e rodeada por abismos e fossos. A cada 2 metros, ao longo da paliçada, dispunham-se grupos de negros fortemente armados. Quem se aproximasse, ou caísse nos fossos, levaria uma flecha ou um tiro de arcabuz. Um ataque direto era, portanto, impossível.

A estratégia escolhida por Domingos Jorge Velho incluía a construção de uma "contra cerca" de proteção, mas, quando no dia 23 daquele mês fizeram a primeira tentativa de ataque, constatou-se que nem flechas nem balas atingiam a muralha palmarense. Só com tiros de canhão teriam êxito. Foi, pois, solicitado mais armamento e reforços a Recife. De lá veio o capitão-mor, Bernardo Vieira de Melo, acompanhado de mais duzentos homens e seis canhões. No início de fevereiro, a cerca avançada foi concluída.

No dia 5, um forte ataque de canhões caiu sobre o quilombo. O massacre foi geral; estima-se que tenham morrido mais de quatrocentos negros. Os demais fugiram ou foram capturados. Mas esta vitória não foi total para os portugueses, pois Zumbi dos Palmares, mesmo ferido, conseguiu escapar com um pequeno grupo. Ainda assim, os portugueses encheram-se de júbilo. Em carta enviada ao rei, o então governador de Pernambuco, Caetano de Melo e Castro, destacou que a "feliz vitória se não avalia por menos que a expulsão dos holandeses", realçando que se festejara, "com seis dias de luminárias e outras demonstrações de alegria".

Porém, se Bernardo Vieira de Melo saiu logo recompensado pela vitória — sendo indicado como governador do Rio Grande do Norte, em janeiro de 1695, para continuar os combates contra os índios tapuias, antigos aliados dos holandeses —, Domingos Jorge Velho ainda não concluíra o serviço. Faltava capturar Zumbi dos Palmares, que se mantinha muito ativo. Cerca de um ano após a destruição do principal quilombo, o líder negro chegou a invadir a vila de Penedo, roubando armas e libertando mais de dois mil companheiros. Dedicou-se em seguida à guerra do mato, em constantes emboscadas e ataques a povoados portugueses. Porém, em meados de 1695, um dos grupos de guerrilheiros, comandado pelo negro Antônio Soares, foi derrotado. Sob tortura, ele teria revelado o esconderijo onde supostamente Zumbi passava a noite.

No dia 20 de novembro de 1695, nas matas da serra Dois Irmãos, no atual município de Viçosa do estado de Alagoas, um forte contingente português surpreendeu Zumbi dos Palmares e seu pequeno grupo. Ainda era noite, cinco horas da madrugada. Sem clemência, o líder quilombola foi barbaramente assassinado. De acordo com o historiador Joel Rufino dos Santos, seu cadáver, transportado depois para Porto Calvo, "não estaria bonito de ver. Tinha quinze furos de bala e inumeráveis de punhal. Lhe tinham tirado um olho e a mão direita. Estava castrado e o pênis enfiado na boca". Ali, separaram sua cabeça para seguir para Recife, onde a colocariam espetada em uma estaca.

Em março do ano seguinte, resumindo aqueles acontecimentos, Caetano de Melo e Castro escreveu outra vez ao rei D. Pedro II justificando aquela tétrica exposição: "Determinei que pusessem sua cabeça em um poste no lugar mais público desta praça, para satisfazer os ofendidos e justamente queixosos, e atemorizar os negros que supersticiosamente julgavam Zumbi um imortal, para que entendessem que esta empresa acabava de todo com os Palmares."

Embora a morte de Zumbi dos Palmares tenha constituído um rude e fatal golpe na alforria dos negros, o último quilombo na serra da Barriga apenas foi exterminado na primeira década do século XVIII. O Brasil colonial continuou como antes: escravizando negros. E nem com sua independência, em 1822, a situação melhorou. Era como se Zumbi e todos aqueles que lutaram pela emancipação dos negros não tivessem existido. Durante mais de meio século, o Brasil ainda persistiu na escravidão, tornando-se, inclusive, um dos últimos países a aboli-la, o que aconteceu apenas em 1888.

Porém, se a liberdade dos negros se concretizou ainda durante a monarquia brasileira, a população negra não se livrou da discriminação racial. E somente no final dos anos 70 do século XX, o papel de Zumbi dos Palmares seria "ressuscitado", como símbolo da luta dos negros contra a opressão dos colonizadores brancos. De fato, em 1971, através de um grupo de intelectuais, reunidos em Porto Alegre e liderados pelo poeta e professor Oliveira Silveira, foi proposta a criação de um dia nacional para relevar a contribuição dos negros para a gênese do Brasil. Por motivos óbvios, escolheram o dia 20 de novembro, data da morte do líder quilombola.

A partir daquele ano, a efeméride ganhou cada vez mais adeptos, sendo reconhecida por muitos municípios, especialmente por força das reivindicações do Movimento Negro Unificado. No fim de 2011, a presidenta Dilma Rousseff acabou decretando que 20 de novembro seria oficialmente o Dia Nacional de Zumbi e da Consciência Negra, abrindo assim a possibilidade de adotá-lo como feriado brasileiro. Algo que já acontece em cerca de mil cidades, bem como nos estados de Alagoas, Amapá, Amazonas, Rio de Janeiro, Rio Grande do Sul e Mato Grosso do Sul.[1]

Hoje no Brasil, sobretudo nos estados nordestinos, subsistem ainda cerca de 1.500 quilombos, habitados por descendentes dos antigos escravos negros, muitos dos quais criados após a abolição da escravatura. Para preservar as tradições culturais, sociais e religiosas, essas comunidades quilombolas têm seus direitos de propriedade preservados pela Constituição Federal de 1988, sendo certificadas e apoiadas pela Fundação Palmares, vinculada ao Ministério da Cultura.

Para engrandecer ainda mais a figura de um homem cuja morte, vale lembrar, foi celebrada com alívio no final do século XVII, fundou-se recentemente o Parque Memorial Quilombo dos Palmares, no alto da serra da Barriga, onde se recriou, para os turistas, o ambiente da república negra daquela época.

---

[1] No Mato Grosso do Sul, este feriado foi porém considerado inconstitucional por demanda dos comerciantes locais.

Por fim, como uma cereja em cima do bolo desta reescrita histórica, Zumbi dos Palmares passou a figurar, desde 1997, no Livro de Aço do Panteão dos Heróis Nacionais. Tornou-se, aliás, a segunda personalidade a ser inscrita naquele monumento, logo depois de Tiradentes, e alguns anos antes do imperador D. Pedro I. No site oficial da Secretaria de Estado de Cultura do Distrito Federal, lê-se que ele "foi derrotado e morto no ataque inimigo". Neste caso, o "inimigo" são as tropas portuguesas, que incluíam também negros (a milícia dos Henriques), índios, mamelucos e mulatos. Ou seja, na verdade, não era Portugal o inimigo de Zumbi dos Palmares; os inimigos eram todos aqueles que lutavam contra seu desejo de independência, de sua justa vontade de ser livre, de sua vontade de viver sem dependência nem submissão.

Em suma, Zumbi dos Palmares tampouco desejaria ser brasileiro. E, por isso, nunca imaginaria que, três séculos depois de sua tétrica morte e exposição da cabeça com o pênis na boca em uma praça de Recife, se tornaria um herói de um país chamado Brasil. Há coisas piores. E se tal imagem e lembrança como herói servem a uma boa causa — a afirmação e o reconhecimento da população negra —, que assim seja. Nenhum mal virá disso; pelo contrário. Mesmo se a História, com seu rigor, ficar se revirando no túmulo.

CONFLITOS SOCIAIS
OURO
SUBLEVAÇÃO

12

UM FAROESTE LUSITANO NO ELDORADO

A sangrenta corrida ao ouro, imortalizada popularmente pelos filmes de Hollywood, não iniciou em meados do século XIX. É uma falácia dos norte-americanos, que pensam que o mundo nasceu com eles. Na verdade, a febre do ouro começou muito mais cedo; um século e meio antes. Longe da Europa, é certo — ou seja, *far* —, e também muito a *oeste* do Velho Continente, mas não no Hemisfério Norte. Foi ao sul da linha do equador, mais precisamente no Brasil, onde tudo começou. Não com descendentes de irlandeses nem britânicos se matando, mas sim com portugueses. E nenhum era cowboy nem disparava revólveres; porém, garimpavam e matavam com o mesmo apetite.

Embora a busca por pedras e metais preciosos tivesse começado muito antes, o involuntário responsável pelo início da febre do ouro brasileiro, que atingiu seu auge na primeira metade do século XVIII, acabou sendo o destemido bandeirante Antônio Rodrigues de Arzão. Por volta de 1690, quando buscava esmeraldas, deu de cara com alguns veios auríferos no sertão da Casa da Casca, na região de Minas Gerais.[1] Não lhes

[1] Brás Cubas, fundador da cidade de Santos, teria sido o primeiro a descobrir ouro no Brasil, mas as minas deste metal precioso na região de São Paulo eram pouco abundantes.

deu muita importância, mas outros sim. Nos anos seguintes, descobriram outras jazidas, bem mais abundantes. Em 1º de março de 1697, o governador do Rio de Janeiro, Castro Caldas, comunicou o rei D. Pedro II sobre a existência de vinte riachos em Taubaté com ouro da melhor qualidade.[2] Entretanto o segredo, que é a alma de qualquer negócio, não foi guardado. E, assim, antes de haver tempo para organizar a demanda, uma desenfreada invasão arrebentou nos sertões com todo tipo de aventureiros: primeiro, bandeirantes, em seguida, colonos de todo o Brasil e até mesmo da Metrópole, os chamados "reinóis".

Nos primeiros anos, as jazidas se mostravam tão imensas, as riquezas alcançadas pelos primeiros mineradores tão abundantes, e conquistadas em tão pouco tempo, que pareciam dar para todos. Boatos de fortunas semelhantes às dos ricos nababos — isto é, grandes milionários indianos ou homens que enriqueceram na Índia — correram em poucas semanas e dizia-se que alguns garimpeiros até alimentavam porcos em vasilhas de ouro. Era o Eldorado. Era um exagero. Mesmo sendo verdade que em muitos riachos não se apanhavam pepitas, mas sim autênticas pedras de ouro. No fim do século XIX, por exemplo, encontraram na Bahia um pedaço de ouro com seis libras, o que corresponde a mais de 2,8 quilos.

Ouro sempre se casou bem com cobiça, a mãe da violência. Quem chega primeiro, sempre procura ficar com a melhor parte, mas quem vem depois quer o melhor também. Os colonos de São Paulo, os famosos bandeirantes, tentaram de tudo para lhes ser concedido, por bem ou por mal, o monopólio da exploração do ouro. Procuraram controlar a entrada de novos mineradores e barrar as vias de comunicação para Minas Gerais. Essa pretensão chegou a ser acolhida pelo rei D. Pedro II. Porém esta, como muitas outras ordens reais, jamais impediu os crescentes ingressos na região mineira. E com esses novos colonos vieram também as desavenças, as inimizades, as porradas e os homicídios.

Com o aumento da violência, Artur de Sá e Menezes — recém-nomeado governador do Rio de Janeiro, São Paulo e Minas — partiu em missão pessoal até a região mineira para disciplinar e regular a exploração do ouro. Entre março de 1700 e julho de 1702, criou um regulamento que instituiu, pela primeira vez, cargos administrativos para controlar as

---

[2] Em carta de 19 de novembro de 1697, o rei D. Pedro II refere-se a Garcia Rodrigues Paes como "o primeiro que descobriu o ouro de lavagem dos ribeirões que correm para a serra de Serabasu".

operações de mineração e o pagamento de impostos. Durante esse período, Manuel Borba Gato foi nomeado para o importante cargo de guarda-mor do distrito das minas do Rio das Velhas.

Pertencente à última geração de sertanistas que viviam da captura de índios, Borba Gato era um típico homem de seu tempo: indômito aventureiro com mais vidas do que um felino e de mãos inchadas com calos e manchadas com sangue. Em agosto de 1682, teria assassinado, perto do Arraial do Sumidouro, o administrador-geral das Minas, o fidalgo castelhano D. Rodrigo de Castelbanco, por causa de um desentendimento acerca de negócios de esmeraldas. Depois disso, ficou foragido no sertão do rio Doce até o final do século, quando conseguiu alcançar, por intermédio de familiares, um perdão, sob a promessa de indicar a localização de minérios preciosos na região de Sabará.

Os crimes do passado eram, muitas vezes, esquecidos pelas autoridades quando os foragidos voltavam e anunciavam boas notícias. E, em muitos casos, eram até nomeados para guardar o "galinheiro". Entregar a uma raposa experiente os "ovos de ouro" fazia sentido, sobretudo, quando faltavam outros recursos. Assim, sempre impediria que terceiros depenassem as "galinhas" e dilapidassem o quinhão da Coroa. E, de fato, Borba Gato soube cumprir sua função de guarda-mor, tanto que, em junho de 1702, o nomearam para provedor e juiz de sesmarias dos distritos de Sabará, Caeté e Rio das Velhas. Um cargo importantíssimo, pois, além de providenciar a repartição e distribuição das lavras, era também responsável pela autorização de entrada de víveres, de mineradores, de escravos e índios para o garimpo.

Porém, sem grandes meios militares diante de tão avassaladora invasão de garimpeiros ilegais, Borba Gato pouca coisa pôde fazer. De quase nada lhe valeram as ameaças de pesados castigos, como o decreto de 1704 que ordenava a deportação para a colônia do Sacramento de todos os que desobedecessem às normas vigentes no Regimento das Minas. Em setembro de 1702, Rodrigo da Costa, governador-geral do Brasil, relatou ao rei a situação calamitosa das capitanias do norte por causa da febre do ouro. A maior parte dos moradores preferia aventurar-se em Minas Gerais, "esquecendo-se totalmente da conservação das próprias vidas e segurança dos seus mesmos domínios".

Nem as forças militares eram poupadas por este sangramento demográfico. Por exemplo, o governador do Rio de Janeiro, Fernando Martins Mascarenhas, escreveu em 1704 para o capitão-mor de Parati, Miguel

Teles Costa, informando-o que "muitos soldados e marinheiros e outras pessoas de todas as embarcações, navios e guarda-costas" passavam à primeira oportunidade para o "País do Ouro". O destinatário desta carta, aliás, também desertou pouco depois. De igual modo, muitas regiões agrícolas ficaram sem mão de obra. Os escravos eram levados para Minas Gerais, resultando em grande diminuição da produção e, em consequência, em um aumento da inflação.

Muitos daqueles aventureiros nunca cheiraram nem a terra de Minas Gerais, muito menos o ouro. Um texto anônimo do início do século XVIII expôs trágicos episódios durante esta demanda: "Indivíduos tão alucinados pelo ouro havia que, vindos da distância de 30 ou 40 dias de jornada, partiam sem provimento algum. Assim, pelo caminho, muitos acabaram de irremediável inanição. E houve quem matasse o companheiro para lhe tomar uma pipoca de milho que do borralho saltara para o do outro, dos poucos grãos que cada qual tinha para alimentar a vida naquele dia."[3] As mortes nos sertões, os assaltos, as balbúrdias, as traições, o sangue correndo eram o pão nosso de cada dia.

Apesar de tais perigos, o ouro cegava. Nos primeiros anos do século XVIII, como resultado do fluxo migratório, a região de Minas Gerais atingiu cinquenta mil habitantes de todas as castas e tipos: brancos, mulatos, índios carijós, mamelucos, caboclos, negros, fidalgos, plebeus, escravos, servos, ricos, pobres, indigentes e o que mais houvesse, vindos de todos os lados. E até padres. Muitos. E pouco zelosos com seus ofícios. Dizem as crônicas que a esmagadora maioria dos clérigos da região aurífera dedicava-se, parcial ou integralmente, aos negócios mundanos. Homens como Jácomo de Grado Forte, João de Faria Fialho, João Sousa Pereira, Pedro do Rosário e José de Godoy Moreira, que se encheram de ouro, apesar da batina, ficaram célebres, não pelas melhores razões. Outros clérigos eram especializados em contrabando, tráfico de escravos ou mesmo falsificação de cunhos para contornar o imposto dos quintos. Dentre estes, destacou-se o frei Francisco de Menezes — conhecido como Frade Satânico — que, antes, no Rio de Janeiro, causara infinitos

---

[3] Trata-se do manuscrito "Relação do princípio descoberto destas Minas e os sucessos de algumas coisas mais memoráveis que sucederam do seu princípio até o tempo em que as veio governar o Excelentíssimo Senhor Dom Brás da Silveira", que integra uma coletânea de 145 documentos compilados por Caetano da Costa Matoso, ouvidor-geral da comarca do Ouro Preto entre 1749 e 1752.

escândalos no comércio de tabaco. Em Minas Gerais negociava carne, o que significava também que contrabandeava ouro, porque uma coisa levava à outra; e vice-versa.

De fato, carne e ouro também sempre andaram de mãos dadas. Se Minas Gerais tinha ouro, queria carne sem ter pastos; quem tinha carne, queria ouro sem garimpar. Isso resultou em uma incontrolável especulação nos preços dos mais diversos víveres. Se a história das vasilhas de ouro dos porcos era uma anedota, a verdade verdadeira é que, naquela época, um porco valia mais do que a tal vasilha. Por exemplo, em 1703, no auge da febre aurífera, uma rês custava 350 gramas de ouro, correspondendo hoje a cerca de 40 mil reais, ou seja, mais de dez vezes o valor médio de uma vaca viva atualmente. Uma galinha tinha seu preço multiplicado entre São Paulo e Minas Gerais. E um alqueire de farinha poderia sair por mais de 43 mil réis, quando no litoral pouco ultrapassava os 600.

As autoridades bem tentaram, como puderam, abaixar os preços e lutar contra a especulação, através da entrega de sesmarias para a produção agrícola, da instalação de açougues e do controle de entrada de víveres. Porém, interessava aos maiores negociantes que as coisas continuassem como estavam. O contrabando e a especulação eram triplamente rentáveis: não se pagavam impostos, os lucros podiam ultrapassar mil por cento e recebia-se com ouro em pó, sem se pagar o quinto. Deste modo, muito do ouro de Minas Gerais foi extraviado sem que a Coroa portuguesa recebesse uma pepita sequer. Os comerciantes de Minas Gerais acabavam assim lucrando mais do que o rei lusitano e que os próprios garimpeiros.

O jesuíta italiano André João Antonil, em sua obra *Cultura e opulência do Brasil por suas drogas e minas* — cuja circulação foi proibida por ser um retrato verídico e cru demais —, além de salientar as violências naquelas terras, relatou que "a maior parte do ouro que se tira das minas passa em pó e em moedas para os reinos estranhos, e a menor é a que fica em Portugal e nas cidades do Brasil, salvo o que se gasta em cordões, arrecadas e outros brincos, dos quais se veem hoje carregadas as mulatas de mau viver e as negras muito mais do que as senhoras". E já lamentava a existência daquele Eldorado: "Nem há pessoa prudente que não confesse haver Deus permitido que se descubra nas Minas tanto ouro para castigar com ele o Brasil, como está castigando."

No início da segunda metade da primeira década do século XVIII, a situação nos arraiais de Minas Gerais encontrava-se assim em ebulição, prestes a explodir. Havia ouro, mas cada vez mais cobiça. Havia ouro, mas as secas sucessivas davam fome. Havia ouro, mas a especulação transformava um quilo de gado em um produto mais precioso. Para agravar a animosidade natural dos homens gananciosos, logo alguns grupos se tornaram rivais. De um lado, os paulistas — os descobridores das minas, que desejavam a exclusividade sobre as jazidas —; de outro, os colonos de diversas regiões, conhecidos como emboabas.[4]

Em uma primeira fase, os paulistas, que eram mais ricos e estavam em maior número, ditavam as regras; mas com a crescente migração dos emboabas, os pratos da balança oscilaram. Assim, se nos primeiros anos de mineração os emboabas sofriam diante do escárnio dos paulistas, logo ganharam preponderância econômica e numérica por meio do comércio de víveres. Por outro lado, sempre demonstraram um espírito superior de união e solidariedade. E, quando enriqueceram, alguns emboabas adotaram métodos de mineração mais modernos, possibilitando assim a extração de grandes riquezas em locais abandonados pelos primeiros garimpeiros paulistas. Por exemplo, Pascoal da Silva Guimarães, natural do Rio de Janeiro, que começara como um negociante em Minas Gerais, depois que conheceu uma técnica usada na Nova Espanha, acabou se dedicando também ao garimpo. Assim, aproveitando as cláusulas do Regimento das Minas — que concedia a posse de jazidas em terrenos abandonados por mais de quarenta dias — pôs mãos à obra em terras da região de Itapanhoacanga, outrora pertencentes ao alcaide-mor e bandeirante José de Camargo Pimentel. Dali retirou muito ouro. Quando a família Camargo quis reclamar, foi rechaçada pelas armas da milícia de Pascoal da Silva. O fluminense, já com várias centenas de escravos e um poder bélico de respeito, não estava para brincadeira.

Esse episódio mostra, aliás, que o "orgulhoso" passado dos paulistas — calejado por gerações de destemidos e quase sempre sanguinários guerreiros, especializados na captura e extermínio de indígenas — pouco mais valia diante do crescente poder dos "estrangeiros". Quem para lá singrava não alcançava seu objetivo apenas sendo trabalhador, mas sim por ter aprendido a ser violento quando surgiam obstáculos. Aliás, Pas-

---

[4] Provavelmente de origem tupi, "emboaba" parece significar "grupo forasteiro agressor". Na época da colonização, passou a ser um qualificativo ou alcunha dada pelos paulistas aos brasileiros das capitanias do Rio de Janeiro, Bahia, Pernambuco e outras regiões, bem como aos portugueses naturais da Europa que chegavam atraídos pelo ouro.

coal da Silva nunca fora flor que se cheirasse, nem muitos de seus parentes emboabas que se fixaram em Minas Gerais. Por exemplo, Francisco Gurgel do Amaral e Bento do Amaral Silva, que se tornaram riquíssimos mineradores e negociantes, tinham fugido da Justiça do Rio de Janeiro, acusados de várias mortes e assaltos. Bento do Amaral Coutinho, parente dos dois, era um conhecido facínora, assaltante e traficante de tudo um pouco, que escapara do Rio de Janeiro por causa de um tenebroso homicídio em 1706. Na ocasião, o governador da capitania chegou a destacar sessenta soldados para prendê-lo, mas sem sucesso.

Tal como aconteceu no povoado que originou Ouro Preto,[5] um pouco mais ao norte, na região de Caeté, os paulistas também tenderam a perder o domínio no início do século XVIII. Apesar de lá se concentrarem as principais famílias de bandeirantes, os emboabas não se intimidaram e, sem pudor, se instalaram de mala e cuia. Dentre este grupo de emboabas, destacava-se Manuel Nunes Viana. Cristão-novo natural de Viana do Castelo, emigrara ainda jovem para a Bahia, onde trabalhou como caixeiro em negócios de um primo. Seduzido pelas notícias de rios de ouro em Minas Gerais, para lá partiu, mas não para minerar: fixou-se primeiro em Sabará e, mais tarde, em Caeté, para negociar o gado. Enriqueceu com a especulação, e depois comprou mais fazendas e tomou posse de jazidas em serra da Piedade e em Catas Altas. Em três anos, segundo consta, acumulou cerca de cinquenta arrobas de ouro, ou seja, quase 750 quilos. E também muito sangue. Em crônicas da época relatava-se que, em uma de suas fazendas, havia uma lagoa com piranhas onde atirava seus inimigos e escravos rebeldes.

Os desentendimentos entre os orgulhosos paulistas e os emergentes emboabas — mais racionais, mas não com menos sangue nos olhos e nas mãos — foram aumentando pela inveja e pela cobiça, apimentadas por questões "bairristas", como se não fossem todos portugueses. Para agravar este cenário, em 1704, por ocasião da distribuição das terras mineiras por Borba Gato, os emboabas sentiram-se despeitados por terem

---

[5] Nascendo da junção de diversas aldeias, Ouro Preto foi oficialmente fundada em 8 de julho de 1711, então denominada Vila Rica. Foi o mais importante povoado do período aurífero, tendo sido escolhido em 1720 como capital do estado de Minas Gerais. Em 1823, já depois da independência brasileira, passou a ser oficialmente chamada de Imperial Cidade de Ouro Preto, deixando em 1897 de ser capital de Minas Gerais após a criação de Belo Horizonte.

os paulistas recebido as melhores parcelas. A partir daquele ano, qualquer desentendimento, mais ou menos sangrento, envolvendo as duas facções, aumentava um pouco o já cheio copo do ódio. Por exemplo, em Pindamonhangaba, um paulista despachou um luso com um "tiro de pé de cabra" por este não lhe vender uma escrava a crédito e, em Arraial Velho de São José, alguns caboclos paulistas esfaquearam mortalmente um português do Minho, proprietário de uma bodega.

Em 1707, uma nova série de conflitos já anunciava uma guerra fratricida. Em dois episódios distintos, Pedro Mateus Rendon, membro de uma abastada família vinda do reino, e José Pardo, um paulista "dos sete costados", acabaram seus dias com uma saraivada de "pelouros", como então eram chamadas as munições das armas de fogo. Enterrados quase ao mesmo tempo, o ambiente em Rio das Velhas era mais do que fúnebre; era funesto. Dias mais tarde, José Pompeu, um poderoso minerador paulista da região entre Sabará e Caeté, ordenou a morte de um emboaba. Dito, e logo feito. Após descobrirem o cadáver da vítima, barbaramente esquartejada, veio a sangrenta represália: um pelotão de emboabas, patrocinado por Manuel Nunes Viana, foi à caça de José Pompeu. No caminho, atiraram em tudo o que se mexia; mataram a torto e a direito.

Enfim, Minas Gerais, a terra do ouro, foi transformada na terra da pólvora, socialmente falando. Adubada com ganância, apimentada por cachaça, temperada com fanfarronices e condimentada por orgulho, só faltava riscarem o fósforo para tudo ir pelos ares. O paiol e o rastilho estavam à mercê. A faísca surgiu no primeiro domingo de outubro de 1708 diante do átrio da capela de Caeté. Naquela tarde, certo paulista quisera recuperar uma escopeta que emprestara a um português. Porém este a perdera, embora logo tenha se predisposto a compensar o outro com sete oitavas de ouro. A proposta não foi aceita e o caso "subiu" aos maiorais das duas facções: de um lado, estava Manuel Nunes Viana, por solicitação do português; do outro, a pedido do paulista, se encontrava Jerônimo Pedroso, também conhecido como Jerônimo "Poderoso", por "ter este também bastante escravos, saindo sempre com sua gente que se lhe tinha agregado a ele, todos armados". A conversa entre os dois homens foi precedida por muita pompa, cumprimentos e outros salamaleques. Houve propostas de solução pacífica, mas como ninguém cedeu, uma palavra puxou outra e antigas desavenças foram desenterradas. Logo, o caldo entornou. Separados pelos amigos, cada um seguiu seu rumo, ruminando vingança. À força de armas, já que desaforos não se curavam, naqueles

tempos, sem fuzil. Naquela mesma tarde correram boatos de que ambas as partes estavam reunindo suas milícias.

Nunes Viana era, porém, homem bastante sagaz. Hábil esgrimista, poucos anos antes saíra vitorioso de um duelo na Bahia: contra três homens, matara um e desarmara os outros. Quis então humilhar o adversário: no dia seguinte enviou um mensageiro à casa de Jerônimo Pedroso, desafiando-o a dirimir suas desavenças com o fio da espada. Estava certo de que o paulista, homem de gostos menos refinados, não sabia manejá-la e que, portanto, se recusaria a duelar. E recusou mesmo. O reinol insistiu, tachando o paulista de medroso, animando as hostes dos emboabas. De orgulho ferido, Jerônimo Pedroso se muniu de homens e armas, colocando-se em campo aberto. Nunes Viana também já havia preparado suas milícias. Ninguém avançou para um ataque, mas pequenos conflitos se alastraram nos dias que se seguiram. Em episódios fortuitos, grupos de paulistas mataram dois escravos de Nunes Viana, agrediram diversos emboabas com paulada e assaltaram e queimaram fazendas.

Ninguém ali era santo, mas Nunes Viana se portou como o diabo em pessoa. Pelo menos assim pensou o guarda-mor Borba Gato, que, sabendo das brigas em Caeté, para lá se dirigiu. Em 12 de outubro, ainda parlamentou com o chefe dos emboabas, mas, duvidando da bondade daquele homem, deu-lhe um ultimato para que abandonasse Minas Gerais em 24 horas. Para não deixar dúvidas, Borba Gato pregou um édito em várias partes do povoado. Nunes Viana ignorou a expulsão. Temendo uma reação dos emboabas, Borba Gato aumentou o tom das ameaças, prometendo prisão e confisco de bens a quem auxiliasse o infame reinol.

Sem ter poder suficiente para garantir a expulsão, Borba Gato viu o tiro sair pela culatra. Nunes Viana bateu o pé, com a ajuda de seus escravos e outros homens armados, e não restou ao guarda-mor alternativa além de enfiar o rabo entre as pernas e sair dali, depois de enviar um emissário ao Rio de Janeiro para informar o governador daquela desobediência.

A fraqueza dos paulistas e a fragilidade das pífias intimações da principal autoridade real em terras mineiras animaram os emboabas. Poucos dias depois, uma espécie de golpe de Estado aconteceu: Nunes Viana conseguiu fazer com que o nomeassem governador das Minas Gerais, exonerou Borba Gato, substituiu seus agentes e ordenou que os paulistas fossem desarmados. Vendo o caso mal resolvido, pelo desfalque de suas milícias em Caeté, os paulistas resolveram ir para Sabará, Roça Grande e outros núcleos mineiros. As tropas de Nunes Viana logo seguiram em seu encalço. Os paulistas não fugiam apenas, já que aproveitavam para chacinar os emboabas com que cruzavam. Era já uma guerra civil.

O primeiro grande confronto armado entre paulistas e emboabas ocorreu nas imediações de Sabará. Recorrendo a índios carijós e flechas incendiárias, Nunes Viana atacou o acampamento inimigo. Acuados, os paulistas subiram pelas margens do rio das Velhas até alcançarem uma região conhecida na época como Minas Gerais de Cataguás. Em confrontos esporádicos, os emboabas mostravam-se sempre mais belicosos, mas nunca saíam completamente vitoriosos. Nunes Viana até se feriu em uma escaramuça.

O equilíbrio na contenda só virou decisivamente a favor dos emboabas após a chegada do apoio militar de Pascoal da Silva Guimarães. Em fevereiro de 1709, a falange dos paulistas se acampara nas margens do rio das Mortes, nos arredores de Cachoeira do Campo, construindo trincheiras ao lado de uma cascata cercada por um bosque, que se denominava capão. Esperavam um ataque, e ele veio. Durante alguns dias, os emboabas comandados por Bento do Amaral Coutinho foram rechaçados. Optaram então por uma estratégia de paciência: montaram um cerco ao acampamento paulista, disparando de vez em quando, aguardando assim que, do outro lado, as pistolas e escopetas emudecessem. Ou seja, queriam esgotar as munições do inimigo. Quando viram que deu certo, mandaram alguns mulatos assaltarem as trincheiras dos sitiados. Depois disso, iniciou-se uma autêntica batalha campal. Tal foi a bagunça, que, devido à falta de armas de fogo, usaram espadas, adagas, machados, foices, tesouras de poda, forcados, lanças e o que mais tivessem à mão.

Em menor número, os paulistas se renderam quando Bento do Amaral Coutinho prometeu poupar suas vidas se depusessem as armas. Não lhes ofereceu sua honra — talvez, por saber que era muito pequena — como garantia; mas, sim, jurou pela Santíssima Trindade. Assim que o último paulista entregou a derradeira arma, o chefe militar dos emboabas garantiu um lugar no Inferno: sem mais delongas, ordenou a chacina dos derrotados com golpes de espada. Não existem documentos históricos sobre este macabro episódio, embora se estime que cerca de trezentos paulistas pereceram no local, atualmente conhecido como Capão da Traição.[6]

---

[6] Ignora-se o local exato da carnificina, considerando alguns historiadores que a batalha ocorreu em território do município de Cachoeira do Campo, outros de São João del-Rei e ainda outros de Coronel Xavier Chaves.

Esse massacre de paulistas marcou o epílogo da chamada Guerra dos Emboabas — outras escaramuças ao longo do rio das Velhas, nos dias que se seguiram, não inverteram o desfecho —, mas paradoxalmente também deu início ao declínio do governo mineiro de Nunes Viana. Muitos emboabas, mesmo os habituados a ver e a fazer correr sangue pelo meio do ouro, sentiram repulsa pela desonrosa violência de Bento do Amaral Coutinho. Pelo menos Pascoal da Silva Guimarães deixou de apoiar o governo de Nunes Viana. Talvez já temesse que aquela vitória fosse efêmera, pois não parecia crível, para muitos prudentes emboabas, que o governo do Rio de Janeiro se mantivesse inativo.

De fato, durante longos meses, após a expulsão de Borba Gato, as Minas Gerais se transformaram, literalmente, em uma terra de ninguém. O governador do Rio de Janeiro, Fernando Mascarenhas de Lencastre, era mais amigo de festas e de luxos do que de confrontos. Quando, através da missiva de Borba Gato, soube das desavenças, sua postura melíflua demais o convenceu a esperar. Estava quase no fim de seu mandato; não quis se incomodar. Contrariado, somente no início de 1709, pouco tempo antes do sangrento evento no Capão da Traição, vendo que a região mineira vivia sob ferro e fogo, se predispôs a parlamentar com seus conselheiros. Porém, recusou aceitar apoios militares de negociadores paulistas — e até de emboabas que, em São Paulo, se escandalizaram com a tomada de poder de Nunes Viana —, preferindo uma missão apaziguadora. Julgou que sua presença bastaria, como autoridade real — embora não pisasse naquelas terras havia mais de sete anos —, para tudo e todos pacificar.

Assim, nos primeiros dias de fevereiro de 1709, Fernando Mascarenhas de Lencastre partiu em direção a Minas Gerais escoltado apenas por quatro companhias de dragões, isto é, de infantaria, e levando a criadagem e um desembargador. Aquela comitiva estava preparada para tudo, menos para a guerra. Isso ficou evidente pela lentidão com que atravessaram a serra de Parati, ou pelo tempo perdido em diversos povoados. Por exemplo, no Arraial de Nossa Senhora do Pilar, o governador quis ficar vários dias, extasiado com os festejos de recepção. Ainda longe de Caeté e Sabará, epicentro dos conflitos, Fernando Mascarenhas de Lencastre patrocinou várias reuniões com mineradores paulistas e emboabas. Tentou agradar a gregos e a troianos, mas nem uns nem outros ficaram satisfeitos. Seu triste caminho acabou em humilhação. Certa manhã, numa fazenda a cerca de quatro léguas de Ouro Preto, onde pernoitara, acordou rodeado por uma falange de Nunes Viana. Enviou mensageiros para convidar o chefe dos emboabas para uma reunião e teve de ouvir ao longe os brados: "Viva o Senhor Manuel Nunes Viana, nosso Governador. E morra o Senhor Dom Fernando Martins Mascarenhas de Lencastre, se não quiser regressar ao Rio de Janeiro." E ele, o legítimo governador, escapuliu para São Paulo, com o rabo entre as pernas, sem mais nenhuma festa no trajeto.

Os meses passaram. Em junho de 1709, desembarcou no Rio de Janeiro o novo governador, Antônio de Albuquerque Carvalho. Militar experiente e valoroso, homem mais decidido do que seu antecessor — o que não era difícil —, trazia ordens expressas para reestabelecer a lei em Minas Gerais. À frente de um grande contingente militar, não demorou para partir. Porém a tarefa já estava mais fácil. Na região insurgente, por meio de muitas desavenças, Nunes Viana estava quase isolado. E assim o novo governador apossou-se do poder sem sequer disparar um tiro.

Apesar de todas as violências cometidas pelos emboabas, Antônio de Albuquerque Carvalho tinha orientações para colocar uma pedra sobre os conflitos. Com efeito, através de um decreto, o rei D. João V concedera em Lisboa um perdão geral, apenas "castigando" Nunes Viana e Bento do Amaral Coutinho com a expulsão de Minas Gerais — em um prazo de três dias, que se prorrogou para nove —, mas sem sequer confiscar seus bens.[7]

A viagem do famigerado frei Francisco de Menezes a Lisboa, pouco antes da chegada do novo governador, muito teria contribuído para essa solução apaziguadora. Como emissário de Nunes Viana, o clérigo trapaceiro conseguiu uma audiência com o rei para apresentar "provas" de que o líder dos emboabas não era tão mau quanto o pintavam; pelo

---

[7] Nunes Viana deixou seus negócios de ouro para um primo e fixou-se no sertão de São Francisco. Recebeu um perdão absoluto de D. João V em 1715 e o cargo de mestre-campo daquela região. No entanto, continuou a colecionar problemas com a justiça, mas sempre sem grande punição. Mais tarde, fixou-se na Bahia e recebeu a alcaidaria-mor de Maragogipe. Apesar de ser um cristão-novo, suspeito de praticar o judaísmo, até chegou a obter o hábito da Ordem de Cristo. Apesar de ser quase analfabeto, patrocinou a impressão de edições da obra *Compêndio narrativo do Peregrino da América* (1728), de Nuno Marques Pereira, e do terceiro volume das *Décadas da Ásia* (1736), de Diogo de Couto, que lhe foram dedicadas. Morreu em data incerta na década de 1730. Já Bento do Amaral Coutinho, depois de sua expulsão de Minas Gerais, fixou-se no Rio de Janeiro, mobilizando milícias em defesa de Portugal durante os ataques de corsários franceses. Morreu em combate como herói.

contrário, apenas lutara pelo bem dos territórios do soberano contra a perfídia dos paulistas. Se a lenga-lenga do frade surtiu efeito por si só, não se sabe; sabe-se, porém, que o monarca lusitano ficou deveras extasiado com outro tipo de "prova": um saco de quase 17 quilos de ouro puro, a título de pagamento do quinto de Minas Gerais, o quádruplo do peso do ano anterior.

Em todo o caso, o posfácio dessas batalhas pela supremacia da exploração mineira acabaria sendo escrito pelos emboabas, que passaram mesmo a controlar quase todas as explorações auríferas de Minas Gerais. No intuito de controlar mais de perto a região, D. João V decidiu comprar a capitania hereditária de São Vicente, cujo donatário era o marquês de Cascais, e fundiu-a com a capitania de Itanhaém, próxima do Rio de Janeiro. Deste modo, a nova capitania de São Paulo e Minas de Ouro foi criada — elevando São Paulo a cidade — e Antônio de Albuquerque Carvalho foi então nomeado como seu primeiro governador, ficando assim mais perto de potenciais conflitos. Mesmo assim, uma grande parte dos paulistas se viu obrigada a abandonar Caeté, Sabará e Ouro Preto, buscando a sorte em outras regiões. Saíram-se bem, em todo o caso, porque penetrando ainda mais no sertão brasileiro, encontraram novas jazidas nos atuais estados de Mato Grosso do Sul, de Mato Grosso e de Goiás. Ou seja, com a Guerra dos Emboabas, indiretamente o Eldorado lusitano foi ampliado. E mais sangue foi derramado nos anos seguintes. Como seria de esperar. Aliás, a crise protagonizada por Nunes Viana — que em fevereiro de 1715 obteve o perdão real, o que lhe deu tempo e maior liberdade para cometer mais patifarias — foi "apenas" o mais grave conflito dentre cerca de cinquenta rebeliões e confrontos armados registrados na região de Minas Gerais por causa da cobiça do ouro.

E só muito depois de tudo isto, já no século XIX, apareceram ao norte do equador uns tipos com chapéu de estilo borsalino, botas de couro, calças largas e de revólveres nervosos a mandar tiros e a caçar ouro. E ainda a matar índios. E a serem mortos também, claro.

13

OS HERÓIS NÃO SÃO ETERNOS

O tempo alimenta a ingratidão. Os atos heroicos de ontem, os sacrifícios de anteontem, as provações do passado em prol do bem comum quase sempre permanecem apenas na memória dos heróis, dos sacrificados, dos torturados e daqueles que lhes são próximos. Para os outros, o mundo nasceu com eles; as pretéritas bravuras e privações são obliteradas em poucos anos, em uma década, em apenas uma geração. Quem sofreu, sofreu; siga o relógio de tempo, que se repetirão mais atos heroicos, mais sacrifícios e mais provações.

Porém não poucas vezes os atos heroicos, os sacrifícios e as provações do passado acabam alimentando a soberba no futuro. Muitos heróis exigem que lhes seja prestada uma homenagem contínua e oferecidos benefícios e outras comendas, privilégios e tantas outras sinecuras; julgam-se mais venturosos que os demais e se colocam em pedestais, buscando vassalagem para si e para seus pares. Em suma, abusam. Aquilo por que lutaram parece se esvair em suas mãos viciosas. E assim os vencedores de ontem, os já pouco amados hoje, se tornam os odiados de amanhã, os derrotados do futuro. De modo geral, isso se aplica muitas vezes, mas salta aos olhos quando se abre a cortina de Pernambuco da segunda metade do século XVII e início do seguinte.

Vencidos os holandeses em 1654, após mais de duas décadas de árdua resistência, os pernambucanos tinham pela frente uma tarefa hercúlea para recompor o vigor da produção açucareira que, em outras épocas, detinha um poder sem igual no Brasil. Isso não se mostrava fácil, porque não bastava apenas recuperar as fazendas. A ocupação da região pela Companhia Neerlandesa das Índias Ocidentais reduzira drasticamente a mão de obra, não apenas pela guerra ter provocado a fuga de escravos, mas também por seu domínio, durante anos, sobre o tráfico escravagista da África. Além disso, quando saíram do Nordeste brasileiro, tinham levado na bagagem os conhecimentos e técnicas produtivas que implantaram na região do Caribe, aumentando a competição no comércio internacional. Por fim, as antigas taxas donatárias e o imposto para pagar uma indenização aos holandeses, conforme o Tratado de Haia de 1661, sufocavam ainda mais a fragilizada economia pernambucana do pós-guerra.[1]

Em todo o caso, tão importante quanto a recuperação do Nordeste brasileiro, era o simbolismo da expulsão holandesa. Os pernambucanos, orgulhosos pela vitória, consideravam-na exclusivamente sua, até porque, quando a resistência retomou a luta armada, tinham sido desautorizados pelo rei D. João IV. Se, na primeira década após a reconquista, a Corte em Lisboa tivera o cuidado de escolher para o governo heróis da insurreição pernambucana, quando nomeou um "estrangeiro" o caldo entornou. No último dia de agosto de 1666, diversos senhores de engenho e vereadores de Olinda não pensaram duas vezes antes de prender o governador Jerônimo de Mendonça Furtado, num cômico episódio.[2]

Sendo evidente que o governador deposto não era uma pessoa muito recomendável, os poderosos senhores de engenho que o depuseram também não se mostravam santos. Sob a capa de heróis de Pernambuco, consideravam-se inatingíveis, comportando-se como caciques quando algo não lhes agradava. Mesmo com o devido desconto, por ter sido escrito por quem foi, o perfil de um dos principais líderes da Restauração pernambucana, João Fernandes Vieira, não devia estar muito longe da descrição feita por Mendonça Furtado, enquanto governador daquela capitania: "Se compõe este sujeito das maiores maldades e mais abomináveis vícios que podem vir à consideração, porquanto os latrocínios e violências são sem conta e do mesmo modo os homicídios, pois por qualquer

---

[1] Ver o capítulo "Os Estranhos Caminhos do Patriotismo e da Traição" (pág. 89).

[2] Ver o capítulo "A Extrema-Unção do Governador Desastrado" (pág. 119).

descontentamento, sem temor de Deus, sem respeito às justiças de Vossa Majestade, tem mandado matar e acutilar a muitas pessoas, constituindo-se, com o poder em que se acha, em régulo, sem subordinação nem respeito aos governadores."

Na verdade, se globalmente a capitania continuava em frágil situação econômica, os heróis e outros participantes secundários da reconquista pernambucana não podiam reclamar muito. Enriqueceram demais nas décadas seguintes, pois foram os primeiros a "herdar", como despojos de guerra, as muitas fazendas e engenhos antes explorados pelos holandeses. Além disso, ocuparam os mais importantes cargos da administração e das forças militares. Era normal. Ali, e em qualquer outro lugar. Fazer algo pelo bem público significava, antes de tudo, fazer pelo bem próprio.

Aliás, ainda antes da deposição do governador Jerônimo de Mendonça Furtado em 1666, os oligarcas pernambucanos não se privavam de atitudes de insubordinação à Corte em Lisboa ou, pelo menos, ao governo-geral do Brasil. E mesmo quando se tratava de antigos companheiros de armas na luta contra os batavos. Por exemplo, quando Francisco Barreto de Menezes, primeiro governador de Pernambuco após a reconquista, foi nomeado em 1657 como governador-geral do Brasil, logo entrou em conflito com André Vidal de Negreiros, que o substituíra em Recife. Uma expedição militar chegou a ser enviada de Salvador para prender o novo governador pernambucano, que resistiu com o apoio da Câmara de Olinda. Uma guerra civil só não eclodiu porque veio de Lisboa um comunicado da então regente, Luísa de Gusmão, ordenando o recuo das tropas de Francisco Barreto de Menezes.

Ainda com os ventos da Restauração pernambucana soprando, os desentendimentos entre as autoridades coloniais e os senhores de engenho se acentuaram. Controlando as câmaras da região pernambucana, decidiram conceder a si mesmos a isenção de pagamento de tributos à Coroa. A "benesse", que começou em Olinda, estendeu-se depois aos fazendeiros de Sirinhaém, Porto Calvo, Alagoas e Penedo.

A qualidade e idoneidade de alguns governadores nomeados por Lisboa também não ajudaram a pacificar a região. Nem a natureza. Em 1685, um surto de febre amarela, que dizimaria um quinto da população de Recife, coincidiu com a nomeação de João da Cunha Souto Maior. Apesar de ter concluído seu mandato de três anos, tantas falcatruas fez e tantos motins causou, sobretudo em Penedo, que, em seu regresso a

Lisboa, lhe confiscaram os bens para ressarcimento dos prejuízos ao Tesouro Real e a terceiros.

Na verdade, até o final do século XVII, os únicos administradores pernambucanos que tiveram uma gestão mais ou menos pacífica e conciliatória foram João de Sousa, entre 1682 e 1685 — que teria sido "o governador que leva deste governo menos fazenda", isto é, aquele que menos roubou ou desviou recursos em seu mandato —, e Antônio Machado da Silva e Castro, marquês de Montebelo, entre 1690 e 1693, que foi muito elogiado pelo padre Antônio Vieira. No entanto, mesmo assim, este segundo não se livrou de problemas com alguns vereadores e senhores de engenho, chegando até mesmo a ter a cabeça a prêmio.

Em suma, desde a expulsão dos holandeses, os pernambucanos pareciam evocar a célebre frase do general romano Sérvio Galba sobre os lusitanos: "Há nos confins da Ibéria um povo que nem se governa nem se deixa governar."

De fato, as oligarquias pernambucanas saídas da insurreição contra os holandeses não gostavam das autoridades coloniais porque lhes cerceavam, por vezes, a possibilidade de resolver seus problemas maiores e menores com as próprias mãos. Isto é, com sangue. A agressividade era uma constante do quotidiano, de modo que certa pedagogia da violência era cultivada até naquela sociedade fortemente escravocrata. Aires de Sousa e Castro, governador entre 1678 e 1682, escreveu sobre isso: "Nesta terra, se mata gente com uma facilidade que creio que os pais ensinam os filhos a isso como as maiores obrigações."

Os senhores de engenho, quando insatisfeitos, não tinham qualquer pudor em agredir até mesmo funcionários públicos, como ocorreu com um notário em meados dos anos 90 do século XVII, espancado em plena luz do dia, a mando do fazendeiro Jorge Cavalcanti, no pátio de um convento do Carmo. Nem as autoridades eclesiásticas eram poupadas. Em meados de 1683, quando o primeiro bispo de Olinda, Estêvão Brioso Figueiredo, descansava no palácio episcopal, um tiro de espingarda passou a seu lado. Ele não se arriscou a chegar tão depressa à presença de Deus; decidiu renunciar ao cargo e rumar para a bem menos belicosa ilha da Madeira, onde conseguiu viver mais seis anos.

Pernambuco transformara-se em um anárquico feudo. Em Olinda e nos outros municípios, os senhores de engenho controlavam as câmaras e, portanto, ditavam as regras, fugindo dos impostos e tornando a vida um inferno não apenas para os escravos, como para todos aqueles que acenavam alguma oposição. Porém, se as oligarquias agrícolas se mantiveram onipotentes ao longo da segunda metade do século XVII, os pratos da balança se inclinaram, com o tempo, tendendo para uma facção que, não tendo o poder da força militar, detinha o dinheiro em seu poder: os comerciantes. Inicialmente de baixa condição social, vindos da Metrópole para substituir os comerciantes holandeses, os então denominados mascates ou bufarinheiros logo assumiram um papel preponderante na base da economia da região. Não apenas por via das transações comerciais, mas também pelo recebimento de juros de empréstimos feitos aos senhores de engenho que orgulhosamente se endividavam. Este segundo negócio mostrava-se bastante lucrativo, embora muito arriscado: quando as dívidas eram grandes, simplesmente matar o credor era uma alternativa válida. A opção pela via judicial se mostrava lenta e, quase sempre, imprevisível, tendo em conta as pressões exercidas sobre os magistrados.

A animosidade entre mascates e os senhores de engenho de Pernambuco subiu de tom na passagem para o século XVIII. Ao contrário do que ocorrera na Bahia, a elite agrária pernambucana subsistia numa impenetrável rede corporativa de casta, na qual os casamentos serviam, como em um regime monárquico, para selar alianças, reforçar poderes ou aumentar e perpetuar fortunas. Para o resto da população impunham uma espécie de apartheid. Por exemplo, impediam os reinóis de ingressar em determinadas irmandades religiosas ou na Santa Casa da Misericórdia, instituições de fachada filantrópica que serviam mais para reforçar as relações interpessoais e familiares das oligarquias. De igual modo, os mascates dificilmente obtinham cargos públicos ou patentes militares altas. Isto significava que, em caso de litígios, e eram muitos, partiam e chegavam em posição desfavorável, ou seja, entravam perdendo e quase sempre saíam derrotados.

Não existindo então uma nobreza colonial *de jure* — salvo pelas ordens militares, sobretudo a Ordem de Cristo[3] —, ela existia *de facto*. Os grandes proprietários agrários ostentavam uma luxuosa vida senhorial, com grande quantidade de escravos e de outros homens para todos os serviços — mesmo para os piores —, usufruindo de privilégios conquistados ou impostos por eles mesmos. Este status quo começou

[3] A obtenção dessa insígnia não era apenas vantajosa como também um símbolo; de fato, era benéfica sobretudo em nível fiscal, pois os membros das ordens militares estavam isentos do pagamento da dízima.

a não interessar à Corte lisboeta, sobretudo quando o tempo dissolvia os atos heroicos contra os holandeses. E como os mascates eram sobretudo reinóis, com alguns bons contatos na Metrópole, a Corte foi fazendo várias tentativas para terminar com as oligarquias nas câmaras pernambucanas, sobretudo na poderosa Olinda. Com pouco sucesso, inicialmente. Apesar dos decretos dos governadores e mesmo do rei, a elite açucareira impediu, nos primeiros anos do século XVIII, que a burguesia em ascensão, que não queria mais entrar muda e sair calada, tivesse acesso a cargos de vereadores.

Foi este cenário explosivo que Sebastião de Castro e Caldas encontrou em 1708 ao tomar o governo de Pernambuco. Como aconteceu com outros antes dele, logo surgiram problemas. Mais ainda, quando determinou que os negócios agrícolas deveriam ser feitos em Recife, terra dos mascates, e não em Olinda. A elite agrária respondeu com ameaças veladas e um simbólico aviso: na primeira eleição para a câmara de Olinda após a chegada de Castro e Caldas, foram empossados três descendentes dos homens que depuseram, em 1666, o governador Mendonça Furtado.

Neste meio-tempo, intensificando a confusão, Castro e Caldas ergueu um telhado de vidro, pois se metera em negociatas. Por exemplo, aproveitando que o cargo de bispo de Olinda vagara, começou a conceder autorizações de casamentos entre consanguíneos e a dirimir disputas nas paróquias, embolsando quantidades consideráveis de dinheiro. Assim, com a vinda do bispo Manuel Álvares da Costa, no início de 1710,[4] o governador não recebeu um amigo. O eclesiástico logo tomou o partido dos açucareiros.

Porém, mais importante do que essa inimizade entre bispo e governador foi a "bomba" que o primeiro trouxe na nau para o segundo. Por pressões dos mascates, D. João V enviara na mesma embarcação de Manuel Álvares da Costa uma carta assinada em 19 de novembro de 1709, elevando o estatuto do povoado do Recife a vila. Isto significava que a terra dominada pelos mascates passaria a deter uma câmara e cargos de administração da justiça. Logo que abriu a missiva, Castro e Caldas soube bem o que tinha em mãos. Por isso, sem sequer avisar a câmara de Olinda nem registrar o conteúdo da carta no livro da Secretaria de Governo, tratou de tudo em segredo. Mandou gravar as pedras de um pelourinho e, ao amanhecer de 15 de fevereiro daquele ano de 1710,

---

[4] Manuel Álvares da Costa tinha sido nomeado em 1705, mas, afeito à vida palaciana lisboeta, foi protelando a viagem por quase seis anos.

fez nascer a vila de Recife. Assim de repente. Foi um dia alegre para os mascates, que logo saíram em procissão pelas ruas com as varas de seus respectivos ofícios.[5]

Compreensivelmente, em Olinda ninguém gostou disso. O senado da Câmara em peso correu ao palácio do governador e uma palavra puxou outra, e quando se viu, já haviam sido trocadas ameaças veladas e outras mais concretas. Alguns membros das poderosas famílias Bezerra e Cavalcanti se excederam nos protestos, bem como um vereador olindense, e acabaram todos presos por ordem do governador. Foi ousadia demais, como apagar fogo com álcool. Pouco depois, talvez atiçado pelos oligarcas, o bispo de Olinda colocou mais lenha na fogueira, tentando eleger um de seus protegidos como provedor da Santa Casa da Misericórdia. Embora a candidatura fosse legal, via de regra, era o governador quem indicava alguém para o cargo. Contudo, os senhores de engenho também estavam interessados em controlar a instituição, pois, por suas volumosas rendas, poderia se transformar em um banco com juros baixos, algo que seria bem-vindo para as endividadas elites agrárias.

Depois desses episódios, o clima em Olinda ficou com uma tensão tão palpável que quase poderia ser cortada com faca. Ou, melhor dizendo, com fuzil. Na tarde do dia 17 de outubro, Castro e Caldas passava com uma pequena comitiva pela rua das Águas Verdes, vindo da igreja de Nossa Senhora da Penha para seu palácio, quando sofreu uma emboscada. Com tiros. Existem relatos contraditórios sobre os ferimentos do governador — se foram ou não graves. De todo modo, o caso era gravíssimo: crime de lesa-majestade, posto que o governador representava o rei. Na cama, o ferido esboçou um plano de ataque. Quando André Dias de Figueiredo, um dos principais opositores do governador, o visitou para saber de sua saúde, talvez esperando que essa cortesia o retirasse da lista de suspeitos, o governador mandou detê-lo. Nesse meio-tempo, para descobrir os conspiradores, o governador prometeu ainda recompensas de 400 mil réis, ou cartas de alforria para escravos, a quem fornecesse informações úteis. E também fizeram rondas. Nada se soube nem se encontrou.

---

[5] O pelourinho, mais do que o local onde eram castigados alguns criminosos, era também o símbolo da justiça local. Sempre que, por ordem real, um povoado ascendia ao estatuto de vila, um pelourinho era lá colocado. A partir desse momento, a vila passava a possuir juízes e vereadores que em atos solenes se apresentavam com varas, insígnias que representavam o poder e a autoridade.

Já que a emboscada não tinha sido de todo bem-sucedida, as elites agrárias decidiram então não dar mais tempo para o governador reagir. Não tinham nada mais a esconder e, por isso, organizaram uma ofensiva às claras, agregando escravos e índios para cercar o palácio do governador. Protegido por um fraco contingente, e vendo que muitos de seus soldados viravam a casaca, Castro e Caldas tentou, desesperado, uma negociação. Não obtendo resposta dos insurgentes, e vendo sua vida verdadeiramente em perigo, escapou de Olinda na madrugada de 7 de novembro em direção à Bahia. Assim, Pernambuco ficou sem governo.

Nos dias que se seguiram, a rebelião alastrou-se para outras regiões pernambucanas, desde Boa Vista até Afogados, passando por Sirinhaém e Ipojuca. A recém-criada vila de Recife acabou sendo atacada, desencadeando uma fuga generalizada de mascates; o pelourinho foi derrubado, os presos soltos, até mesmo aqueles acusados ou condenados por crimes de sangue. No meio da anarquia, alguns conseguiram dar voz à razão. Nesta fase não havia nenhuma intenção autonomista e os rebeldes consideraram mais prudente entregar interinamente o governo ao bispo de Olinda, que estava viajando pela Paraíba, enquanto aguardavam que o rei D. João V nomeasse um substituto mais digno.

Apesar de aceitar o cargo, o bispo Manuel Álvares da Costa nunca se mostrou capaz de apaziguar as diferentes e belicosas facções entre os insurgentes, algumas bem radicais, que se proliferaram ao longo dos meses seguintes. E perdeu o controle quando Bernardo Vieira de Melo entrou em cena. Sertanista experiente, um dos principais responsáveis pela destruição do Quilombo dos Palmares, capitão-mor de Igarassu, antigo governador do Rio Grande do Norte, era um pernambucano "de sete costados".[6] Sua chegada a Olinda, na companhia de seu numeroso regimento e de seu filho André, não estava relacionada com os primeiros tumultos. Deveu-se mais a motivos familiares. Com efeito, constava que sua nora, Ana Faria de Sousa, se enamorara por João Paes Barreto, proprietário do Engenho Velho, na atual região do município do Cabo. Para eles, mera suspeita era culpa, só lavável com sangue. Assim, Paes Barreto levou três tiros, já que um ou dois poderia ser pouco, caindo morto na noite de 23 de maio de 1710. Não se escondeu o crime; pelo contrário. No dia seguinte, André Vieira de

[6] Ver o capítulo "Do Quilombo ao Panteão, Três Séculos São" (pág. 139). Bernardo Vieira de Melo nasceu em Muribeca, distrito atualmente integrado em Jaboatão dos Guararapes; não confundir com o município de Muribeca, no estado de Sergipe.

Melo anunciou em Olinda, para quem o quisesse ouvir, que sua honra só se redimira pela metade. Faltava matar ainda a suposta adúltera. Demorou mais tempo, primeiro porque estava grávida. Sem que autoridade alguma, nem mesmo o bispo, conseguisse evitar esta morte anunciada, os algozes permitiram que Ana Faria de Sousa desse ao mundo a criança. Em seguida, depois de duas doses de veneno não terem causado o efeito desejado, tampouco um corte no pescoço, acabaram por asfixiá-la.

Enquanto decorria esta lenta e tenebrosa lavagem da honra, Bernardo Vieira de Melo e seu filho André tiveram tempo para se imiscuírem nos assuntos políticos, assumindo um papel de destaque em uma contrarrevolução mais abrangente, ou seja, idealizaram a autonomia para Pernambuco. De fato, temendo que um novo governador nomeado por Lisboa pudesse de novo lhes cercear suas posições, uma grande parte da elite agrária pernambucana começou a discutir a independência. Afinal, em vez de ficarem sempre brigando com governadores "estrangeiros", melhor seria, pensaram muitos, se governarem. Os acalorados debates entre a ala mais radical e o bispo de Olinda — apoiador da pretensão dos produtores de açúcar, mas fiel a D. João V — acentuaram-se. Manuel Álvares da Costa tentava agradar a gregos e troianos — isto é, apoiar os olindenses sem deixar completamente de lado os recifenses —, mas jamais conseguiria servir a Deus e ao diabo ao mesmo tempo, quem quer que fosse o diabo e Deus naquelas terras.

Em junho de 1711, perdendo o controle dos acontecimentos — até porque, em Recife, os mascates se recompunham e se armavam para enfrentar os olindenses —, o bispo acabou sendo substituído por uma Junta Governativa formada por Luís Valensuela Ortiz, Cristóvão de Mendonça Arrais, Domingos Bezerra Monteiro, Antônio Bezerra Cavalcanti e Estevão Soares Aragão. A partir daquele momento os confrontos bélicos aumentaram. Mas não eram mais apenas os senhores de engenho que batiam. Quando as tropas de Olinda sitiaram Recife, os mascates resistiram com bravura, sob a liderança do alagoano João da Mota. Depois também contra-atacaram em outras frentes, como em Boa Vista e Sebiró. Nesta última região, até capturaram o mestre de campo Cristóvão de Mendonça Arrais, um dos membros da Junta Governativa criada pela oligarquia olindense.

Como acontecera com a perda de influência dos senhores de Olinda ao longo do século XVII, nesta guerra o tempo também lhes foi pernicioso. Não a ganharam rápido e viram assim o inimigo se fortalecer. Tomando conhecimento das rebeliões, tropas leais à Coroa portuguesa vieram de outras capitanias apoiar os mascates, nomeadamente o regimento dos

Henriques e batalhões de índios então capitaneados por Sebastião Pinheiro Camarão, que, ironicamente, estivera ao lado de Bernardo Vieira de Melo no ataque ao Quilombo dos Palmares. Aliás, os dois regimentos, o de negros e o de indígenas, tiveram também um papel de base, durante as lideranças de Henrique Dias e Felipe Camarão, na luta contra a soberania holandesa em Pernambuco.

O impasse nesse conflito manteve-se até o início de outubro de 1711, quando, por fim, chegou a Pernambuco o novo governador Félix Machado Eça Castro e Vasconcelos — filho do marquês de Montebelo, antigo administrador da região. Nomeado em março daquele ano por D. João V, trazia consigo um forte contingente militar. Mas não foi preciso usá-lo. Em um passe de mágica, o cerco a Recife se levantou, embora os confrontos esporádicos nos arredores das duas principais vilas pernambucanas não tivessem cessado.

Nos meses seguintes, o novo governador procurou apaziguar a região com um misto de diplomacia e mão de ferro. Muitos dos principais implicados na insurreição pretensamente independentista acabaram presos e enviados a Lisboa, com destaque para Bernardo Vieira de Melo e seu filho André, apesar de todas as tentativas do bispo de Olinda de protegê-los em igrejas e conventos. Para estancar esse apoio, Félix Machado até solicitou a D. João V que obrigasse Manuel Álvares da Costa a renunciar. Não foi preciso tanto, mas ele foi afastado, fisicamente falando, de Olinda. Com efeito, enquanto o desembargador Cristóvão Soares Reimão não concluiu suas diligências, o bispo permaneceu a mais de cem léguas de distância da vila de Olinda por ordem real.

De modo definitivo, a chamada Guerra dos Mascates somente terminou em 1714, com a perda dos senhores de engenho, cuja influência política cairia por terra nas décadas seguintes. Naquele mesmo ano, em 10 de janeiro, Bernardo Vieira de Melo morreria na cadeia lisboeta do Limoeiro, supostamente asfixiado por monóxido de carbono saído da combustão de um fogareiro a carvão. Seu filho deixaria o mundo dos vivos poucos meses mais tarde, vítima de ataque cardíaco. Um triste epílogo para quem acalentava a ambição de criar a primeira república sul-americana. Mas quando se olha direito, talvez tenha sido melhor fracassarem: nos dias de hoje, não seria muito recomendável, para uma república, ter como pais aqueles que, além de infinitas maldades, dizimaram o Quilombo dos Palmares, chacinaram índios e cometeram um horrível homicídio para uma suposta limpeza de honra.

AGRICULTURA
CONFLITOS SOCIAIS
SUBLEVAÇÃO

14

CLORETO DE ÓDIO

Hoje, um punhado de sal é uma pechincha. E tão abundante que os médicos aconselham moderação, pois, dizem eles, provoca hipertensão, problemas coronarianos, doenças renais. Que seja. Mas ninguém nega uma camada de sal grosso em uma picanha suculenta na brasa ou uma pitada na batata frita. O sal, afinal, é um dos temperos da vida.

É difícil, nos dias de hoje, imaginar como seria a comida sem sal. Coisa insossa, ninguém gosta. No entanto, antes da invenção dos frigoríficos e das geladeiras, o cloreto de sódio servia para mais coisas, além de condimentar alimentos. Era um elemento essencial, único, para conservar carne e peixe. Salgar a carne evitava a deterioração e permitia, assim, armazenar por muito tempo diversos víveres e levá-los para lugares longínquos.

Encontrar sal em pequenas quantidades, no litoral, sempre foi fácil. O mar tem de sobra. E em algumas regiões também é possível encontrá-lo concentrado no subsolo, em poços com depósitos de sal-gema, nas denominadas salinas. Contudo, há alguns séculos, mostrava-se muito complicado obter grandes quantidades e enviá-lo para todos os lugares onde fosse necessário. No caso do Brasil colonial, a procura de sal registrara um fortíssimo aumento a partir do fim do século XVI, sobretudo na capitania de São Vicente, grande produtora de gado. Sem sal, a carne pouco valia. O jesuíta Fernão Cardim tinha razão quando escreveu em 1598 que "quem tem sal é rico, porque as criações não faltam". Aliás, até mesmo em Portugal, desde a sua fundação, a produção de sal foi uma prerrogativa dos reis, dos nobres e dos mosteiros, e quem explorasse salinas pagava taxas elevadas.

Para tentar garantir as necessidades, e regulamentar o comércio deste cloreto na colônia brasileira, a Corte de Lisboa instituiu um sistema de contratos de exploração e comércio que, na prática, constituía monopólio. Porém estava vedada a produção de sal no Brasil; este deveria vir obrigatoriamente de Portugal, a princípio das salinas do estuário do Sado, em Setúbal e em Alcácer do Sal, e mais tarde da margem esquerda do estuário do Tejo, em Alcochete. Apesar de o Rio Grande do Norte possuir excelentes condições para a obtenção de sal — e em menor grau também algumas regiões litorâneas do Rio de Janeiro, Ceará e Piauí —, havia interesses que falavam mais alto.[1] Os negociantes de Lisboa, para se aproveitar dos porões das naus que regressavam ao Brasil — e que tinham descarregado açúcar e outros produtos na Europa —, enviavam para lá grandes quantidades de sal.

Porém esta opção acabou sendo nefasta, porque, não tendo produção própria, o Brasil estava sujeito às exportações de Portugal, que nem sempre conseguiam satisfazer suas necessidades. E, por outro lado, originava esquemas monopolistas e especulações para aumentar os lucros dos estancos. Ao longo do século XVII, muitas câmaras da região de São Paulo já haviam sido inundadas de queixas contra os negociantes de Santos, acusados de especulação pura e cristalina. Os conflitos chegaram, algumas vezes, quase a vias de fato. Por exemplo, em 1670, um grupo de criadores de gado amontoou-se na porta da câmara de São Paulo exigindo medidas, caso contrário "iria o dito povo, assim junto como estava, à dita vila [de Santos] para repartir todo o sal que se achar pelo preço do dito estanco".[2]

---

[1] O Brasil atualmente produz mais sal do que consome, com uma produção anual de cerca de sete milhões de toneladas. As salinas do Rio Grande do Norte representam mais de 70% do total nacional, sendo os municípios de Mossoró e Macau os que mais contribuem. Além do sal marinho encontrado em diversos estados do litoral, existem importantes explorações de sal-gema na Bahia e em Alagoas.

[2] Nos contratos do estanco (monopólio concedido por um Estado), os preços do sal eram tabelados, mas obviamente, em período de escassez e com os intermediários pouco escrupulosos, acabavam sofrendo uma forte especulação.

Nessa altura, as jazidas de ouro em Minas Gerais ainda não haviam sido descobertas. Por isso, na última década do século XVII, a situação de escassez de sal e a especulação piorou. E muito. Tal como os mais variados víveres, o preço do sal disparou, porque carne salgada era fundamental para se alimentar os mineiros. Um grão de sal passou a valer tanto quanto uma pepita de ouro. Desde o início da corrida ao ouro, em poucos anos, um alqueire subiu de 480 para 1.200 réis, enquanto a carne de porco salgada sofreu uma variação superior a 500%. Na verdade, salgar um boi custava três vezes mais do que o próprio boi.

No final da primeira década do século XVIII, este fenômeno crônico se acentuou ainda mais. Embora o preço fixado por contrato girasse em torno de mil réis por alqueire, na verdade só aparecia sal no mercado por valores entre 12 mil e 16 mil réis, por meio de intermediários sem escrúpulos. Já não era apenas um preço elevado para carne salgada; era colocar o cloreto como uma luxuosa e refinada especiaria inacessível à maioria dos habitantes.

Em 1710, nos derradeiros dias de outubro, como os preços continuassem a ser mantidos em níveis proibitivos, espalhou-se em São Paulo o boato de que um carregamento de mais de quinhentos alqueires seguiria ao Rio de Janeiro. Para agravar o escândalo, dizia-se também estarem os frades franciscanos em conluio com os comerciantes, monopolizando quantidades elevadas de sal em seu convento.

Era picaretagem até demais. Ou, pelo menos, assim considerou Bartolomeu Fernandes de Faria, um dos mais poderosos fazendeiros da região de São Paulo, mais precisamente da vila de Jacareí. Homem feito havia tempos, muita coisa vira ao longo de seus 70 anos, e mais ainda fizera. Quando jovem, já sofrera na pele a escassez do sal: tinha sido um dos muitos homens que em 1670 se queixavam em São Paulo dos abusos dos negociantes. Quarenta anos depois, tudo continuava na mesma, como a lesma. Não reclame, se pode fazer melhor — ele deve ter pensado.

O mês de outubro de 1710 ainda nem tinha terminado quando o fazendeiro partiu resoluto de sua fazenda Angola e desceu a serra do Mar em direção a Santos. Não foi sozinho: levou duas centenas de índios carijós e escravos africanos. Toda aquela gente não seguia para manifestações pacíficas, até porque chegaram à vila de noite. E todos fortemente armados. Ao chegarem ao local dos armazéns, Bartolomeu

Fernandes de Faria ordenou a seus homens que arrombassem as portas rapidamente. E mandou também chamarem à sua presença o negociante de sal, por bem ou por mal, mas "com o seguro da palavra de homem de bem de lhe não fazer mínima ofensa".

Quer tenha chegado com seus próprios pés, ou sido levado pelos pés de outros, o mercador de sal, seguramente hesitante, logo recebeu das mãos de Bartolomeu Fernandes de Faria a quantia de 1.280 réis por cada alqueire armazenado. Era o preço tabelado pelo contrato da época. Para garantir que, com o susto, aquele comerciante não se esquecesse de retirar de seu lucro a parte correspondente aos impostos para o Tesouro Real — ou seja, 400 réis por alqueire —, o fazendeiro paulista enviou ainda um aviso ao provedor Timóteo Correia de Góis para que fosse até a porta do armazém receber o dinheiro. Em seguida, deu ordens aos escravos e índios para colocarem sacos de sal nos cavalos e levarem outros nas costas, e então botaram o pé na estrada. Tudo se fizera sem qualquer oposição, para grande assombro e pavor dos santistas.

Quando as tropas reais reagiram ao assalto — embora tecnicamente tenha sido uma compra forçada, porque o fazendeiro pagou o valor previsto por contrato — já era tarde demais. Ao alcançarem a ponte de São Jorge, apenas viram o rio; Bartolomeu Fernandes de Faria deixara-a em frangalhos, depois de passar para a outra margem. A vila de Santos ficou assim isolada; demorou vários dias até a travessia ser retomada. Em todo o caso, podia ter sido pior. Aquele fazendeiro era um típico homem de seu tempo, ou seja, violento, intolerante, caprichoso contra quem se atrevesse a contrariá-lo ou a lhe desobedecer. Sabia-se que para resolver qualquer caso ínfimo tinha sempre capangas. Via de regra, tinha sangue no meio. E tripas de fora. No entanto, sua arruaça em Santos não causara mortos nem feridos, nem um tiro fora disparado. Certamente, por intervenção divina. Pelo menos assim pensaram os moradores que, ainda naquela noite, correram à igreja dos jesuítas para assistir a uma missa seguida de um *Te Deum Laudamus* pela graça de todos continuarem vivos depois daquela visita. Entretanto, chegado à região paulistana, Bartolomeu Fernandes de Faria distribuiu gratuitamente o sal aos moradores. E se tornou um herói popular.

Este ataque do fazendeiro, quase ao estilo de Robin Hood, envergonhou as autoridades até os ossos. Afinal, a guarnição da vila de Santos acabara de ser reforçada, dispondo então de quatro corpos militares.

Além disso, o soldo era pago através do imposto do sal.[3] O caso era evidentemente grave, tanto que o ouvidor Antônio da Cunha Souto Maior escreveu ao rei D. João V. Contudo, somente em abril do ano seguinte Lisboa reagiu, através de uma carta real, determinando a prisão urgente do fazendeiro devido a seus "enormes delitos em que estava culpado [...], não só pela assuada que se deu na vila de Santos [...], mas também pela que havia dado na vila de Mogi [das Cruzes] [...], ainda que seja à custa de alguma despesa da Fazenda Real para se evitar por este caminho as inquietações que a malignidade deste homem pode causar nessas terras".[4]

A partir dessa ordem, iniciou-se uma caçada. Em um primeiro momento, sem grande empenho das forças militares. Intimidava a qualquer um defrontar um fazendeiro protegido por centenas de capangas, escravos e índios armados. Por outro lado, a febre do ouro acenava de Minas Gerais e inflava o número de deserções. Além disso, sucediam-se atrasos no pagamento das tropas santistas, o que culminou em uma rebelião de soldados, que assaltaram e vandalizaram diversas propriedades, sequestrando até mesmo o filho do provedor da Fazenda Real durante algumas horas.

O único que se manteve firme, desde o início, no esfôrço de cumprir as determinações reais foi o ouvidor Souto Maior. E por isso quase ficou também hirto. Ou quase caiu morto, como se preferir. Em meados de 1713, capangas de Bartolomeu Fernandes de Faria juntaram-se a outros que se haviam indisposto com o oficial de justiça — consta que por razões passionais —, e "se atreveram estes homens, pública e notoriamente", a atacá-lo bem no centro de São Paulo. Usaram flechas, depois "entrando-lhe em casa e arrombando-lhe as portas, tomando as armas aos soldados que tinha de guarda, e levando-as consigo".

Era ousadia demais. O fazendeiro deve ter concluído depois que seria melhor procurar refúgio por uns tempos no vale da Ribeira, acima da vila de Iguape, um local quase inacessível para as tropas reais. No entanto, mais tarde, um de seus capangas, Pedro Mulato Papudo, teria dito que Bartolomeu Fernandes de Faria escolhera aquele lugar para cumprir

---

[3] É bastante curioso que o pagamento do salário das tropas viesse do imposto sobre o sal. Na verdade, salário provém do latim e significava o montante pago aos soldados romanos em sal. Depois, eles vendiam ou trocavam esse sal por outros produtos. Por extensão de sentido, salário passou a abranger todo o tipo de remuneração de trabalho.

[4] Ignora-se qual foi o desacato causado por Bartolomeu Fernandes de Faria em Mogi das Cruzes.

uma promessa ao Senhor Bom Jesus de Iguape pela proteção contra as diligências da justiça do rei.

Se o Bom Jesus o protegeu, não foi para sempre. Cinco anos mais tarde, em 1718, quando mais dois homicídios se somaram à sua lista de crimes, por desavenças diversas, o então ouvidor, Rafael Pires Pardinho, atacou com tudo o reduto do fazendeiro. Em julho daquele ano, nos arredores de Conceição do Itanhaém, ele acabou sendo detido na companhia de alguns capangas. Outros conseguiram escapar — suspeita-se que com a ajuda dos franciscanos do convento local, mostrando assim que, segundo as palavras da Corte de Lisboa, "o maior régulo que houve na dita capitania [de São Vicente]", conquistara, afinal, a simpatia de muitos.

Enviado a Salvador da Bahia, completamente agrilhoado, Bartolomeu Fernandes de Faria recusou-se a falar, e nem sequer foi julgado. Em data incerta, mas um pouco antes de julho de 1719, morreu na prisão, já octogenário, vítima de varíola. Como todos os seus bens foram penhorados durante sua detenção, o funeral precisou ser pago com doações particulares. Talvez, porque muitos não se esqueceram de que fora ele, por trás de seu semblante de tirano sanguinário, o responsável por tornar a comida menos insossa, pelo menos durante um tempo, na região de São Paulo.

O fim da vida do fazendeiro paulista foi bastante festejado pelas autoridades brasileiras, e até mesmo em Lisboa. O ouvidor Pires Pardinho recebeu honrarias e benefícios de herói. O então governador do Brasil, o conde de Vimieiro, elogiou, em carta ao rei, o "particular cuidado e ânsia" que demonstrara aquele oficial de justiça na missão. Uma provisão régia concedeu-lhe um prêmio de 100 mil réis para servir "de estímulo para os demais, vendo que se sabe atender [na Corte de Lisboa] aos que se empenham a fazer a sua obrigação em semelhantes casos". Convém dizer que a recompensa, aparentemente gorda para a época, magra ficava se convertida em sal. Diante da especulação, se o ouvidor pegasse aquele montante e comprasse cloreto de sódio, ficaria com pouco mais de seis alqueires. Ou seja, cerca de 180 quilos.

BANDEIRANTES
COLONIZAÇÃO
CONFLITOS ÉTNICOS
ESCRAVIDÃO

15

A FÚRIA CONTRA O HOMEM BRANCO

Índio bom é índio morto — assim propagava, soberbo, Domingos Jorge Velho, um dos mais famosos bandeirantes do século XVII. Falava contra si mesmo, se pensasse nas próprias origens. Em suas veias ainda corria, embora bem diluído e já sem lhe chegar aos neurônios, sangue tupiniquim e tapuia, resquícios de seus tetravôs. Ou, talvez seja melhor dizer tetravós, porque sempre se mostrou menos avesso às índias; estas, segundo ele, tinham alguma utilidade quando vivas, servindo para afazeres domésticos e de cama. Estas opiniões não destoavam da maioria dos sertanistas e de praticamente todos os colonos portugueses que partiram para conquistar as terras brasileiras. Para eles, o gentio não detinha terra; tudo pertencia ao homem branco, tudo pertencia ao reino de Portugal, ou de quem a pegasse. Bastava apossar-se dela; por bem ou por mal. Enquanto isso, caçavam índios, para torná-los escravos, ou, caso manifestassem a mínima animosidade, pelo puro deleite de matar e destruir. Aqueles que se mostrassem mais amistosos sempre eram usados, através de alianças, nas guerras contra os estrangeiros ou contra outras tribos hostis.

Assim como muitos outros bandeirantes e sertanistas, Domingos Jorge Velho tomou suas terras quase sempre por mal. Antes de ter se destacado na destruição do Quilombo dos Palmares em 1695,[1] já possuía vasto currículo de extermínios indígenas. Sempre com o intuito de alargar suas fazendas, receber mais sesmarias e capturar índios para trabalho escravo. Apesar de as leis, durante muito tempo, previrem poucas exceções para a escravidão indígena, ele e muitos outros sabiam transformá-las em regra, alegando que as capturas eram sempre resultado de uma "guerra justa". Ou simplesmente olhavam para aquelas regras e pensavam, "não estou nem aí". E não temiam represálias das autoridades, até porque possuíam milícias poderosas. Por exemplo, Domingos Jorge Velho chegou a controlar mais de 1.500 homens, grande parte dos quais indígenas "domesticados", capturados aqui e ali.

Uma das regiões que esse bandeirante mais assolou foi Pernambuco, capitania que então incluía territórios de outros estados brasileiros. Entre 1671 e 1674, percorreu as serras de Dois Irmãos e Paulista, entrando pelo rio Canindé, antes de subir por outros cursos de água do Ceará e da Paraíba. Embora tenha sido um dos primeiros sertanistas a chegar ao estado do Piauí — conhecido, na época, como Sertão de Dentro do Piagohy ou Sertão de Rodelas —, não se fixou lá. Tinha mais coisas para fazer em outros lugares. Naquela região, as primeiras sesmarias, concedidas em 1676, beneficiaram primeiramente Francisco Dias de Ávila, Domingos Afonso Mafrense e seus respectivos irmãos. No total agregavam quarenta léguas ao longo das margens do rio Gurgueia, ao qual se juntaram, seis anos mais tarde, vastas áreas do vale do Canindé. Uma enorme extensão a ser "desbravada", ou melhor dizendo, *limpa* de índios.

Apenas ao longo das margens dos rios Parnaíba e Gurgueia, Domingos Mafrense fez nascer, em poucos anos, três dezenas de fazendas. Ainda no século XVII, em 1698, foram fundados os primeiros arraiais da região, entre os quais Vila de Nossa Senhora do Livramento do Paranaguá, atual Parnaguá. Em território piauiense, duas décadas após a chegada dos europeus, já existiam cerca de 130 fazendas e mais de 150 criações de gado e cavalos.

No entanto, a partir de uma carta real de 1701, intensificou-se a presença dos portugueses no interior do Piauí. Este êxodo resultou na obrigatoriedade da retirada de rebanhos para o interior, de modo a não se ocupar terras de cultivo no litoral. Os criadores de gado não reclamaram muito, pois rapidamente confirmaram a potencialidade da caatinga e do cerrado.

[1] Ver o capítulo "Do Quilombo ao Panteão, Três Séculos São" (pág. 139).

Porém, se a natureza concedera boas condições para a pecuária, também "trouxera" os índios. Nada pacíficos, conforme já se confirmara, a partir de meados do século XVII, nos territórios da Paraíba, Rio Grande do Norte e Ceará, no interior de Pernambuco e mesmo no perímetro do Recôncavo Baiano. Congregando tribos muito distintas em termos étnico-culturais — que, por não falarem a língua indígena mais comum, o tupi, foram denominados tapuias —, aqueles índios nunca deram sossego aos portugueses. Vivendo como nômades, com grande mobilidade e capacidade de mimetismo na floresta, esses tapuias — entre os quais se encontravam os chamados paiacus, sucurus, pegas, panatis, coremas e icós — eram considerados "demônios" pelos colonos e clérigos.

Os tapuias usavam exclusivamente táticas de guerrilha pouco ortodoxas contra os europeus, que os confundiam, e infundiam um terror indescritível. Em uma carta de meados dos anos 80 do século XVII, o governador do Rio Grande do Norte, Agostinho César de Andrade, comentou que "a guerra destes bárbaros é irregular e diversa das demais nações, porque não formam exércitos nem apresentam batalhas na campanha, antes são de salto as suas investidas, ora em uma, ora em outra parte, já juntos, já divididos". Na mesma linha, escreveria o capitão de infantaria Gregório Berredo Pereira, ao relatar que os tapuias "na guerra não dão quartel a ninguém" — ou seja, não faziam prisioneiros, sempre matavam todos —, "nem apresentam batalha a cara descoberta, senão com súbitas avançadas e depois por detrás das árvores fazem os seus tiros; usam muito de gritarias para meterem terror". E atacavam tanto a vanguarda quanto a retaguarda, usando flechas envenenadas.

Conhecendo perfeitamente os terrenos em que pisavam, atraíam as tropas reais e as milícias de bandeirantes para regiões de difícil acesso e escassez de água. Quando se sentiam encurralados, acabavam firmando acordos de paz com as autoridades portuguesas, mas essas tréguas serviam apenas para garantir o regresso a locais mais seguros, onde recomeçavam os combates. Algumas tribos possuíam também destreza no manejo de cavalos e armas de fogo, pois tinham se aliado aos holandeses durante sua ocupação no Nordeste brasileiro. Em outros casos, o armamento provinha dos ataques a povoados portugueses; ou então por via de piratas.

Enfim, desde o final dos anos 80 do século XVII, os chamados bárbaros não davam trégua. E as autoridades portuguesas, cansadas de tão infrutíferas campanhas, solicitaram o apoio dos bandeirantes, dando-lhes carta branca. Em uma missiva de janeiro de 1699, o governador-geral D. João de Lencastre pediu ao bandeirante Bernardo Vieira de Melo, então governador do Rio Grande do Norte, que disponibilizasse todos os meios para "que aqueles bárbaros fiquem extintos de todo". Era a denominada "guerra justa": os índios adultos deviam ser degolados ou, no mínimo, como acontecia com as mulheres e crianças, aprisionados para a escravidão. A carnificina duraria até, pelo menos, 1704.

Embora um pouco afastado do epicentro dos conflitos da denominada Guerra dos Bárbaros, a situação do Piauí não foi muito diferente. Em 1697, o padre Miguel de Carvalho escreveu que "estes sertões estão povoados de muitos tapuias bravos, valentes e guerreiros, entre os quais se acham alguns que se governam com alguma rústica política, tendo entre si rei e chamando seus distritos reinos". Como seria de esperar, poucos se mostraram amistosos com a avalanche de colonos à região. Em algumas áreas tornou-se impossível construir novos currais. "A região do rio Parnaíba é quase toda capaz de criar gado", escreveu ainda o padre Carvalho, mas "não está povoada por causa do muito gentio bravo que na beira dele habita. Alguns moradores meteram lá gados e se retiraram com medo e os que moram nas fazendas andam sempre em contínua guerra e muitos perderam a vida nas mãos daqueles bárbaros."

Diante disso, os colonos, majoritariamente reinóis e paulistas, além de negros e tapuias cristianizados, responderam na mesma moeda: violência com violência. Até porque, se os índios eram chamados bárbaros, os "mais bravos guerreiros do Brasil", os portugueses não ficavam atrás. De modo imparcial, assim traçou o padre Miguel de Carvalho o perfil daqueles colonos: "comem estes homens só carne de vaca com laticínios e algum mel que tiram pelos paus. A carne ordinariamente se come assada, porque não há panelas em que se coza. Bebem água de poços e lagoas, sempre turva e muito salitrada. Os ares são muito grossos e pouco sadios. Desta sorte vivem estes miseráveis homens, vestindo couros e parecendo tapuias". De homens assim "curtidos" não se pode esperar grande coisa. Anos mais tarde, na década de 20 do século XVIII, o governador do Maranhão, João da Maia Gama, dizia sobre o Piauí que "tendo eu percorrido todos os domínios do reino, em Portugal, na Índia e no Brasil, me parece que não achei em parte alguma aonde os vassalos experimentassem de outro vassalo mais violência".

Enfim, foi neste caldo de conflitos onipresentes, quando a denominada Guerra dos Bárbaros já cessara nas outras capitanias, que uma ines-

perada rebelião indígena aconteceu, protagonizada por um mítico índio: Mandu Ladino. Nascido no final do século XVII na região do atual município de São Miguel de Tapuio, este jovem aranhi presenciara, quando tinha apenas 12 anos, o assassinato de seus pais pelas mãos dos brancos. Levado então para a aldeia do Boqueirão, a cerca de setenta léguas do Recife, administrada por monges capuchinhos, ali o batizaram de Manuel. Mostrou-se esperto desde cedo, por isso ganhou a alcunha de "Ladino". Porém não perdera suas raízes culturais e, pouco depois de ver padres queimando ídolos indígenas, decidiu escapar, juntando-se a um pequeno grupo de cariris. Acabou sendo capturado no vale do Longá e vendido como escravo a um criador de gado. Bom trabalhador, ganhou a confiança do fazendeiro e passou a servir de boiadeiro ao longo do Nordeste, entrando assim em contato, de vez em quando, com pequenos grupos de índios sobreviventes da Guerra dos Bárbaros.

Em data e local incertos, não identificados por nenhum documento oficial, mas aparentemente no ano de 1712, a aversão de Mandu Ladino aos colonos explodiu em um ódio visceral, quando assistiu a uma índia ser morta por soldados portugueses. Revoltado com esse homicídio, reuniu vários índios das imediações e atacou a guarnição militar, dizimando-a.

Após este episódio, o governador do Maranhão, Cristóvão da Costa Freire, enviou um forte contingente militar para caçá-lo. Contudo, ele se deu mal. Em uma emboscada, um destacamento português foi esmagado e o mestre de campo Souto Maior acabou sendo morto. Animado por esta vitória, Mandu Ladino iniciou uma guerra selvagem às margens do rio Parnaíba.

Reunindo pequenos grupos de diversas etnias — tremembés, potis, aranhis, cariris, crateús e índios de outras tribos do Piauí, Ceará e Maranhão —, unidos pelo sentimento comum de ódio contra os brancos, o líder Mandu Ladino soube habilmente suscitar um terror avassalador do Baixo Parnaíba até o extremo sul do Maranhão e Ceará. Não poupou nada. Saqueou fazendas, matou manadas inteiras, incendiou plantações e casas de forma indiscriminada, sempre em ataques-relâmpago. Nesse meio-tempo, apoderou-se de armas e munições, ou seja, os colonos tinham mais do que flechas com que se preocupar. Com a fama cada vez maior de Mandu Ladino, muitos índios escravizados fugiam na primeira oportunidade, juntando-se às suas fileiras.

A situação tornou-se insustentável. Em 1716, as autoridades organizaram duas fortes expedições militares: a primeira partiu do Maranhão, chefiada por Francisco Cavalcanti de Albuquerque, enquanto a segunda, liderada pelo mestre de campo Bernardo de Carvalho Aguiar, se formou no Piauí. Curiosamente, esta segunda compunha-se de muitos índios de missões jesuíticas. A ordem do governador maranhense era clara: "cruenta guerra". E um autêntico extermínio começou, sem olhar a quem e como.

Com a cabeça a prêmio, Mandu Ladino ainda conseguiu refúgio durante alguns meses, mas, em meados de 1717, nas margens do rio Igaraçu, em um local conhecido como Porto das Barcas, o contingente militar do capitão Manuel de Carvalho cercou seu acampamento. A sangrenta batalha durou horas, pendendo, no fim, para os portugueses. Em desespero, Mandu Ladino tentou escapar, atirando-se na água na esperança de atravessar o rio. Um tiro do soldado João Peres afundou-o para sempre. Pelo feito, o militar foi homenageado e recebeu condecorações. E hoje até há um povoado do atual município maranhense de Araioses que leva seu nome.

Após a morte de Mandu Ladino, os índios rebelados acabaram quase todos sendo massacrados, escravizados ou levados para missões jesuítas. Alguns grupos, porém, resistiram e, ao longo das décadas seguintes, não deram muito sossego às autoridades portuguesas, mesmo durante o reinado de D. José, quando o Piauí se tornou uma capitania autônoma.[2] Contra essas rebeliões, as autoridades respondiam sempre sem diplomacia. Em 1764, diversos conflitos com os índios gurgueias prolongaram-se por um ano. Aqueles que conseguiram escapar da escravidão destinada aos derrotados uniram-se depois aos acroás, seus antigos inimigos, mas acabaram sendo outra vez subjugados em poucos anos e conduzidos para São Gonçalo de Amarante, atual município de Regeneração. Porém, cansados das parcas condições de subsistência, tentaram uma fuga pacífica em 1773, violentamente castigada mais uma vez. Ainda naquela década, a revolta dos índios gamelas e pimenteiras teve uma sina igualmente triste, assim como, em 1793, a dos tapuacás e tapuacás-mirins.

[2] A região de Piauí esteve integrada na capitania de Pernambuco até 1695, quando sua administração passou para o Maranhão, embora isso somente se efetivasse em 1717. No ano seguinte, seria decidida a criação de uma capitania autônoma, mas isso só aconteceu em 1758, com a nomeação de um governador. Três anos mais tarde, após a expulsão dos jesuítas, a vila de Mocha foi elevada a capital da capitania, mudando seu nome para Oeiras, em honra do todo-poderoso marquês de Pombal, Sebastião José de Carvalho e Melo, naquela data detendo ainda o título nobiliárquico de conde de Oeiras.

Enfim, mesmo após a independência brasileira, os índios do Piauí, assim como aconteceu com a maioria das tribos do Brasil, continuaram tentando se rebelar, sendo lamentavelmente subjugados sem piedade. E de derrota em derrota chegaram à extinção total. Em 22 de maio de 1873, o coronel José da Cunha Lustosa, barão de Paraim, comunicou ao governo provincial que não existiam mais aldeias indígenas naquela região. Ou seja, parafraseando as cruéis palavras de Domingos Jorge Velho, no Piauí só restavam então "índios bons"; todos mortos.

CONFLITOS SOCIAIS
OURO
SUBLEVAÇÃO

16

DIAS INFERNAIS NA TERRA DO QUINTO

Compilando documentos históricos oficiais, arriscando cálculos, extrapolando dados, desfiando estimativas, não se chega a um consenso sobre a quantidade de ouro extraída no Brasil durante o período colonial. Há quem aponte para *apenas* 270 toneladas, outros para um pouco mais de 770 toneladas, outros ainda para um pouco menos de 840 toneladas, e, por fim, há quem garanta que foram mais de mil toneladas.[1] Seja qual for a quantidade real, muito passou por numerosas mãos, e muito também caiu no colo de três reis portugueses — D. Pedro II, D. João V e D. José — sem que mexessem uma palha. Sobretudo o segundo, que, por conta do imposto do quinto andou, como se diz em Portugal, "em suas sete quintas", ou seja, amarrou seu burro na sombra. Viveu tão feliz e rodeado por tanto luxo que o apelidaram de o Magnânimo.[2]

[1] Estima-se que, após a independência do Brasil, em 1822, até o final do século XIX, foram extraídas apenas cerca de 180 toneladas.

[2] O imposto do quinto (ou quinto real) foi estabelecido no século XVI, durante o reinado de D. João III, para um vasto conjunto de produtos, representando uma taxa de 20%. No caso dos metais e pedras preciosas, obviamente, após a descoberta das minas de ouro e diamantes no final do século XVII, passou a ser um pecúlio muito relevante para o Tesouro Real.

Se tantos são os números, e tão díspares entre si, há um aspecto unânime entre os historiadores: grande parte do ouro retirado da água e da terra foi desviada. De fato, quer fosse 20%, 2% ou 1%, sabe-se que no Brasil da época poucos gostavam de pagar a um rei que, sentado em Lisboa, aguardava pelos reluzentes sacos — ou saques, como se preferir. E, claro, como ouro traficado significava menos ouro no Tesouro Real, os monarcas portugueses jamais aceitavam ser ludibriados. Queriam sua parte, embora fosse a Natureza, por um capricho, quem concedera aos domínios sul-americanos o produto taxado. Portanto, desde o fim do século XVII, assistiu-se a uma batalha quotidiana, a uma espécie de jogo de gato e rato entre os mineradores e a Coroa. Sem contar os conflitos entre os próprios garimpeiros em Minas Gerais, com destaque para a Guerra dos Emboabas.[3]

Para controlar o transporte de ouro minerado e a aplicação do quinto, o capitão-general Artur de Sá e Menezes publicou em 1702 um regimento estipulando que "nenhuma pessoa da Bahia podia levar às Minas [Gerais], pelos caminhos do sertão outra coisa senão gado, e que os que pretendessem transportar qualquer mercadoria para as mesmas, deviam navegar para o Rio de Janeiro, tomando daí o rumo de Parati". Na verdade, as autoridades sabiam que muito do contrabando fluía pelos comerciantes de carne.

Em uma tentativa de vigiar as saídas da região aurífera, em 1695 se fundara em Taubaté a chamada Casa dos Quintos. Existem referências da criação de um edifício similar em Guaratinguetá naquela época, embora não se saiba ao certo se alguma vez funcionou. Teoricamente, todo o ouro obtido no garimpo deveria passar por ali para ser legalizado, com um selo, através de um cunho, após a subtração da quantidade equivalente ao imposto. Porém, como uma parte deste metal precioso saía do garimpo sob a forma de pequenas pepitas ou em pó — o que facilitava o desvio —, ainda no século XVII se instituiu a Casa de Fundição. Lá, todo o ouro deveria ser transformado em barras, recebendo a marca da Coroa. Significava assim que qualquer ouro, sob qualquer forma, que transpusesse a região mineira sem passar por aquele processo poderia ser confiscado.

Apesar desse esmerado controle, a sonegação e as fraudes persistiram, com maior ou menor grau de imaginação. Até usando santas imagens.

[3] Ver o capítulo "Um Faroeste Lusitano no Eldorado" (pág. 149).

Naquela época ficaram célebres os "santos de pau oco", em cuja madeira maciça se cavava um buraco para preencher com ouro em pó. Benzidos, esses ricos santos e ricas santas — literalmente — seguiam para Portugal. Mais arriscado, porque as penas para os infratores podiam ser pesadas, era falsificar os selos reais. Durante algum tempo, porém, o esquema não se mostrava complexo, porque as autoridades usavam modelos de metal batidos com martelo. Em ambos os casos de contrabando, sabe-se que muitos religiosos participaram ativamente, como o padre José Rodrigues Preto, vigário da vila de São Francisco, e o frei Roberto, membro da ordem de São Bento.

Somente após a descoberta dessas fradescas e prosaicas falcatruas decidiram alterar o método de cunhagem da Casa de Fundição de Taubaté, mandando para lá uma máquina especial, inimitável. E também intransportável. Por causa de sua dimensão e peso, bem como das péssimas condições da estrada do Falcão, não houve forma de levá-la até o destino final. Assim, em 1703 optaram por transferir a Casa dos Quintos para Paraty.

A escolha desse povoado como centro por excelência de controle do ouro mostrou-se, mesmo assim, incapaz de reduzir substancialmente o contrabando. Ao longo do denominado Caminho do Ouro,[4] entre aquela vila e a região de Minas Gerais, havia mil e uma maneiras de enganar as autoridades. Uma das mais famosas artimanhas ficou conhecida como "mato para que te quero": quando os contrabandistas viam algum posto de controle, retiravam parte do ouro dos alforjes, passando-o a homens de confiança que entravam no mato para contornar a fiscalização. A corrupção também propagava entre os próprios vigilantes, mesmo havendo uma renovação frequente de funcionários. E, é claro, em alguns casos de maior necessidade, os contrabandistas também não tinham pudores em matar soldados em ações de confisco.

Mesmo assim, os ratos nem sempre escapavam dos gatos. Segundo documentos oficiais, entre 1697 e 1699, cerca de 120 quilos de metal precioso foram "caçados" pela Coroa portuguesa. Nos anos seguintes, a

[4] Antiga trilha de índios, esta estrada foi construída por escravos, estendendo-se por mais de 1.200 quilômetros. Passava por Cunha (antiga vila de Falcão), descendo depois até o vale do rio Paraíba e seguindo para Ouro Preto. O trajeto do ouro era feito por via marítima entre Paraty e Sepetiba, continuando por estrada até o Rio de Janeiro. Despendia-se em torno de três meses neste percurso, no século XVIII.

quantidade diminuiu um pouco, embora os níveis permanecessem assombrosos. Por exemplo, entre 1700 e 1712, enquanto o quinto totalizara 57 quilos, as ações de confisco obtiveram mais 47 quilos. Por isso, em Lisboa o rei convenceu-se de que precisava fazer algo: se os garimpeiros não levavam todo o ouro à Casa de Fundição, então seria necessário "garimpar" mais os sacos dos contrabandistas em seus caminhos. Porém a Corte queria poupar custos e não enviou reforços militares suficientes.

Tanto o primeiro governador de Minas Gerais, Antônio de Albuquerque Carvalho, como o segundo, Brás Baltazar da Silveira, resolveram a situação de maneira pouco ortodoxa. Com autorização real, convidaram as "raposas" para guardar as "galinhas dos ovos de ouro". Ou melhor, solicitaram o apoio dos mais ricos garimpeiros para, através de suas milícias, diminuírem o contrabando da região. Obviamente, esse auxílio não era gratuito. Em troca, esses "empresários" receberam postos militares, como os de sargento-mor ou de mestre de campo de regimento auxiliar. Por exemplo, Pascoal da Silva Guimarães, homem já bastante poderoso durante a Guerra dos Emboabas, recebeu o cargo de superintendente do distrito de Ouro Preto — portanto, com função de fiscalização —, aumentando assim seu poder como "cacique" imune e impune. Assim se iniciava a primeira geração dos famosos "coronéis" brasileiros que viveram em um mundo sem leis ao redor de seus "feudos" até o início do século XX.

Os garimpeiros também almejavam esses cargos porque lhes permitiam estar na linha de frente da distribuição de novas sesmarias e lavras, ou seja, nos direitos de exploração de fazendas e jazidas. Por outro lado, podiam traficar livremente, pois fiscalizavam a si mesmos.

Porém, tudo tem um fim. Em meados de 1717, notando que os desvios continuavam, apesar desses supostos auxílios, o rei D. João V decidiu nomear Pedro Miguel de Almeida Portugal e Vasconcelos, conde de Assumar,[5] para o governo de São Paulo e Minas de Ouro. De Lisboa, este nobre levava três objetivos concretos: a instalação de um novo bispado na capitania para moralizar o clero, pois muitos padres não apenas des-

---

[5] Nascido em 1688, herdou o título de conde de Assumar em 1718. Mais tarde, entre 1744 e 1750, foi vice-rei da Índia. Receberia depois os títulos de marquês de Castelo Novo (1744) e de Alorna (1748). Foi avô da célebre poetisa Leonor de Almeida Portugal, a Alcipe. Morreu em 1756. Foi ele, e não Sebastião José de Carvalho e Melo (futuro marquês de Pombal), a dizer ao rei D. José, no dia seguinte ao terremoto de Lisboa de 1755, o que deveria ser feito: "Sepultar os mortos, cuidar dos vivos e fechar os portos."

respeitavam o celibato como se envolviam na mineração e no tráfico de ouro; a proibição da circulação de ouro em pó; e, por fim, a extinção de diversos cargos militares ocupados por garimpeiros. Para concretizar esta última medida, recebeu um forte contingente de cavaleiros, os chamados dragões, vindos da Metrópole.

A interdição do uso de ouro em pó como "moeda", com a obrigatoriedade de passar pela Casa de Fundição em Vila Rica — atual Ouro Preto —, não interessava nem a mineradores nem à população. Por um lado, constituía uma forte machadada no contrabando; por outro, aumentava a inflação, pois as populações, que usavam ouro em pó não taxado para suas compras, passaram a ter de comprar moedas cunhadas. Quando, em 1720, mostrou que não cederia nos propósitos trazidos de Lisboa, o conde de Assumar logo se tornou um alvo a abater.

Em 2 de julho daquele ano, sem prévio aviso, uma hora antes do meio-dia, "duas turmas, cada uma de seis mascarados, acompanhados de quarenta negros armados", desceram o denominado morro do Pascoal, arrombando portas de casas de Vila Rica para obrigar os moradores a acompanhá-los até a praça principal. Engrossado assim o grupo, prosseguiram pelas ruas, dando "vivas" e "morras" até a casa do ouvidor. Não o encontrando lá, esfaquearam um criado, por não lhes dizer onde estava o patrão. Saquearam em seguida a residência e alguns assaltantes tiveram tempo de violar a amante do ouvidor. Posteriormente, os amotinados dirigiram-se ao palácio do conde de Assumar. Bateram com o nariz na porta. O governador encontrava-se em Ribeirão do Carmo, atual Mariana, a cerca de duas léguas de distância.[6] Não desistiram. Controlando as entradas e saídas do largo principal da vila, coagiram o licenciado José Peixoto da Silva a escrever ao conde. Exigiam a revogação de todas as medidas relacionadas com os negócios do ouro.

Os dias que se seguiram ficaram marcados por uma espécie de jogo de xadrez, em um tabuleiro que o governador manipulou com astúcia. Consciente de sua incapacidade em reunir de imediato um contingente para dominar os rebeldes, sem um banho de sangue por todo lado, o conde de Assumar procurou primeiro avaliar a situação. No início, recusou todas as pretensões dos revoltosos. Em resposta, cerca de mil homens

---

[6] Em 23 de abril de 1745, Ribeirão do Carmo mudou de denominação para Cidade Mariana em homenagem a D. Maria Ana de Áustria, mulher do rei D. João V de Portugal.

vindos de Vila Rica sitiaram Ribeirão do Carmo. Reforçando a defesa militar em torno da casa onde se alojara, o conde de Assumar mudou de estratégia. Para evitar confrontos diretos, instruiu então os vereadores daquela vila a se encontrarem, de estandarte hasteado, com os sitiantes, informando-os de sua predisposição para negociar. Porém, com uma condição: ele falaria apenas com um representante. As negociações prosseguiram a passo de tartaruga. Em cada reunião, o conde de Assumar cedia um pouco, mas não em tudo. Chegou a concordar com o afastamento do ouvidor e, mais tarde, até prometeu um perdão geral. Mas não cedia no essencial.

Era uma questão de tempo, julgaram os rebeldes. Mas não era. D. Pedro de Almeida Portugal estava ganhando tempo para um contra-ataque letal. E com efeito surpresa. Assim, em 13 de julho, pegando-os desprevenidos, proclamou um bando prometendo uma recompensa de cem oitavas de ouro a quem matasse qualquer um de seus líderes, classificados como "perturbadores do sossego público e inquietadores do povo". Era um montante considerável, que aguçou a cobiça de muitos. Ao mesmo tempo, prescreveu o indulto para todos aqueles que passassem a lhe prestar obediência. Essas medidas geraram um mal-estar entre os amotinados. E os mentores do grupo começaram a ficar isolados e até desconfiados entre si, receosos de que a promessa de tão gorda recompensa resultasse em atos de traição.

O conde de Assumar também não desperdiçou as reuniões com seus inimigos, pois, cruzando as informações que obtivera com secretas indagações, soube quem, às escondidas, manobrava aquela rebelião. E assim, na mesma noite em que o bando fora anunciado, ordenou que um contingente de trinta dragões se dirigisse a Vila Rica. Diversos garimpeiros ricos, entre os quais Pascoal da Silva Guimarães, Manuel Mosqueira da Rosa, Vicente Botelho e o frei Bento, bem como alguns militares suspeitos, acabaram sendo detidos quase sem resistência, pois o grosso de suas milícias sitiava Ribeirão do Carmo.

Na madrugada seguinte, ainda surgiu uma reação às prisões em Vila Rica. Vários mascarados e grupos escravos armados desceram o morro do Ouro Podre, requisitando aos residentes a ajuda para tomarem a cadeia. Para arregimentar "voluntários", coagiram-nos, ameaçando queimar as casas de quem não aderisse ao movimento. Em resposta, o conde de Assumar tomou uma resolução drástica, sobretudo quando soube que um dos mentores dessa nova rebelião era um dos filhos de Pascoal da

Silva Guimarães; ordenou darem uma dura no líder preso para controlar seu rebento, caso contrário, o rapaz ficaria órfão. O aviso deve ter sido suficientemente persuasivo porque o acampamento dos rebeldes, que já reunia mais de cem escravos e outros homens armados, aguardando reforços de Rio das Velhas, se desmantelou. E assim desorientados, os sitiantes de Ribeirão do Carmo levantaram o cerco e o conde de Assumar pôde regressar a Vila Rica, sem qualquer oposição, na manhã do dia 16 de julho.

Alguns revoltosos não depuseram suas armas, ameaçando lançar, nos dias que se seguiram, novas sementes do motim, mas sem o apoio dos membros da elite. Na verdade, parte do povo via naquela revolta abortada uma possibilidade de melhorar seu modo de vida. Pelos campos da Cachoeira e em Sabará, dois homens — Filipe dos Santos e Tomé Afonso Pereira — mobilizaram muita gente com discursos inflamados. Sem grandes conflitos, acabaram detidos.

Para desenraizar definitivamente potenciais novos motins, D. Pedro de Almeida Portugal decidiu cortar o mal pela raiz. Não com machado, mas com fogo. Um contingente de dragões, capitaneado por João de Almeida Vasconcelos, subiu o morro do Ouro Podre e demoliu todas as residências e instalações, grande parte das quais pertencentes a Pascoal da Silva Guimarães. Mais tarde, um decreto obrigou, no prazo de três dias, todos os habitantes de Vila Rica a regressarem às suas residências, caso contrário estas seriam confiscadas.

Com a crise resolvida, o conde de Assumar deparou, porém, com um derradeiro problema: depois de tamanha desordem estava obrigado a punir alguns como exemplo, mas não era opção fácil de tomar, mesmo para um nobre como ele. Conhecia bem o poder e a influência dos líderes locais na Corte lisboeta. Por isso, lavou as mãos e os enviou presos a Portugal — que a Metrópole encontrasse para eles uma solução. Contudo, para sua própria autoridade e reputação não saírem abaladas de Minas Gerais, tinha de castigar alguém, nem que fossem bodes expiatórios. E, por isso, Filipe dos Santos e Tomé Afonso Pereira lhe pareceram dois excelentes figurantes. Como simples homens do povo, sem padrinhos em Lisboa, podiam arcar com a culpa.

Com um julgamento sumário, Filipe dos Santos e Tomé Afonso Pereira acabaram sendo considerados os líderes do motim, acusados de se rebelarem contra o rei de Portugal e, por consequência, condenados à competente pena capital. Contudo, somente o primeiro sofreu na pele a sentença. Tomé Afonso Pereira salvou-se por estar investido pela Igreja com ordens menores; não poderia ser executado sem autorização papal.

Uma ou duas mortes dava no mesmo para o conde de Assumar. Assim, no dia 19 de julho de 1720,[7] Filipe dos Santos teve os braços e as pernas amarrados a quatro cavalos que o desmembraram quando espantados. Contudo, não há certeza se este suplício foi aplicado ainda em vida ou apenas ao cadáver após enforcamento, pois não existem relatos da época e o processo judicial se perdeu. Uma única coisa é certa: as partes do corpo deste desgraçado foram expostas em diversas localidades de Vila Rica.

Os verdadeiros mentores se salvaram de boa. Na capital lusitana, nenhum deles foi castigado, embora tenham sido impedidos de voltar ao Brasil. Obviamente, continuaram seus negócios a distância. Pascoal da Silva Guimarães, que certamente alimentara muita gente na Corte como líder local em Minas Gerais, chegou até mesmo a planejar uma ação judicial contra D. Pedro de Almeida Portugal, que só foi arquivada depois de muitos anos. Aliás, por causa da aceitação deste processo judicial, o conde de Assumar ficou tão ofendido que solicitou sua exoneração, abandonando o cargo de governador em setembro de 1721. Seria substituído por D. Lourenço de Almeida, que ocupara o mesmo cargo em Pernambuco e que era filho do conde de Avintes e irmão do patriarca de Lisboa.

Em todo o caso, esse episódio mostrou que Lisboa continuava sem acertar uma estrutura administrativa para gerir a região aurífera. Por isso, em consequência desses conflitos, o rei D. João V decidiu dividir a capitania de São Paulo e Minas do Ouro, ficando cada uma com um governador. Ou seja, formalmente nascia a capitania de Minas Gerais, cuja capital ora era Vila Rica, ora Ribeirão do Carmo.

Tomaram-se essas e muitas outras medidas ao longo das décadas seguintes na região aurífera, com modificações sucessivas na forma de arrecadar os tributos. Mas, na verdade, tudo se manteve mais ou menos como sempre, com constantes alvoroços, homicídios e contrabandos, enquanto o Tesouro Real tentava, no meio de tudo isso, arrecadar o máximo possível. Até a última pepita. Afinal, como escreveu o conde de Assumar em tom dramático e desesperançado, estavam em terra "habitada de gente intratável, sem domicílio, e ainda que está em contínuo

---

[7] Algumas fontes históricas apontam para o dia 20 de julho de 1720, mas não existem documentos oficiais que atestem este fato.

movimento, é menos inconstante que os seus costumes: os dias nunca amanhecem serenos; o ar é nublado perpétuo; tudo é frio naquele país, menos o vício, que está ardendo sempre [...]; a terra parece que evapora tumultos; a água exala motins; o ouro toca desaforos; destilam liberdades os ares; vomitam insolências as nuvens; influem desordens os astros; o clima é tumba da paz e berço da rebelião; a natureza anda inquieta consigo e amotinada por dentro. É como no Inferno".

COLONIZAÇÃO
CONFLITOS ÉTNICOS
ESCRAVIDÃO
ÍNDIOS

17

ANTES A MORTE QUE TAL SORTE

Assim como Roma e Pavia não foram erguidas em um dia, também a colonização do Brasil — ou, melhor dizendo, a ocupação dos portugueses em terras indígenas — não aconteceu de uma tarde para a outra. Tão vasto território não dava então para ser "desbravado" em pouco tempo. E, além dos parcos meios tecnológicos, também houve alguns "empecilhos": os povos indígenas e os ataques cobiçosos de outras nações europeias aqui e ali.

Mas os portugueses, honra lhes seja concedida, tiveram a habilidade e a esperteza de fazer muito com pouco. Quando partiram pelos mares, Portugal contava com cerca de dois milhões de almas. Poucos milhares embarcaram para estes mundos desconhecidos. Por isso, nas ações de colonização, de ocupação territorial e mesmo de subjugação dos indígenas, "multiplicaram-se", usando as animosidades tribais para obterem alianças; recorreram depois às levas de negros traficados da África, e criaram proles de caboclos, mamelucos e mulatos, pois os portugueses nunca se incomodaram com mistura — pelo contrário.

Em todo o caso, não deu para "acudir" todo mundo. No início do século XVIII, dois séculos após a chegada de Pedro Álvares Cabral à Bahia, quase toda a vasta região amazônica ainda se mantinha em "terra de ninguém" — ou seja, continuava a pertencer "apenas" aos povos indígenas.

O território que engloba a quase impenetrável floresta amazônica foi inicialmente explorado, ainda no século XVI, pelos espanhóis, com destaque para uma épica e trágica expedição iniciada em fevereiro de 1541. Gonzalo Pizarro e Francisco de Orellana pretendiam descobrir o famigerado Eldorado e a não menos mítica Terra da Canela, tendo organizado uma expedição a partir da costa oeste do continente sul-americano, desde Guayaquil, atual cidade equatoriana. Por desencontros diversos, acabaram saindo em datas distintas, juntando-se mais tarde. No total, a expedição contava com várias centenas de soldados e cerca de quatro mil indígenas. No fim daquele ano, antes de alcançaram o rio Napo, afluente do Alto Amazonas, a falta de víveres, as doenças e os ataques esporádicos de índios hostis dizimaram uma parte considerável da comitiva. Orellana decidiu então seguir, com pouco mais de cinquenta homens, pelo Amazonas abaixo para uma ação de reconhecimento, mas a correnteza tornou impossível o regresso ao acampamento onde Pizarro permanecera. Continuou viagem. Nos meses seguintes, rodeado de floresta densa, o pequeno grupo liderado por Orellana atravessou todo o Amazonas, passando pelas fozes dos rios Madeira, Negro, Tapajós e Xingu, alcançando a ilha de Marajó, no Pará, em agosto de 1542. Para sobreviver comeram "couro de animais, trapos e a sola dos seus sapatos cozida com ervas", conforme relato do frei Gaspar de Carvajal.

O mais célebre episódio desses aventureiros teria ocorrido às margens do rio Nhamundá, quando os europeus depararam com um grupo armado constituído, sobretudo, por mulheres. Descritas pelo frade castelhano como guerreiras "brancas e altas", com "longos cabelos trançados e enrolados na cabeça", e somente "com as partes íntimas cobertas", teriam lutado "tanto quanto dez índios homens", evocando as amazonas da mitologia grega. Nesse confronto, supostamente ocorrido em 24 de junho de 1542, oito dessas mulheres foram mortas. No entanto, ainda hoje há dúvidas sobre a veracidade do relato — que pode ter saído da imaginação delirante de um frade em penosa travessia —, pois ninguém mais avistou tais guerreiras. Em todo o caso, a lenda sobreviveu ao tempo e o maior rio sul-americano ganhou o nome de Amazonas.

Seja como for, para além dessa travessia ocorrida no século XVI e de algumas incursões pelo Baixo Amazonas, essa gigantesca região hidrográfica continuaria, por longas décadas, quase virgem de homens

brancos, mesmo com a mítica existência de um Eldorado em seu seio. Somente em 1637, após a expulsão dos franceses do Maranhão, os olhos dos portugueses se viraram de novo para o "Grande Rio das Amazonas". Em outubro daquele ano, o sertanista Pedro Teixeira, comandando uma expedição de setenta soldados e cerca de 1.200 índios arqueiros, embrenhou-se rio acima em 47 canoas, e subiu até alcançar a cidade de Quito. Na viagem de volta, iniciada em agosto de 1639, fundaria o povoado de Franciscana, na confluência dos rios Napo e Aguarico. Embora ainda sob domínio da União Ibérica, Pedro Teixeira declarou, na cerimônia de fundação daquela vila, que aquelas terras pertenciam à "Coroa de Portugal", uma atitude considerada rebelde pelo rei espanhol. Mas não houve tempo para punições, porque Portugal recuperaria a independência no ano seguinte.

No final da década de 40 daquele século, foi a vez de Raposo Tavares penetrar a região amazônica, mas pela parte sul, vindo de Mato Grosso. Nesta célebre "Bandeira dos Limites", que partiu do porto de Pirapitingui no fim de 1647, o terrível bandeirante ainda teve tempo para fazer aquilo que mais adorava: atacar missões jesuítas espanholas e capturar índios. Porém, após esses massacres, seu grupo sofreu extremas privações à medida que seguiram mais para o interior: dentre elas, cheias do rio Paraguai, pestes, escassez de víveres e ataques dos índios guaicurus e paiaguás. Aqueles que sobreviveram a essas calamidades, seguiram depois pela região andina, no atual território boliviano, alcançando a bacia amazônica pelo rio Grande. Pegaram depois o Mamoré, afluente do Madeira, até atingirem o Amazonas, a partir do qual desceram até Gurupá, no Pará. Um percurso de quase três anos, galgando perigosas regiões, não apenas por seus acidentes naturais, como também pela fauna selvagem e pelos ataques de diversas tribos. Do grupo inicial, constituído por cerca de duzentos brancos e mamelucos, auxiliados por mais de mil índios, restaram 59 homens, esquálidos e esfarrapados no final da jornada.

Depois dessa trágica expedição, a presença portuguesa na Amazônia foi esporádica, passando a ser visitada apenas por tropas de resgate para capturar indígenas, como as comandadas por Bento Miguel Parente em 1657, que contaram com a participação e bênção dos padres Francisco Veloso e Manuel Pires. Apesar de se estabelecerem durante algum tempo na foz do rio Tarumã, onde fincaram uma cruz e rezaram missa, não deixaram ninguém permanentemente por lá.

Perante as evidentes dificuldades em explorar uma região quase impenetrável e com tantos riscos, Portugal investiu, ao longo das décadas seguintes, na colonização do Pará, incluindo os territórios do atual Amapá. O objetivo também era evitar a invasão de espanhóis, holandeses, ingleses e franceses, presentes nas Guianas. Mesmo assim, em 1669, o capitão Francisco da Mota Falcão construiu um pequeno forte de pedra na margem esquerda do rio Negro — mais tarde transformado no Forte de São José da Barra do Rio Negro —, complementado depois por mais três fortificações no interior do Pará, perto das atuais cidades de Almeirim, Óbidos e Santarém. Em paralelo, os jesuítas fundavam aldeias.

Com a proibição definitiva e sem exceção da captura de indígenas, a partir dos anos 80 do século XVII, em grande parte por força das pressões da Companhia de Jesus, o interior da Amazônia continuou praticamente despovoado por brancos.[1] Passou a "couto"[2] dos jesuítas, que para lá enviaram grande número de padres em ações de evangelização. Porém, face à intransigência de algumas tribos em aceitar a religião católica, sobretudo dos manaos, que dominavam grande parte da bacia do rio Negro, só restou assim aos portugueses o estabelecimento de acordos de não agressão. Em todo o caso, com bons resultados para ambos. De um lado, os colonos acabavam comprando escravos "legais" dos manaos — um povo guerreiro que constantemente aprisionava índios de outras tribos vencidos na guerra —, bem como especiarias e outros produtos. Do outro, os portugueses asseguravam que estrangeiros não se aventurariam por aquelas terras. Os manaos, assim, ficavam sossegados para cuidarem da própria vida.

Porém, a paz entre manaos e as autoridades lusitanas era teórica. Na prática, os governadores da região jamais conseguiram controlar as expedições ilegais, sobretudo quando surgiam epidemias que dizimavam

---

[1] Desde 1655 passara a ser proibida a escravidão de índios, embora com exceções: por exemplo, em justa guerra, mas com autorização da Junta das Missões; se os índios impedissem a pregação evangélica; se os índios prisioneiros de outros índios estivessem para ser sacrificados em rituais canibalescos; se fossem prisioneiros de guerras intertribais, mas só depois de examinada a justeza de tal guerra segundo as leis portuguesas. Claro que as exceções eram fáceis de se contornar, e existiam até mesmo padres que compactuavam com colonos e patrocinavam expedições ilegais.

[2] Em séculos passados, um couto era uma região cuja entrada de estranhos era proibida, podendo se beneficiar de condições especiais em relação a impostos e justiça. O termo também se aplicava a regiões povoadas por criminosos. No caso das aldeias jesuíticas, a administração civil não podia intrometer-se na gestão quotidiana nem em aspectos judiciais. Essas prerrogativas terminaram em meados do século XVIII com a expulsão da Companhia de Jesus decretada pelo rei D. José.

os escravos de fazendas. E foi um desses episódios, que resultou no assassinato de Huiuiebéue, pai do cacique Ajuricaba, por volta de 1720, quebrando irreversivelmente a aliança tácita entre o governo colonial e os manaos. Até então, o líder indígena havia sido fiel aos portugueses, mas depois disso iniciou ataques de represália a povoados brancos. E, embora nunca se tenha provado, supostamente assinou um pacto com os holandeses do atual Suriname. Pelo menos, assim relatam as crônicas da época dizendo que Ajuricaba passou a transportar em sua canoa uma bandeira da república holandesa.

Em uma tentativa de acalmar os ânimos, por mediação do padre José de Sousa, os jesuítas se ofereceram para intermediar uma trégua com Ajuricaba, que acabou aceitando andar com uma bandeira portuguesa e entregar, a troco de resgate, meia centena de escravos. Porém, rezam as crônicas que, apesar de ter recebido o valor combinado, o cacique não cumpriu o armistício. E, talvez, nem os colonos.

Independentemente de quem começou a guerra e de quem descumpriu o acordo — até porque, naqueles tempos, a verdade era incerta e volúvel —, o caldo havia muito entornara. A morte do pai do cacique deixara marcas irreversíveis. E os colonos até agradeceram o clima belicoso, porque desse modo, mesmo sem estar em vigor a lei da Justa Guerra, revogada em 1680, uma expedição comandada por Belchior Mendes de Morais, capitão da tropa de guerra do Maranhão, pôde iniciar uma perseguição gratuita contra os manaos. Estes ataques foram oficiosos, porque o então governador Maia da Gama não foi sequer procurado nem consultado.

A iniciativa dos colonos irritou o governador, que empreendeu uma investigação, iniciada em junho de 1722 e terminada em 3 de agosto do ano seguinte. Deu em quase nada, apesar de ter interrogado 121 pessoas. Nunca se soube sequer quantos índios acabaram sendo capturados. Aliás, todas as testemunhas se esqueceram, ou se fizeram de esquecidas, de quem tinha sido o mandante e organizador da expedição. A causa, no entanto, era óbvia: uma recente epidemia aniquilara grande parte da mão de obra das lavouras, e era preciso quem lavrasse a terra. Enfim, não houve qualquer castigo; apenas alguns manaos foram soltos, quase todos velhos ou doentes, acolhidos por clérigos. Na verdade, a ação da Igreja também foi reprovável. Acompanhando o batalhão informal de Belchior Mendes de Morais, estavam onze padres carmelitas e sete membros da Ordem das Mercês, o que atesta que nem a autoridade administrativa era respeitada, nem o clero brasileiro — ao menos, não todo — tinha os indígenas em alta conta.

Os conflitos se acentuaram ainda mais quando Ajuricaba se aliou à tribo dos mayapenas, chegando a atacar missões jesuítas. Já sem margem de manobra para apaziguar a região, o governador Maia da Gama acabou sendo pressionado para agir militarmente e subjugar os indígenas. Um forte contingente militar, liderado por Belchior Mendes de Morais e João Pais do Amaral, foi enviado para a Amazônia em 1724. Dois anos mais tarde, os portugueses intensificaram as ofensivas. Em data imprecisa, mas aparentemente em setembro de 1727, um batalhão comandado por Belchior de Morais capturaria por fim Ajuricaba e mais cerca de duzentos índios. Conduzido agrilhoado em uma canoa para Belém, o líder manao bem que tentou um último ato de revolta. Fracassado, o cacique preferiu a morte à escravidão e se lançou no Amazonas. Seu cadáver nunca foi recuperado.

Sem liderança, os mayapenas foram massacrados pouco depois, em julho de 1728, por uma pesada artilharia portuguesa, nas proximidades do rio Negro. Os últimos focos de resistência indígena cessaram em 1730, após o novo governador do Maranhão, Alexandre de Sousa Freire — ainda mais adepto da subjugação dos manaos e de seus aliados do que seu antecessor — ter reforçado os ataques. O argumento para o extermínio indígena deveu-se, de acordo com suas justificativas, ao fato de "os índios habitantes do rio Negro e todos os seus confessos [estarem] comendo carne humana".

Depois da submissão daqueles guerreiros, a região amazônica transformou-se em uma terra de "colheita". Referências históricas apontam para um índice anual de índios escravizados acima dos mil. No final do reinado de D. João V, a população indígena ao redor do Amazonas e do rio Negro praticamente desaparecera.

Apesar disso, apenas durante o período pombalino, no reinado de D. José, a Amazônia foi alvo de uma campanha de fixação de população branca, com a criação da capitania de São José do Rio Negro. A capital estabeleceu-se inicialmente na aldeia de Mariuá, batizada em 1758 de Barcelos, em vez de ser em Lugar da Barra, povoado próximo do antigo Forte de São José. Somente em 1808, após diversos atos de transferência da capital por razões estratégicas, Lugar da Barra foi assumido como principal centro populacional da região amazônica. Em 1832, ainda com a designação de vila, o povoado foi batizado de Manaus. Porém, este nome não se tornou definitivo: em 1848, passou a se chamar Cidade da Barra do Rio Negro, chegando a receber, pouco depois, a pomposa designação de

Cidade de Nossa Senhora da Conceição da Barra do Rio Negro. Por fim, decidiram, em 1856, rebatizar definitivamente a cidade com a denominação da tribo que ali vivera.[3] Uma homenagem, pode-se dizer, póstuma.

De fato, nesse meio-tempo, a tribo dos manaos, inclusive aqueles que haviam sido escravizados, extinguira-se, acabando com a esperança, espalhada durante muito tempo, de que um dia, como uma espécie de D. Sebastião indígena, Ajuricaba regressaria para libertar seu povo. Não se deve pensar, contudo, que a extinção se deveu apenas aos massacres executados pelos portugueses no século XVIII. Os descendentes da tribo de Ajuricaba, muitos levados como escravos para o Maranhão, acabaram seus dias massacrados nos sangrentos conflitos da Cabanagem, ocorridos entre 1835 e 1840.[4]

Porém são águas passadas de forma irreversível, ou seja, nem convém relembrar. Mais ainda agora, o Brasil homenageou Ajuricaba como um de seus Heróis da Pátria, depositando seu nome nas páginas de aço do Panteão da Pátria e da Liberdade.[5] Talvez esquecendo que, na verdade, aquele manao nunca quis se libertar dos portugueses; apenas desejava permanecer na Amazônia como seus antepassados: livre da intromissão dos brancos. Ou seja, na verdade, não se deve acreditar que Ajuricaba traçaria seu destino de forma diferente se, porventura, o Brasil já fosse uma Pátria na época em que viveu. Ele teria lutado da mesma forma com que lutou contra os portugueses. E seria combatido pelos brasileiros do mesmo modo.

---

[3] No século XIX, o nome da cidade era comumente grafada "Manaos", ou seja, como a denominação da tribo indígena. Somente no início do século XX passou a ser escrita Manaus.

[4] A Cabanagem foi uma revolta incentivada pela classe média do Grão-Pará, com o apoio voluntário ou forçado de índios, negros e mestiços, contra o poder imperial, tendo por duas vezes tomado o controle de Belém do Pará. Estima-se que nos sangrentos conflitos morreram cerca de quarenta mil pessoas.

[5] A inscrição de Ajuricaba no *Livro dos Heróis da Pátria* foi decretada pelo Senado Federal em 22 de agosto de 2013, indicando que fora gravada "por ocasião do transcurso do aniversário da fundação da cidade de Manaus, em 24 de outubro".

18

O QUINTO IMPÉRIO ESTURRICADO

Vivendo em plena época do Eldorado brasileiro, D. João V se fez rei palaciano, pavoneando-se pelos corredores, frequentando beatérios para salvar a alma e conventos de freiras para saciar a carne, tudo isto sem nunca pôr um pé fora de Portugal. Ficou conhecido como o Rei Magnânimo, não propriamente por ser generoso com seu povo, mas por ser um magnata que vivia à custa do quinto do Brasil. Nos intervalos de suas escapadas amorosas, mostrou-se pródigo em oferendas à Igreja, esbanjando fortunas em templos, no pomposo convento de Mafra, em benesses a clérigos para comprar de Roma o título de "Fidelíssimo". Chegou até mesmo a tentar negociar em ouro o direito de comungar com as próprias mãos.

Ao redor deste Rei-Sol lusitano gravitava uma classe da mesma laia. Mais preocupados em obter benefícios e outras sinecuras, em jogos de salão e em ocupar cargos honoríficos, os nobres que cirandavam pela Corte lusitana da primeira metade do século XVIII eram genericamente uma cambada de parasitas, metidos e de intelecto quase oco. Com exceção de um punhado de nobres que administravam as colônias ultramarinas na América do Sul, África e Ásia, a esmagadora maioria dos quinze duques, dos cerca de trinta marqueses e de mais de uma centena de condes nada tinha feito de heroico ou patriótico. Os títulos caíram no colo deles, por serviços prestados por antepassados em tempos remotos. Ou, quando obtidos em um passado mais recente, deviam-se às "lutas" bajuladoras nos corredores do Paço da Ribeira. Entretinham-se, portanto, perpetuando seus direitos de sangue azul, acumulando vaidosos poderes por meio de casamentos de conveniência. Pegar em armas, só por diversão; trabalhar em prol do povo, só como recreação.

Com a consolidação da independência em meados da segunda metade do século XVII, as principais figuras da alta nobreza estavam tranquilas, exceto por alguns confrontos na Guerra de Sucessão Espanhola entre 1704 e 1712.

O ócio mantinha, porém, muitos jovens enlevados em ideias românticas, sonhando e suspirando pelos ancestrais cavaleiros heroicos, medievais, amantes da aventura ao estilo dos cruzados, perseguindo honra e fama. E, claro, desafortunados no amor. Poucos quiseram dar um passo em direção à realidade, com medo de cair em um pesadelo. Mas um deu e bem grande: o infante Manuel de Bragança, irmão caçula do rei D. João V.[1] Nascido em 1697, portanto uma década exata mais novo do que seu irmão soberano, herdara, como ditava a tradição, o título de conde de Ourém. Foi sempre criado em ambiente cortesão, mas seu espírito, desde tenra idade, guinava para a aventura. Aos 10 anos, rezam as crônicas, escreveu seu lema: "Mais devem os homens estimar a perda da vida com honra do que viver com infâmia."

Ao chegar aos 18 anos, quis conhecer o mundo. Tacanho, seu irmão mais velho não autorizou. Parece até que certo dia discutiram; a conversa azedou e D. João V, autoritário, esbofeteou o infante. Pouco depois, D. Manuel fugiu de Lisboa, embarcando às escondidas em um barco inglês, acompanhado pelo filho do conde de Tarouca e por dois criados. Precavido, não se esqueceu de levar joias, 20 mil cruzados em prata e uma letra promissória de igual valor. Na época, circularam também boatos de que a causa de sua fuga seria o suicídio de sua jovem amante, de baixa condição social. O infante D. Manuel desejaria afogar as mágoas nas guerras pululantes entre cristãos e muçulmanos na península balcânica.

Qualquer que tenha sido o motivo, deixou D. João V furioso. O rei enviou uma nau para perseguir o barco inglês, mas sem sucesso. Apor-

[1] O rei D. Pedro II teve outros dois filhos após o nascimento do infante D. Manuel, mas ambos bastardos, somente legitimados muitos anos mais tarde.

tando em Amsterdã, o infante alojou-se na casa do embaixador português, Luís da Cunha. No entanto, em um primeiro momento, esqueceu as batalhas, dando preferência a luxuosas e incessantes diversões. Em carta ao conde de Assumar, o velho embaixador lamentaria a quantidade de "festas, corridas de trenós e bailes em que se dançava até às 7 horas", promovidas pelo infante, deixando-o "quase morto". No ano seguinte, D. Manuel partiu para Paris, fixando residência no palácio do conde da Ribeira, onde aconteceu mais do mesmo. Quando se esperava, enfim, que o juvenil devaneio cessasse, regressando a Portugal, o infante confirmou a veracidade de suas intenções iniciais: rumou para a Hungria, voluntariando-se na grande expedição do imperador Carlos VI da Áustria que atacaria o Império Otomano. Assim, sob comando do célebre príncipe Eugênio de Saboia, brilhou nas batalhas de Petrovaradin e Timisoara, bem como no cerco de Belgrado. Por duas vezes saiu ferido, mas muito bem-visto. No final daquela década, já se tornara marechal de campo, com alto salário e glória assegurada. Escreveram-se laudas sobre suas façanhas em vários países, chamando-o de o "Marte Lusitano".

Nos anos que se seguiram, mesmo mantendo o cargo militar, passeou pela Europa, de ponta a ponta. Sempre acompanhado de grande aparato, não apenas por seu posto militar austríaco, mas sobretudo por ser irmão do rei de Portugal. Supostamente andou procurando uma mulher digna para se casar. Sabe-se que, no final da década de 1720, foi um dos candidatos a desposar Maria Zofia Czartoryska e Elzbieta Sieniawska, filhas de poderosos nobres poloneses, contando com o auxílio do império austríaco. Nada conseguiu. Em 1730 chegou a São Petersburgo com o intuito de namorar Anna Ioannovna, nada mais, nada menos que a própria czarina russa, viúva desde 1711. Apesar de alguns fracassos, nunca fez papel de tolo. Pelo contrário. Nessa época, diante da morte iminente de Augusto II da Polônia — cujo sucessor não era automaticamente hereditário —, um acordo secreto assinado pelo Império Austríaco, Rússia e Prússia, conhecido como Tratado das Três Águias Negras, quis entregar-lhe o trono daquele país. Faltou, porém, o apoio financeiro de D. João V: para assumir o cetro polonês seria necessário comprar o voto dos eleitores, no valor estimado em um milhão e meio de cruzados. O rei português, já desesperado com as dívidas acumuladas pelo irmão ao longo de uma década e meia, preferiu gastar o ouro do Brasil na construção do convento de Mafra.

Depois da fracassada candidatura ao trono polonês, o infante ainda teve a chance de adquirir territórios alemães para constituir um principado. Também precisava, é claro, do dinheiro do irmão, que mais uma vez não quis dar. Um conselheiro de D. João V chegou a enviar uma missiva a D. Manuel dizendo "pelo que toca à compra do principado, senti que Sua Majestade fez estranheza que a Vossa Alteza Real lhe passasse tal coisa pela imaginação, pois não é projeto que possa admitir-se; e assim me parece que Vossa Alteza se deve restituir a este reino, como saiu dele, Infante de Portugal, título que excede a todo o Principado".

Talvez desanimado por tantos sonhos desfeitos, o infante acabou regressando a Portugal em 1734. Por pouco tempo. Dois anos ficou em Lisboa e então saiu para a Espanha e, depois, para a França, perseguindo outra vez um casamento. Consta que, em vão, cortejou uma das filhas do duque espanhol de Medina-Sidonia, uma prima distante.[2] Quase no final dessa década, não mais tão jovem e ainda solteiro, retornou em definitivo para a pátria, exilando-se em um palácio do conde de Pombeiro, na aldeia de Belas, a poucas dezenas de quilômetros de Lisboa. Em suma, parecia decidido a se aposentar.

No século XVIII, a expectativa de vida média era inferior a 40 anos — considerada hoje o início da meia-idade —, embora isso se devesse sobretudo à elevadíssima taxa de mortalidade infantil. Em todo o caso, passada a fase crítica da infância e da adolescência, que ceifava mais de metade dos viventes, inclusive os nascidos em berço de ouro, não se pode dizer que, naquela época, o infante estivesse com os pés na cova. No início de seu retiro em Belas era ainda um homem forte, cheio de qualidades para novas aventuras, para grandiosos destinos. Pelo menos Pedro de Rates Henequim, filho bastardo de um cônsul holandês com uma portuguesa do Porto, teria pensado assim.

Nascido em 1680, órfão ainda em tenra idade, Henequim tivera sua educação a cargo do padre Antônio de Oliveira Ribeiro, cura de Oeiras, ingressando aos 10 anos no colégio jesuíta de Santo Antão. No consulado holandês, quiseram levá-lo para o país paterno, mas, por intervenção de outro clérigo, seguiu ainda adolescente para o Brasil, em plena época da corrida ao ouro de Minas Gerais. Embora se desconheçam muitas de suas características biográficas, sabe-se que esteve na região mineira de Sabará, no Serro Frio, em Vila Rica e no Ribeirão do Carmo. Chegou a ser escrivão da Superintendência do Rio das Velhas,

---

[2] D. Luísa de Gusmão, mulher de D. João IV e portanto avó do infante D. Manuel, era filha do oitavo duque espanhol de Medina-Sidonia.

entre 1709 e 1710, depois da Guerra dos Emboabas, sob as ordens de José Correia de Miranda, seu colega de infância. Enriqueceu, pois tendo bons contatos na região mineira, recebeu algumas sesmarias. Regressou a Portugal em 1722, pouco tempo depois da revolta em Vila Rica ter sido abafada pelo conde de Assumar.[3] Ignora-se se participou ativamente nesses conflitos e se teve relações de amizade ou comerciais com Pascoal da Silva Guimarães, um dos principais implicados, que foi expulso de Minas Gerais para Portugal. Ou se, por outro lado, já estaria sendo incomodado no Brasil por causa das esdrúxulas teses milenaristas,[4] muito ao estilo do padre Antônio Vieira.

De gênio e de louco, todo mundo tem um pouco; as doses em cada um é que diferem. Na verdade, nem sempre se distinguem bem. Os antigos acreditavam que o gênio era um espírito que regia o destino do indivíduo, que lhe inspirava ou orientava para as artes, para as paixões, para as virtudes e defeitos; enfim, até para a loucura. Ora, como se sabe, padre Antônio Vieira, para além de sua genialidade como missionário, político e orador, foi um obstinado teórico do milenarismo, que muitos aborrecimentos lhe trouxe, acabando nas garras da Inquisição entre 1663 e 1668.

Após a Restauração da Independência, o jesuíta insistiu por infindáveis anos que o rei D. João IV estabeleceria em Portugal o Quinto Império profetizado na Bíblia.[5] Contudo o soberano morreu em 1655, mas não houve problema: durante o sermão fúnebre, padre Antônio Vieira anunciou sua ressurreição próxima. Como nada mais aconteceu, e cansando-se da espera, virou-se para o herdeiro, D. Afonso VI. Mas era preciso chegar ao ano de 1666, de grande simbolismo para cabalistas judeus e cristãos milenaristas. Ao fim daquele ano, nada de relevante aconteceu, com exceção do casamento do jovem, mas inapto rei, com

---

[3] Ver o capítulo "Dias Infernais na Terra do Quinto" (pág. 191).

[4] O milenarismo começou como uma crença religiosa que anunciava o regresso de Cristo à Terra para reinar por mil anos. Foi depois adaptado para sustentar teses de supremacia de um Estado sobre os demais, por intercessão divina. O padre Antônio Vieira advogava que um rei português seria o novo Messias e que Portugal se tornaria o Quinto Império a dominar o Mundo, após os assírios, os persas, os gregos e os romanos.

[5] Anunciado pelo profeta Daniel, o V Império se sucederia ao de Nabucodonosor (da Babilônia ou dos Assírios), de Ciro (da Pérsia), de Péricles (da Grécia) e de César (de Roma). Seria, conforme o Antigo Testamento, e ao contrário dos anteriores, "um reino que jamais será destruído e cuja soberania nunca passará a outro povo".

Maria Francisca de Saboia. Novas especulações fez o jesuíta, até aritméticas, concluindo, então, ter se equivocado nos cálculos anteriores. Afinal, o grande ano para D. Afonso VI seria 1675. Porém, sete anos antes, em 1668, D. Pedro II destronou o irmão, "roubando-lhe" também a mulher. O padre Vieira, assim, riscou D. Afonso VI de suas profecias, trocando-o pelo irmão.

Enfim, não vale a pena discorrer muito mais sobre seus equívocos. Apenas acrescentar que, em setembro de 1688, poucos dias após o nascimento do primogênito do rei D. Pedro II, o jesuíta ainda revelou sem pestanejar ser naquele recém-nascido que estaria a gênese do Quinto Império. Enganou-se redondamente, porque o infante não durou mais de dezoito dias. Corrigiu a tese outra vez quando nasceu um novo infante, o futuro D. João V. Aí profetizou que o Império do Mundo então a ambos pertenceria: a um no Céu e ao outro na Terra. Pelo menos, no caso da Terra — no Céu, não sabemos —, nenhum rei de Portugal se tornou soberano desse tal Quinto Império...

Mas deixando à parte doideiras do padre Antônio Vieira, Henequim ainda foi mais longe nas teorias e profecias estapafúrdias, algumas das quais expostas ainda em Minas Gerais, quando por vezes se vestia de padre. Segundo ele, o Paraíso, onde Adão fora criado, localizava-se na América, debaixo da linha equinocial e perpendicular ao lugar em que Deus "tem o seu Trono no Céu". Apresentava como prova o fato de "nesta nova terra [o Brasil] se achar tudo o que a Escritura diz dele". Os rios do Paraíso seriam então o São Francisco e o Amazonas. E o pecado original, na sua versão, não tinha sido cometido através de uma maçã, mas sim com uma banana. Ou seja, as bananeiras eram as Árvores da Vida e da Ciência. Em consequência disto tudo, usando a cabala judaica, defendia estar ali, no Brasil, o centro do Quinto Império do Mundo, a ser levantado pelos portugueses e onde se promoveria a reunião das Dez Tribos de Israel. Ele teria escrito um tratado, intitulado *Paraíso Restaurado — Lenho da Vida Descoberto*, que nunca foi publicado. Segundo consta, nessa obra defendia que o Dilúvio não atingira o Brasil, que Deus tinha natureza corpórea, que havia anjos de dois sexos, ambos feitos de matéria cristalina, e outras tantas especulações teológicas muito perigosas para aqueles tempos.

Aparentemente de bolsa recheada com 160 mil cruzados, proveitos do Eldorado mineiro, Henequim fixou sua residência na freguesia lisboeta de Santo Estêvão. Pouco depois, fez um requerimento junto à Câmara Eclesiástica solicitando a habilitação *in genere* para ser ordenado padre, apresentando como testemunhas de sua "limpeza de sangue" o cozinheiro-mor do rei e o cônsul holandês.[6] Porventura imaginaria conseguir impor suas teorias milenaristas no coração da Igreja. Porém a candidatura enguiçou. Neste mesmo tempo, engraçou-se com uma moça de 14 anos; emprenhou-a e acabou com uma filha no colo. Assumiu a paternidade da criança, mas não quis se casar. A mãe da moça não ficou lá muito feliz e fez da vida dele um inferno; quis ser sogra à força, apresentando uma queixa à justiça.

Segundo alguns registros, Henequim passou longas temporadas na prisão por causa desse assunto de saias. Conseguiu a liberdade depois de aceitar se casar, mas a cerimônia precisou ser feita à porta dos calabouços, para o caso de ele, saindo da prisão, ainda solteiro, arrepender-se. Seu projeto de se tornar padre desmoronou. Porém nunca abandonou seus estudos milenaristas. Por duas vezes, nas décadas de 1720 e 1730, ficou sob a mira do Santo Ofício. Os processos não foram para a frente, porque os denunciantes também não eram flor que se cheirasse. Por exemplo, um deles, Simeão de Oliveira e Sousa, era um aventureiro muito conhecido do Santo Ofício, colecionador de três processos e outras tantas condenações, por força de sua inclinação de saltimbanco religioso. Em meio século de vida, foi franciscano descalço, dominicano, agostiniano, presbítero, judeu e, mais tarde, ainda luterano.[7] Depois de uma década de degredo em Goa, teria ficado ansioso para mostrar à Inquisição que tomara jeito. Portanto, nada melhor, deve ter pensado, do que denunciar heresias. No entanto, por regra, os inquisidores desconfiavam das intenções desse tipo de delatores.

No início dos anos 40 daquele século, a loucura de Pedro de Rates Henequim teria então atingido seu auge. Talvez angustiado pela monoto-

[6] Naquele tempo, para ser ordenado padre era necessário provar a inexistência de "defeito algum de judeu, mouro, mulato ou cristão-novo, nem de outra infecta nação".

[7] José Saramago, no romance *Memorial do convento*, com muito rigor histórico faz referência ao auto de fé de 1711 que o condenou a 10 anos de exílio para Goa: "[...] aquele que ali vai é Simeão de Oliveira e Sousa, sem mester nem benefício, mas que do Santo Ofício declarava ser qualificador, e sendo secular dizia missa, confessava e pregava, e ao mesmo tempo que isto fazia proclamava ser herege e judeu, raro se viu confusão assim, e para ela ser maior tanto se chamava padre Teodoro Pereira de Sousa como frei Manuel da Conceição, ou frei Manuel da Graça, ou ainda Belchior Carneiro, ou Manuel Lencastre, quem sabe que outros nomes teria e todos verdadeiros, porque deveria ser um direito do homem escolher o seu próprio nome e mudá-lo cem vezes ao dia [...]."

nia da vida lisboeta, resolveu executar um lance arriscado, ainda antes de conhecer o infante D. Manuel. Assumiu-se como descobridor de importantes jazidas de ouro e diamantes em Ivituruí, na região mineira da atual cidade do Serro, e contatou o cônsul espanhol, Jorge de Macazaga. Em audiência, ofereceu seus préstimos ao rei da Espanha para explorar aquelas minas. O cônsul informou Madri da oferta, mas lá, o marquês de Villarias quis mais informações e confirmações. Rápido o cônsul concluiu, após algumas indagações, que o projeto de Henequim estava "fundado no ar e sobre imposturas". De fato, aquela região fora desbravada pelo sertanista Antônio Soares Ferreira, no início do século XVIII, e já possuía uma comarca portuguesa e diversos arraiais, um dos quais originaria a cidade de Diamantina.

Fracassado este ousado e perigoso plano — pois bastaria chegar aos ouvidos da Corte para ser acusado de traição —, Henequim convenceu-se então a dar os passos decisivos para a implantação de seu sonhado Quinto Império no Brasil. Em data ignorada, mas já após o regresso definitivo do infante D. Manuel a Portugal, conseguiu apresentar-lhe suas ideias milenaristas. Não se sabe também quantas vezes se encontraram, nem exatamente qual plano o aventureiro apresentou ao infante para este se tornar rei do Brasil, tampouco se havia mais cúmplices. Henequim, no entanto, não julgava este plano fantasioso. Na verdade, talvez houvesse mais adeptos, porque a crença popular acreditava que seria radiante e heroica a vida do infante. O naturalista Charles-Frédéric de Merveilleux, médico na Corte, escreveu a um amigo contando que entre o povo se falava que D. Manuel seguia "seu destino (aventureiro) porque o seu horóscopo lhe diz que será um dia imperador".

Não é difícil de acreditar que o infante tenha se embalado pelo destrambelhado projeto de Henequim. Tanto foi que, segundo consta, teria comentado com seus amigos mais próximos alguns pormenores do plano. Conversa aqui, inconfidência ali, indiscrição acolá, eis que, através das cortinas de D. Manuel, aqueles encontros, e seu teor, chegaram aos ouvidos de D. João V. Não se sabe se o rei levou mesmo a sério mais esta tolice do irmão, mas reuniu seus conselheiros para tomar medidas. Afinal, a fumaça nunca vem sem fogo; além disso, Henequim bem poderia estar a mando de algum grupo de rebeldes em Minas Gerais.

Os conselheiros reais ficaram inclinados a abrir um inquérito, mas Alexandre de Gusmão, já então um dos mais importantes conselheiros de D. João V, achou por bem cortar o mal pela raiz e silenciar o caso. Propôs

que, simplesmente, desaparecessem com Pedro de Rates Henequim, controlando, ao mesmo tempo, todos os passos do infante em Belas.

Pode causar estranheza que, em um período de absolutismo, quando a vida de um suposto traidor — porque era disso que se tratava — valia menos do que um grão de areia, tenham "apenas" optado por prendê-lo. Seria, talvez, mais fácil espetar um punhal em suas costas em uma viela qualquer. Mas não. Decidiram prendê-lo apenas, o que aconteceu no dia 21 de novembro de 1740. Furtivamente. A noite já avançava, onze horas, e Henequim, "homem já velho, calvo, de mediana estatura", voltava de Belas, montado a cavalo, acompanhado por um dos criados do infante. Quando passava em uma encruzilhada do atual Largo do Rato, ao lado do convento de Nossa Senhora dos Remédios das Religiosas da Santíssima Trindade — mais conhecido pelo convento das Trinas do Rato —, o desembargador Joaquim Rodrigues Santa Marta Soares botou suas mãos no traidor. Já fazia algum tempo que o magistrado, incumbido desta delicada tarefa, seguia seus passos através de espiões. Tudo com a máxima discrição, tendo em conta que se tratava, como mais tarde se comentou, de "um dos negócios mais importantes à Monarquia nestes nossos tempos".

Para manter silêncio absoluto sobre essa detenção, Henequim não foi enviado para qualquer calabouço público. O desembargador Santa Marta Soares recebeu ordens para "alojá-lo" em um cárcere em sua própria residência, na rua do Outeiro. Não bastasse o caso do Quinto Império, com esta prisão as autoridades descobriram também um baú com as cartas trocadas entre Henequim e o cônsul espanhol sobre as minas de Serro Frio.[8]

Durante quase um ano, nada mais se soube. A família e os amigos de Henequim ignoravam seu paradeiro, julgaram-no morto, ou foragido no Brasil. Sempre permaneceu, todavia, na casa do desembargador, sujeito a interrogatórios, mas sem qualquer outra restrição, nem acusação formal para julgamento. Em Belas, o infante e a criadagem praticamente não podiam sair de lá nem se comunicar com o exterior da casa. Cansado daquela prisão, Henequim resolveu então arquitetar um plano de fuga: na madrugada de 24 de setembro de 1741 ateou fogo ao seu quarto e, na confusão, escapuliu. Poucos dias durou sua liberdade; seguiu de novo para a rua do Outeiro, desta vez com grilhões e algemas.

---

[8] Meses depois, em maio de 1741, por pressão do embaixador português em Paris, D. Luís da Cunha, e com a ajuda da Corte francesa em Madri, o cônsul espanhol saiu de Lisboa.

Se por ordem da Corte, ou se por sua própria iniciativa, o desembargador Santa Marta Soares decidiu, enfim, pouco depois, livrar-se de tão indesejado hóspede. E de modo definitivo. Não quis matá-lo logo, tampouco julgá-lo por crime de traição, o que acabaria dando no mesmo. O caso de Minas Gerais requeria discrição e, por isso, optou por transformar um delicado problema político em um mero processo religioso, a ser resolvido conveniente, silenciosa e inapelavelmente pela Inquisição. Assim, conhecendo pela leitura dos manuscritos de Henequim suas teses heterodoxas, o magistrado chamou o padre Teodósio de Santa Marta, seu irmão, e montou uma cilada. Enquanto o clérigo o instigava a dissertar sobre temas religiosos, por trás de uma porta o desembargador anotava suas heresias. Pouco depois, como familiares do Santo Ofício, ambos fizeram denúncias no Palácio dos Estaus. E Henequim bateu assim as costas nos cárceres inquisitoriais.

Durante três anos, Pedro de Rates Henequim ficou sujeito a constantes interrogatórios, que no início enfrentou com corajoso empenho, discutindo e defendendo, por vezes até em tom professoral, suas teses contra as opiniões dos inquisidores. Foi ainda mais longe do que aquilo que escrevera ou falara. Chegou até mesmo a acusar São Jerônimo de cometer erros na tradução da Bíblia. Uma péssima ideia. O Santo Ofício não tinha paciência na época, como nunca teve, para brincadeiras nem para debates teologais. Henequim ia arranjando assim, literalmente, lenha para se queimar.

Com o passar do tempo, perdeu o chão. Durante o processo, queixou-se de que "muitos dos pontos" dos interrogatórios "se não acham nas sessões", que havia expressões que punham em sua boca sobre as quais "teve nunca no seu entendimento". Requereu uma cópia da acusação e um secretário para que, "conferindo-o ambos com as sessões, se assinalem os pontos que se acharem viciados para serem riscados no libelo original, pois não é justo que ele se defenda de culpas que não cometeu". Supostamente, houve até mesmo falsificação de seus manuscritos, o que não surpreende por ser uma prática comum em outros processos.

Porém o Tribunal da Inquisição nunca fez julgamentos justos; muito menos seria aquele processo uma exceção, sobretudo, por seu viés político. E mesmo que fosse eclesiástico, nem Deus podia ajudá-lo nem por ele testemunhar. De fato, os réus jamais podiam indicar testemunhas abonatórias — os julgamentos eram secretos —, e os inquisidores argumentaram que as sessões de interrogatório já comprovavam suficientemente os delitos. Já as testemunhas de acusação podiam até falar pelos cotovelos. Sem contestação nem dúvidas de idoneidade. Aliás, um dos mais graves testemunhos, suficiente para uma condenação máxima, veio do padre Teodósio de Santa Marta, que garantiu ter ouvido o réu cantando os salmos de Davi suprimindo as palavras *et Filio, et Spiriti Sancto*, ou seja, um sinal de judaísmo.

Concluído seu processo, sem grande surpresa Pedro de Rates Henequim foi condenado "a sair em auto de fé", realizado em 21 de junho de 1744, quase quatro anos após sua detenção pelo desembargador Santa Marta Soares. Consideraram-no culpado de "inventar, escrever, seguir e defender doutrinas e erros heréticos, fazendo-se heresiarca, com execrandas blasfêmias, convicto, ficto, falso, simulado, confitente, diminuto, variante e impenitente". Mesmo quem não sabe o significado eclesiástico de tudo isso, por tão largo rol de crimes, facilmente conclui que lhe foi imposta a pena máxima: a morte. Na sentença nenhuma referência constava sobre o infante. Por supostamente ter se arrependido na última hora, no Campo da Lã, no sopé do bairro lisboeta de Alfama,[9] o carrasco apenas o garroteou, sendo seu corpo depois reduzido a cinzas, lançadas em seguida ao Tejo. Sem contrição, seria queimado vivo. E assim se silenciou uma suposta conspiração para criar o Quinto Império no Brasil.

Em Belas, o infante D. Manuel ficou impedido de sair do palácio, mesmo após a apoplexia de D. João V em 1742 — resultado de uma desenfreada noite amorosa com uma cantora de ópera —, que o afastou do governo praticamente até sua morte, oito anos depois. E mesmo durante o reinado de seu sobrinho, D. José, este desgraçado infante foi deixado ao ostracismo, encarcerado no palácio do conde de Pombeiro, vivendo quase sem dinheiro nem criados. No dia em que completava 69 anos, em 3 de agosto de 1766, morreu sem concretizar dois de seus projetos de vida: casar-se e ser imperador.

[9] Atualmente denominado Largo do Terreiro do Trigo.

COLONIZAÇÃO
CONFLITOS ÉTNICOS
CONFLITOS SOCIAIS
ESPANHÓIS
GUERRA
ÍNDIOS
JESUÍTAS

19

UM ACORDO PARA UM REAL PESADELO

Um tratado entre nações tem, através de palavras, o nobre objetivo de calar armas, erradicar desavenças, eliminar inimizades e unir desafetos — em suma, fundar os alicerces da paz e da convivência saudável. Assim é na teoria; porque, na prática, quantas vezes se firmaram, e ainda se firmam, acordos entre os poderes instituídos sem dar ouvidos a quem precisa: o povo. Ou, pior ainda, sem pensar que existem outras nações, outros povos que nem sempre julgam esses acordos favoráveis. E por isso mesmo, e em consequência disso, em vez da almejada concórdia, surgem ou reaparecem guerras, por vezes mais mortais do que as anteriores. Na verdade, quase todos os conflitos se enraízam em tratados de paz malfeitos.

No fim do século XVI, o mundo era uma casa muito diferente. Em um dos cantos da Europa, na Península Ibérica, duas nações dominavam os mares com sua ousadia e tecnologia. Estavam na vanguarda e, pela frente, tinham um mundo a descobrir. Só por eles. Ou assim pensavam. E, para evitar conflitos entre os dois países que já diversas vezes haviam se estranhado, embora tão ligados estivessem por sangue azul, decidiram assinar em 1494 um acordo — o Tratado de Tordesilhas — com o objetivo de dividir para reinar. Tantas certezas depositavam neste acordo — retificado e reconfirmado pelo Tratado de Saragoça, em 1529 — que não só estabeleceram a distribuição das terras já descobertas como daquelas que imaginavam vir a encontrar. Tudo não passava de uma quimera, pois, se por um lado aqueles dois reinos ibéricos foram efetivamente os precursores da Época dos Descobrimentos, por outro, não demorou muito até encontrarem indesejável companhia. Outras nações europeias também aprenderam a navegar em alto-mar e usaram corsários e piratas para rapinarem aqui e ali; em seguida descobriram e estabeleceram-se em regiões onde Portugal e a Espanha nunca tinham chegado; por fim, ou ao mesmo tempo, conquistaram diversas colônias ultramarinas.

No final da primeira metade do século XVIII, Portugal e Espanha já eram uma sombra das nações de intrépidos argonautas que haviam sido no Renascimento. Mantinham a supremacia absoluta apenas na América do Sul, e isso se excluirmos as pequenas áreas das Guianas ocupadas por ingleses, franceses e holandeses. Mesmo assim, Portugal só conseguiu esta supremacia depois de árduas batalhas contra as tentativas de colonização da França e, sobretudo, da Holanda, que chegou a estabelecer uma poderosa colônia no Nordeste brasileiro durante algumas décadas do século XVII.

Se os outros países europeus sempre ficaram alheios ao antiquado Tratado de Tordesilhas, no início do século XVIII até os reinos ibéricos já o consideravam quase uma "letra morta", sobretudo porque, ironicamente, a União Ibérica entre 1580 e 1640 causara profundas alterações no mapa da colonização. Com efeito, durante a dinastia filipina — ou seja, quando os reis espanhóis se tornaram, enfim, os soberanos quase absolutos de toda a América do Sul — as fronteiras deste continente deixaram simplesmente de existir. O tratado não fazia mais sentido. E devido a essa ambiguidade, muitos bandeirantes invadiram faixas da região meridional, que depois reverteram a Portugal quando se recuperou a independência.[1] Na região setentrional, também vários sertanistas portugueses, como Pedro Teixeira e Bento Miguel Parente, ingressaram muito mais para oeste da linha divisória imaginária. Em 1669, os portugueses ergueram inclusive o Forte de São José da Barra do Rio Negro, em pleno coração da Amazônia.

Após décadas de conflitos entre os dois reinos ibéricos no período

[1] Ver o capítulo "Meridiano de Sangue" (pág. 63).

posterior à Restauração da Independência em 1640,[2] a partir de meados da primeira metade do século XVIII, viveu-se uma rara harmonia entre as duas monarquias, extensível à América do Sul. Isto se descontarmos pequenas desavenças. Tanto que, em janeiro de 1729, duas cerejas foram postas em dois bolos de casamento. Na fronteira ibérica do Caia, efetivou-se a célebre Troca das Princesas: de um lado, a infanta Maria Bárbara, filha de D. João V de Portugal, casou-se com o herdeiro espanhol D. Fernando, filho de Filipe V da Espanha; do outro, a infanta castelhana Mariana Vitória desposou o futuro rei D. José de Portugal.

Essa paz conjugal não erradicou todos os conflitos, sobretudo na América do Sul. Por exemplo, em 1734, forças espanholas de Buenos Aires cercaram a colônia portuguesa de Sacramento, que respondeu com um bloqueio naval à cidade de Montevidéu, situação resolvida apenas através de um armistício em maio de 1737, por interferência inglesa. Porém, nada muito grave se comparado com as disputas das décadas anteriores.

Dentro desse novo espírito de harmonia, estreitado pelos laços de sangue entre as duas Coroas, chegou-se à conclusão de que seria melhor sanar possíveis e futuras desavenças por meio de um tratado que, enfim, definisse com melhor exatidão aquilo que deveria pertencer a cada uma. Assim, através de negociações adotou-se o princípio *uti possidetis iuris* — ou seja, mais do que direitos adquiridos por tratados anteriores, a posse das terras era determinada por quem ali estivesse presente. O ambiente político tornou-se ainda mais favorável a partir de 1746, quando Fernando VI subiu ao trono da Espanha, enquanto do lado português, D. José preparava-se para assumir o poder, já que D. João V agonizava. A América do Sul transformou-se assim em um negócio de cunhados, embora com muitos peões manobrando o tabuleiro, porque a questão das fronteiras não era um "jogo a feijões", ou seja, não era um mero passatempo. Na verdade, ninguém queria ser enganado; cada lado desejava ludibriar a outra parte, mesmo se diplomaticamente mantinham um sorriso no rosto.

---

[2] Após a Restauração da Independência, em 1640, os conflitos bélicos entre Portugal e Espanha estenderam-se até 1665 (batalha de Montes Claros); um tratado de paz apenas foi assinado em 1668. Poucas décadas depois, por volta de 1702, devido à sucessão ao trono com a morte do rei espanhol Carlos II, Portugal entraria nos conflitos que envolveram diversos países europeus, chegando até mesmo a invadir Madri, cessando as hostilidades apenas em 1714.

Do lado português, um dos estrategistas dessas negociações foi Alexandre de Gusmão.[3] Nascido em 1695 na vila de Santos, no seio de uma numerosa família — tendo como irmão o famoso padre Bartolomeu de Gusmão, inventor do primeiro aeróstato, a que chamou de "passarola" —, tornara-se, a partir de 1730, um dos principais conselheiros do rei D. João V. Exímio diplomata, com uma extraordinária capacidade de trabalho, Gusmão soube apresentar uma proposta bastante favorável às pretensões lusitanas. Muniu-se dos testemunhos de sertanistas e de levantamentos cartográficos muito precisos — e desconhecidos dos espanhóis — desenvolvidos anos antes por jesuítas matemáticos contratados pela Coroa portuguesa, entre os quais Diogo Soares e o napolitano Domenico Capacci.

Para assegurar a concordância da Espanha, sabendo de antemão que, se o acordo vingasse, garantiria um aumento significativo do território brasileiro, Gusmão propôs que Portugal renegasse os direitos sobre algumas ilhas asiáticas (Filipinas, Marianas e Molucas) e a colônia sul-americana do Sacramento, região de permanente conflito na época. Em contrapartida, a Espanha deveria aceitar a ocupação lusitana de toda a vasta terra dos atuais estados do Rio Grande do Sul, de Santa Catarina, do Paraná e do Mato Grosso do Sul, bem como os territórios das bacias do Alto Paraguai, Guaporé, Madeira, Tapajós e Tocantins, que, apesar de algumas incursões, ainda não tinham sido colonizados por europeus.

O território do atual Rio Grande do Sul mostrava-se vital para Portugal naquele momento, pois chegaram a Lisboa informações secretas sobre a existência de minas de ouro em áreas ocupadas por sete importantes aldeias jesuítas, denominadas Sete Povos das Missões, onde viviam cerca de trinta mil guaranis cristianizados.[4] Apesar de, nessa altura, a Companhia de Jesus ainda usufruir de boa fama nas Cortes ibéricas, Portugal exigiu não apenas tomar posse daquela região, mas também a migração dos indígenas para os domínios espanhóis. Na verdade, como julgava que ali existia ouro, não desejava ninguém incomodando.

---

[3] A delegação portuguesa era encabeçada por Tomás da Silva Teles, visconde de Vila Nova de Cerveira, embaixador na Espanha naquele período, embora tivesse uma liderança sobretudo formal.

[4] Essas missões — San Francisco de Borja, San Luis Gonzaga, San Nicolás, San Miguel Arcángel, San Lorenzo Mártir, San Juan Bautista e Santo Ángel Custodio — fundaram-se a partir de 1682, depois de cessarem as incursões dos bandeirantes nas regiões de Guairá e Tapé.

Mesmo sob fortes protestos da Companhia de Jesus, tentando evitar a migração de suas missões, assinaram o acordo em 13 de janeiro de 1750, poucos meses antes da morte de D. João V. E depois da aclamação de D. José, Portugal bateu o pé nas condições para ceder a colônia de Sacramento. Ou seja, sem a desocupação da região de Sete Povos das Missões, nada avançaria.

Após vários adiamentos, em 1751 foram nomeadas as delegações de ambos os países — uma para a parte setentrional e outra para a meridional — com a incumbência de executarem, em campo e em conjunto, a demarcação das fronteiras. No caso da região meridional, o governador de Minas Gerais e do Rio de Janeiro, Gomes Freire de Andrade, foi escolhido como comissário português, enquanto a comitiva espanhola ficou a cargo de Gaspar Munive de Espinosa Tello, marquês de Valdelirios. O primeiro encontro oficial entre os dois comissários ibéricos ocorreu no primeiro dia de setembro daquele ano, no Serro do Navarro, embora a comitiva portuguesa tenha saído do Rio de Janeiro nove meses antes. A lentidão era compreensível: as comitivas eram enormes, constituídas por equipes de granadeiros e fuzileiros, capelães e cirurgiões, matemáticos, astrônomos e geógrafos, e até músicos, necessários para romper o tédio. Além disso, mostrava-se penoso transportar os pesados marcos de mármore para "sancionar" as delimitações.

Apesar de ter ficado definido que "os confins do domínio das duas Monarquias principiarão na barra que forma na costa do mar o regato que sai ao pé do monte de Castilhos Grandes", a colocação do primeiro marco foi trabalhosa. Não houve entendimento inicial. Quem conseguisse convencer o outro de onde ficava o início da fronteira poderia ganhar, no fim das operações, uma vasta área. Enfim, decidiram, ao cabo de alguns dias, colocar o primeiro marco em um ponto que ficou conhecido como Punta del Diablo. Não se sabe bem se alguém ganhou e se o outro perdeu. Decidido estava, decidido ficou. E se avançou para o interior em direção à região de Sete Povos das Missões.

Já sabendo que as demarcações tinham se iniciado, e perdidas as esperanças de retrocesso na questão da migração das missões existentes no atual território do Rio Grande do Sul, o Geral da Companhia de Jesus — ou seja, o líder supremo desta ordem religiosa — enviou para aquelas terras Lope Luís Altamirano, um emissário especial com plenos poderes. Na Europa, os jesuítas temiam que os padres das aldeias se recusassem a aceitar o Tratado de Madri ou se mostrassem incapazes de convencer os guaranis. Acompanhando as tropas de delimitação, Altamirano ainda tentou que os comissários dialogassem com os indígenas. A proposta foi recusada a princípio, pois as decisões e interesses dos soberanos ibéricos não se curvavam às vontades dos súditos, muito menos às dos gentios.

Mesmo assim, por influência do emissário jesuíta, os caciques das missões de San Lorenzo Mártir, San Luis Gonzaga e San Francisco de Borja acabaram concordando em abandonar as aldeias. Porém, em San Nicolás surgiram entraves insanáveis. Um corregedor, batizado com o nome cristão de José Ventura Tiaraju, conhecido como Sepé, instigou seus companheiros a recusarem o êxodo.[5]

Ao contrário da maioria dos indígenas que subsistiam na América do Sul daquela época, os guaranis de Sete Povos das Missões tinham assimilado a cultura ocidental, apesar de manterem sua estrutura social original. Embora obedecessem à Companhia de Jesus, não eram um rebanho de ovelhas mansas e cegas. A teimosia em não abandonarem aquelas terras onde até já existiam outras 23 aldeias jesuítas baseava-se em argumentos que hoje se consideram obviamente justos. Por um lado, a ligação forte à terra onde seus antepassados tinham vivido e sido sepultados. Por outro, as regiões para onde teriam de partir não eram tão férteis. Teriam de recomeçar do zero, pois nada poderiam levar e as indenizações oferecidas se mostravam quase irrisórias. Por fim, sentiam-se profundamente traídos pelo soberano espanhol, que rompera unilateralmente com o Tratado de Madri, um pacto de vassalagem, entregando suas terras aos portugueses. E logo aos portugueses. Os guaranis tinham boa memória: não esqueciam as barbaridades cometidas contra seu povo pelos bandeirantes no século anterior.

Aliás, a lealdade daqueles guaranis à Espanha, bem como o ódio aos portugueses, evidenciaram-se desde o momento da preparação das demarcações. Diversos caciques enviaram uma missiva a José de Andonaegui, governador castelhano de Buenos Aires, salientando que "temos por muito certo que nossos antigos e implacáveis inimigos [os portugueses] enganaram o nosso Santo Rei". E insistiram em seus argumentos. No início, as cartas expressavam respeito, quase submissão, mas perante a indiferença das autoridades, que nem se dignaram a lhes responder, passariam a um tom menos amistoso.

---

[5] Apontado geralmente como o cacique dessa aldeia, diversos escritos dos jesuítas Bernardo Nusdorferr e Tadeo Henis apresentam-no apenas como capitão dos guaranis e, mais tarde, corregedor do "cabildo" (assembleia indígena).

Os primeiros sinais de uma revolta ocorreram ainda em 1752, na aldeia de San Nicolás, durante a ausência do jesuíta Carlos Tux, em visita no momento às terras que, pelo Tratado de Madri, haviam sido destinadas àquela tribo. De lá, passaram para San Miguel Arcángel e, pouco depois, para as demais. A Companhia de Jesus rapidamente perdeu o controle de suas aldeias, até porque surgiam boatos sobre um suposto conluio com as autoridades ibéricas, por via de um pagamento de quatro mil pesos, para os padres persuadirem os líderes dos guaranis a abandonar as aldeias sem conflito.

Em fevereiro de 1753, as ameaças dos indígenas concretizaram-se em rebelião. Ao se aproximar de Santa Tecla, uma estância da missão de San Miguel, um pequeno destacamento ibérico foi recebido por uma turba de guaranis. Centenas de índios, com caras de poucos amigos e pintadas para a guerra, gritaram aos forasteiros: "*Co yvy oguereco yara*", ou seja, "esta terra tem dono". Não atacaram, mas a reação da tropa foi pragmática; praticamente desarmados, deram "às de vila-diogo", ou seja, deram logo no pé. Os comissários ibéricos pensaram que aquilo tudo era apenas fachada; mesmo assim, nos dias que se seguiram, presentearam os índios com prendas, enquanto pressionavam o padre Altamirano a resolver o obstáculo. Não resolveu.

A animosidade dos indígenas se voltou, sobretudo, contra os portugueses, embora, indiretamente, incidisse sobre os espanhóis também. Em setembro daquele ano, os guaranis assaltaram duas vezes o acampamento lusitano, obrigando assim à suspensão das delimitações. Gomes Freire de Andrade e o marquês de Valdelirios, convencidos das dificuldades que tinham pela frente, recuaram para Sacramento e Montevidéu, solicitando reforços para que, enfim, a razão da força pudesse vencer a força da razão.

Ao longo do ano de 1754, apesar de novas orientações vindas de Lisboa para evitar confrontos — e já com a hipótese de manter as aldeias, desde que os guaranis aceitassem vassalagem a Portugal —, os conflitos se intensificaram ainda mais. Em 28 de abril, cerca de cinquenta índios atacaram o forte lusitano do rio Pardo. No combate, o chefe da tropa guarani, Alejandro Mbaruari, foi morto e substituído por Sepé Tiaraju, que a partir de então assumiu o protagonismo da resistência indígena.

Cansados dos impasses que ameaçavam retardar indefinidamente o plano das delimitações, espanhóis e portugueses decidiram subjugar os rebeldes. Em agosto daquele ano, sob comando de Gomes Freire de Andrade, um contingente lusitano saiu do Forte do rio Pardo em direção ao rio Jacuí, enquanto uma expedição liderada pelo castelhano José de Andonaegui se dirigiu até o riacho Ibicuí. Ali, os espanhóis confirmaram aquilo que mais

temiam: a expansão das hostilidades para fora do território de Sete Povos das Missões. Com efeito, às margens do rio Daymán, um afluente do Uruguai, cerca de mil índios das missões de Nuestra Señora de los Santos Reyes Magos de Yapeyú e de Santo Tomé estavam em pé de guerra. E guerrearam, apesar dos resultados da batalha lhes terem sido desastrosos. Cerca de 230 guaranis morreram e o cacique Rafael Paracatu foi preso. Apesar disso, a comitiva espanhola viu-se obrigada a recuar, por falta de alimentos.

A sorte da expedição portuguesa não foi melhor. Embora sofressem apenas com pontuais emboscadas, a natureza mostrou-se inclemente. As chuvas impediram o avanço de suas canoas rio acima e, deste modo, em meados de novembro, com munições ensopadas e sabendo do recuo das tropas espanholas, Gomes Freire de Andrade assinaria formalmente armistícios com as aldeias de San Luis, Santo Ángel, San Lorenzo, San Miguel e San Juan. Foi, contudo, um acordo estratégico — pouco ou nada leal. Na verdade, os portugueses pretendiam apenas regressar a território seguro, imune a assaltos.

Sem solução pacífica à mão, e com o fim do processo de delimitação a perder de vista, a resistência guarani envergonhava as duas cortes ibéricas. A paciência se esgotou ao longo do ano de 1755. Assim, reunindo contingentes de maior envergadura, no final de dezembro as tropas das duas monarquias marcharam contra as aldeias rebeldes. Os dois exércitos se agruparam na nascente do rio Negro e depois seguiram para o interior do território de Sete Povos das Missões com artilharia e soldados bem paramentados, além de mercenários com a promessa de saque. As ordens eram cruelmente claras: dizimar quem se opusesse. Em 7 de fevereiro, um pequeno grupo de guaranis, comandado por Sepé, ainda chegou a atacar o acampamento ibérico, causando a morte de dois soldados, um português e um espanhol. Isso agravou ainda mais a ferocidade dos europeus.

Após o assalto indígena, o governador de Montevidéu, José Joaquim de Viana, e o coronel português dos dragões, Tomás Luís Osório, com um batalhão de 650 homens, correram de imediato no encalço dos índios, alcançando-os nos arredores de Sanga da Bica. Na batalha mataram vários guaranis, incluindo Sepé Tiaraju. Consta que foi o próprio governador Viana quem o alvejou com "pistolaços", após ele ter caído do cavalo numa "cavidade do terreno". Segundo o relato do jesuíta Nusdorffer, seu corpo teria sido cravejado com "lançadas".

O comando da resistência guarani passaria então para Nicolau Neenguiru, cacique de Nossa Señora de Concepcion, mas não por muito tempo. Três dias após o trágico fim de Sepé Tiaraju — hoje considerado um herói brasileiro, especialmente no Rio Grande do Sul[6] —, as tropas ibéricas massacraram mais de 1.500 índios em Caiboaté, a cerca de duas dezenas de quilômetros da cidade brasileira de São Gabriel. Do lado ibérico, praticamente não houve baixas. Ou seja, foi uma autêntica carnificina, que não poupou sequer mulheres, crianças e velhos.

Embora decisiva, esta batalha sanguinária não eliminou por completo a resistência guarani. Nos meses seguintes, mantiveram-se confrontos esporádicos, sob a liderança de Miguel Mayrá, membro da missão de San Miguel. Porém, em meados de 1756, espanhóis e portugueses já dominavam por completo toda a região de Sete Povos das Missões, que praticamente deixara de ter guaranis.

Em todo o caso, a denominada Guerra Guaranítica acabou sendo um conflito sanguinário completamente inútil, tal como o próprio Tratado de Madri, que indiretamente a causou. De fato, pouco depois de garantir o controle da região em conflito, Portugal confirmou serem, afinal, errôneas as informações sobre a existência de ouro naquela região. Além disso, o primeiro-ministro português, Sebastião José de Carvalho e Melo, o futuro marquês de Pombal, sempre considerara pouco proveitoso o Tratado de Madri.[7] Por outro lado, em 1759, com a morte de Fernando VI da Espanha, subira ao trono seu irmão, Carlos III, mais belicoso e menos favorável a uma paz duradoura com Portugal. Deste modo, em 1761 seria assinado o Tratado do Prado, que, em relação à região de Sete Povos das Missões, deixava tudo como antes de 1750. Porém não havia mais índios por lá. E, na realidade, também não havia espanhóis. E os portugueses, como sempre, aproveitaram para botar a mão em terra supostamente alheia. Em 1760, Portugal decidiu criar uma capitania independente de Santa Catarina na região costeira do Rio Grande do Sul, aproveitando a disseminação de mil

---

[6] Atribuir um papel heroico a Sepé Tiaraju, por sua resistência ao colonizador, pode até ser aceitável e coerente nos dias de hoje, mas é um paradoxo considerá-lo um herói do Brasil e, especialmente, do Rio Grande do Sul. Por um lado, porque este guarani e todas as tribos de Sete Povos das Missões opuseram-se ao Tratado de Madri por desejarem se manter em suas terras como vassalos da Espanha; e, por outro lado, sem este acordo de 1750, que desencadeou a trágica Guerra Guaranítica, aquele território provavelmente não pertenceria hoje ao Rio Grande do Sul.

[7] Nomeado em 1750 secretário de Estado dos Negócios Estrangeiros, assumiria o cargo de secretário de Estado do Reino (primeiro-ministro) pouco depois do terremoto de Lisboa de 1755. Até então era um simples fidalgo, sem título nobiliárquico; somente em 1760, tornou-se conde de Oeiras. Em 1769 foi nomeado marquês de Pombal. Tinha, na época, já 70 anos, mas foi com esse título que ingressou na História.

casais açorianos que para lá tinham rumado em 1752. A Espanha ainda tentou impedir a fixação dos colonos lusitanos naquelas terras. Em 1763 invadiram a vila do Rio Grande, obrigando à mudança do povoado português para Viamão, antes de ser fundada aquela que viria a ser a cidade de Porto Alegre. Apenas com o Tratado de Santo Ildefonso, em 1777, a Espanha aceitou que o Rio Grande do Sul passasse para os domínios lusitanos. Porém, ainda sem englobar todo o território atual.

De fato, a região de Sete Povos das Missões — já então abandonada — apenas ficou nas mãos dos portugueses em consequência da denominada Guerra das Laranjas, que eclodiu na Península Ibérica em 1801.[8] Em represália à invasão de Portugal feita pelos espanhóis, milícias provenientes do Rio de Janeiro, São Salvador da Bahia e Pernambuco penetraram a colônia castelhana, conquistando paulatinamente Santa Tecla, Guardia de San Martin e o Departamento de San Miguel, onde se localizavam as antigas missões jesuítas. Em setembro daquele ano, Portugal estenderia seus limites até Santa Vitória do Palmar, vindo mais tarde a consolidar ainda mais o território do Rio Grande do Sul com novas conquistas.[9] Também no Mato Grosso, depois de um ataque espanhol malsucedido ao Forte Coimbra, junto ao rio Paraguai, foi lançado um contra-ataque lusitano por ordem do governador de Mato Grosso, Caetano Pinto de Miranda Montenegro.[10] Os portugueses acabaram assim conquistando grandes faixas da margem sul do rio Apa.[11]

---

[8] Neste conflito, um prenúncio das invasões napoleônicas iniciadas em 1807, Portugal perdeu definitivamente a região de Olivença. Embora acordos posteriores obrigassem a Espanha a devolvê-la, isto nunca aconteceu. Ainda hoje, Portugal não reconhece este município espanhol, embora sem quebrar a sã convivência das últimas décadas entre os dois países.

[9] Em 1811, os portugueses ainda conquistariam dos espanhóis os territórios dos atuais municípios de Uruguaiana, Alegrete, Quaraí, Santana do Livramento, Rosário do Sul mais um pedaço de Dom Pedrito.

[10] Mais tarde, em 1817, Miranda Montenegro ocupava o governo de Pernambuco quando aí eclodiu uma insurreição e a instauração de uma efêmera república — ver o capítulo "A República Tingida de Sangue" (pág. 277). Foi então alvo de um processo na Bahia por ter se rendido aos rebeldes sem resistência. Com a independência do Brasil, teve um papel de destaque na fase inicial, tutelando vários ministérios até 1823. Foi ainda senador e recebeu o título de marquês de Vila Real da Praia Grande por decisão do imperador D. Pedro I.

[11] Esta região seria palco de graves conflitos bélicos durante a Guerra do Paraguai (1864-1870), o mais grave conflito armado internacional da América do Sul.

Mas recuemos novamente para a Guerra Guaranítica, pois seus efeitos não atingiram apenas a carne dos guaranis, mas também a pele da então todo-poderosa Companhia de Jesus. De fato, embora os historiadores hoje sejam unânimes em considerar que os jesuítas que administravam as aldeias de Sete Povos das Missões nunca participaram direta ou indiretamente das rebeliões indígenas, sabe-se que se transformaram em Lisboa em um excelente bode expiatório para arcar com responsabilidades. Talvez para justificar as inusitadas dificuldades nas demarcações, Gomes Freire de Andrade queixou-se da ação dos jesuítas repetidamente à Corte de Lisboa, acusando-os das maiores patifarias e loucuras e supervalorizando os ataques dos guaranis. Muitos dos combates relatados pelo general lusitano ocorreram apenas em sua cabeça. A existência de uma suposta república dominada pelos jesuítas no Paraguai, conforme escreveu, não passava de uma ficção. E a criação de uma monarquia fundada pelo cacique Nicolau Nhenguirú, autoproclamado rei Nicolau I, idem.

Pouco importava se havia muita coisa inventada. Em 1757, como consequência desses episódios, por ordem do marquês de Pombal, imprimiu-se na cidade de Lisboa, em português e em diversas outras línguas, um opúsculo intitulado "Relação abreviada da República que os religiosos jesuítas das Províncias de Portugal e Espanha estabeleceram nos domínios ultramarinos duas Monarquias". Este autêntico libelo relatava as manipulações orquestradas pelos jesuítas com objetivos políticos e econômicos. A quantidade de acusações sem nexo era tanta que na Espanha, por esta altura, a circulação deste documento logo foi proibida.

Contudo, se a Guerra Guaranítica deixou marcas, a desgraça dos jesuítas — que até foram responsáveis pela ascensão ao poder de Sebastião José no início do reinado de D. José — surgiu ao norte da colônia brasileira. Melhor dizendo, no Maranhão e Grão-Pará, onde então governava, desde 1751, Francisco Xavier de Mendonça Furtado. Apesar dos sobrenomes diferentes, ele era um dos irmãos do futuro marquês de Pombal.

Com efeito, no âmbito do Tratado de Madri, Mendonça Furtado também fora indicado como comissário lusitano para as demarcações, mas na parte setentrional do continente sul-americano. Querendo ser bem-visto na Corte, tão rápido quanto providenciou os preparativos para a viagem, entrou também em rota de colisão contra os padres da Companhia de Jesus. Tendo partido no mês de outubro de 1754 em direção ao rio Negro, com o objetivo de se encontrar com os espanhóis — que nunca chegariam até lá[12] —, efetivamente sofreu com obstáculos diversos por iniciativa dos jesuítas. A travessia do governador pela Amazônia, profusamente relatada em dezenas de cartas ao irmão, mostrou-se fértil em desventuras bizarras e boicotes, com aldeias jesuíticas esvaziadas, índios desertando e recusas no fornecimento de alimentos às tropas.

Nessas missivas de Mendonça Furtado ao marquês de Pombal, escritas ao longo dos oito anos de governo estadual, o ódio aos jesuítas foi destilado até a última gota. Além de relatar vários episódios rocambolescos, as acusações sobre os padres da Companhia de Jesus foram constantes, acusando-os sistematicamente de exagerada cobiça e até mesmo de insubordinação. "Para satisfazer a este bendito padre, segundo a sua doutrina", escreveu, em certa ocasião, referindo-se ao jesuíta Antônio Machado, responsável por uma aldeia de índios gamelas, "lhe seria muito conveniente que até recebesse o meu soldo. E nem assim ficaria a Companhia [de Jesus] contente, porque lhes restava assacar os ordenados dos ministros e algum miserável vintém que ainda se conserva nos moradores. E depois de extinto assim tudo, ainda não ficaria saciada a sua ambição e passariam a devorar o resto dos domínios de Sua Majestade. E nem sei se ainda então ficariam satisfeitos."

Para o irmão do marquês de Pombal, os jesuítas eram, pela forma como gerenciavam suas missões, o principal empecilho para o desenvolvimento da região nordestina e até mesmo do Brasil. De forma obstinada, magicava em solução radical, como se depreende das suas cartas: "É impossível que deixe de vigiar com todo o cuidado a erva daninha que me embaraça esta lavoura. Por isso, cuido muito seriamente a ver se acho meio de a extinguir, assim como fazia ao escalracho das vinhas de Oeiras, que, à custa de muito dinheiro, mandava tirar e o punha na estrada onde era queimado, só porque compreendi que ele fazia prejuízo aos bacelos que eu estava plantando."

Se, por um lado, era exagerado em seus relatos, Mendonça Furtado era também um homem prático, consciente de sua influência na Corte de Lisboa, bem maior do que aquela que, na região meridional, detinha Gomes Freire de Andrade. Assim, ainda em 1755, propôs duas fortes

---

[12] Mendonça Furtado criaria, próximo ao rio Negro, o Arraial do Mariuá. Lá, aguardou a comitiva espanhola — que nunca apareceu —, até novembro de 1756. Voltou àquele local, em 1758, para fundar a vila de Barcelos como capital da nova capitania de São José do Rio Negro, abrangendo praticamente todo o território dos atuais estados do Amazonas e Roraima.

machadadas contra o ancestral poder dos jesuítas; primeiro, criando a Companhia Geral de Comércio do Grão-Pará e Maranhão, que retirava os benefícios mercantilistas à Companhia de Jesus. Depois, e ainda com maior relevância, suspendeu a administração dos jesuítas nas aldeias, instituindo, ao mesmo tempo, um diretório para os índios. Ainda naquele ano, por ordem de Mendonça Furtado, três jesuítas seriam expulsos do Maranhão, dois deles missionários nas aldeias de Trocano e Abacaxis. Somente não ficaram presos quando chegaram a Lisboa porque, no dia anterior, ocorrera o grande terremoto de 1º de novembro.

Com essas doses de veneno destiladas por Mendonça Furtado, e bem acolhidas por seu irmão em Lisboa, os anos seguintes se tornaram um calvário para a Companhia de Jesus. Preponderantes na Corte lisboeta desde o reinado de D. João III — sendo, por regra, os confessores dos reis e de sua família —, os jesuítas acabaram sendo expulsos do Palácio Real em setembro de 1757, após criticarem as medidas tomadas no Maranhão. Pouco depois, em abril do ano seguinte, um "breve" emitido pelo papa Bento XIV autorizou que fossem averiguadas as acusações sobre seus negócios. Todas foram "confirmadas". Nesse meio-tempo, ficou proibido aos religiosos desta ordem realizarem confissões e pregações.

Por fim, ainda naquele ano, o atentado contra D. José, atribuído ao duque de Aveiro e à família dos Távora, precipitou seu fim. Considerados cúmplices — sobretudo porque o padre Gabriel Malagrida era o confessor da marquesa de Távora[13] —, alguns jesuítas foram presos e os demais detidos em seus colégios. No dia do primeiro aniversário do atentado ao rei, a ordem de expulsão da Companhia de Jesus de Portugal e de suas colônias foi assinada. Em consequência deste ato, as missões no Maranhão ficaram sob a alçada da Coroa, que as transformou em vilas com topônimos lusitanos.[14]

---

[13] Ver o capítulo "O Santo Vivo, o Herege Morto e o Umbandista" (pág. 237).

[14] Ainda existem cerca de 120 povoados brasileiros, na região, com topônimos lusitanos, sendo o Pará (então agregado ao Maranhão) a parte com maior concentração: Alcobaça, Alenquer, Alter do Chão, Almeirim, Aveiro, Arraiolos, Bragança, Chaves, Colares, Esposende, Faro, Mazagão (antiga colônia portuguesa na África), Melgaço, Monsaraz, Monte Alegre (proveniente de Montalegre), Óbidos, Oeiras, Ourém, Portel, Porto de Mós, Santarém, Soure, Tentúgal e Viseu. Estes povoados foram criados no período pombalino, quando as aldeias jesuíticas foram incorporadas à administração real. Como não recebera ordens para as denominações, Mendonça Furtado decidiu substituir os gentílicos de origem tupi por nomes de terras portuguesas. No Pará, ainda existiu um povoado denominado Sintra, que seria mais tarde substituído por Maracanã, mas foi uma das poucas exceções.

Por motivos distintos — embora os escritos contra os jesuítas patrocinados pelo futuro marquês de Pombal tenham em muito contribuído —, a Companhia de Jesus também veio a ser expulsa dos domínios espanhóis em 1767, depois de o mesmo ter acontecido na França cinco anos antes. Terminava assim a presença desta ordem religiosa na América do Sul, resultando no início da desagregação completa das aldeias de guaranis na região meridional. Por fim, em 21 de julho de 1773, o papa Clemente XIV suprimiria a Companhia de Jesus, concretizando-se, assim, um pesadelo inimaginável para uma ordem religiosa que dominara as principais Cortes católicas ao longo de mais de dois séculos.

A Companhia de Jesus apenas se restabeleceu em 1814 por iniciativa do papa Pio VII. No entanto, ao longo dos últimos duzentos anos, sobretudo até meados do século XX, sofreram períodos de exclusão temporária em diversos países europeus e sul-americanos. Em Portugal, tiveram nova ordem de expulsão em 1834, depois das chamadas Guerras Liberais, "renovada" em 1910, após a instauração da República. Atualmente estão presentes em 112 países contando com quase 17.300 membros.

Curiosamente, o papa Clemente XIV — o único que emitiu uma bula expurgatória contra os jesuítas — era um franciscano, ou seja, pertencia à ordem religiosa criada por São Francisco de Assis. Ora, foram as ações deste santo que inspiraram o cardeal Jorge Mario Bergoglio a escolher seu nome quando recentemente se tornou o primeiro Sumo Pontífice pertencente à Companhia de Jesus. Com certeza, uma ironia.

CONSPIRAÇÃO
JESUÍTAS
RELIGIÃO

20

O SANTO VIVO, O HEREGE MORTO E O UMBANDISTA

Catedral de Nossa Senhora da Vitória, cidade de São Luís, 14 de outubro de 1991 — na homília dirigida aos fiéis, durante a histórica visita apostólica ao Brasil, o papa João Paulo II enfatizou que "o Maranhão foi o grande foco irradiador no Brasil da devoção ao Coração de Jesus, tão querida do povo, através do zelo do insigne missionário e fundador de obras e institutos religiosos, o padre Gabriel Malagrida, que deixou marcas profundas de sua ação apostólica em todo o Norte e Nordeste do Brasil do século XVIII!". Esta frase bem poderia ser uma excelente introdução da missa solene de canonização, ou pelo menos de beatificação do dito padre, mais ainda quando se sabe que foi entregue ao Criador em suplício, o que sempre constitui meio caminho andado para subir aos altares.

Porém o martírio desse jesuíta tinha uma "pequena" mácula; sua morte, exatamente dois séculos e três décadas antes, ao entardecer do dia 20 de setembro de 1761, no Rossio de Lisboa, resultara de ter se mostrado um "herege e inventor de novos erros heréticos, convicto, fito, falso, confitente, revogante, pertinaz e profitente dos mesmos erros" — assim rezava a sentença do tenebroso Tribunal da Inquisição. Ou seja, era um diabo para a Igreja Católica. Acabou sendo o último homem executado em Portugal pelas mãos do Santo Ofício.

Pode parecer estranho que um herege depois se torne alvo de elogios do chefe máximo da Igreja, mas não foi um caso único. Na história das religiões abundam exemplos de reabilitação de homens e mulheres que morreram como criminosos. Na verdade, a peculiaridade do triste fim do jesuíta Gabriel Malagrida está, sobretudo, na improbabilidade, olhando sua vida, de figurar em um auto de fé para ser morto por um garrote. Por uma simples razão: especialmente no Brasil, era visto como um autêntico taumaturgo — um santo milagreiro vivo. E, mais do que isso, por ter literalmente sobrevivido, por uns trinta anos, percorrendo, quase sempre sozinho, o âmago das florestas e sertões, atravessando regiões cheias de indígenas ainda não evangelizados, e perambulando por todas as dioceses desde Salvador da Bahia até Belém do Pará, para acabar sendo escarnecido, humilhado e supliciado em espetáculo público na suposta civilizada Europa das Luzes.

Sabe-se que a vida dá muitas voltas, mas a de Gabriel Malagrida foi mais agitada do que a de um saltimbanco ou de um trapezista. Mas quase sempre sem rede por debaixo dos pés. Nascido em 1689, em Menaggio, na região italiana da Lombardia,[1] um dos doze filhos de um médico, desde cedo mostrou inclinação para os assuntos religiosos. E de modo fervoroso, até mesmo fanático. Ainda criança, mordia os dedos até tirar sangue para repetir o sofrimento de Cristo. Concluídos seus estudos em filosofia e teologia em Milão, decidiu entrar na Companhia de Jesus. Tinha 22 anos. Andou pela península itálica durante algum tempo, depois esteve na Córsega, então território da República de Gênova, onde desenvolveu seus famosos dotes de dramaturgo, dirigindo e representando ele mesmo peças de viés religioso. No entanto, seu sonho era a América do Sul. Conseguiu licença em 1721. Não se sabe ao certo se passou primeiro por Lisboa, antes de aportar no Maranhão, um dos principais centros missionários da Companhia de Jesus na época.

Malagrida já era um homem feito quando chegou ao Brasil. Contava 33 anos, a idade da morte de Cristo, e não quis ficar muito tempo em São Luís, nem ir parar em uma das dezenas de aldeias jesuítas. Sem ainda falar português, e muito menos tupi, tentou logo convencer seus superiores a

---

[1] Nessa época, a Lombardia estava sob o domínio da Espanha. Seria conquistada em 1706 pelo Império Austríaco. Após várias convulsões políticas, a partir do final do século XVIII ficou sob domínio da França napoleônica e, mais tarde, integrou o Reino Lombardo-Veneziano. Em 1859 fundiu-se aos outros estados para formar a Itália.

autorizarem-no em missões isoladas de evangelização. Não o consentiram. Pouco antes, o jesuíta José Vilar também planejara catequizar os índios, mas seu projeto terminou de modo abrupto e fulminante por conta de uma pesada clava. Malagrida manteve sua obstinação: aprendeu as línguas, estudou os hábitos indígenas e, dois anos mais tarde, pôs o pé na estrada. Por pouco, logo nos primeiros meses, não teve o mesmo fim de seu azarado colega. Apesar de surpreendentemente ter conquistado a amizade dos caicazes, conhecidos por sua ferocidade, não se satisfez e avançou pelo rio Itapicuru até avistar o Mearim, onde viviam os terríveis barbados, conhecidos canibais. Lá também obteve boa acolhida em uma aldeia, mas como os caicazes que o acompanhavam tinham umas contas pendentes com aquela tribo, pouco dias depois houve uma carnificina. O jesuíta somente se livrou da morte por solicitação de uma velha índia, temendo que o sacrifício de mais um padre trouxesse mau agouro à tribo. Colocado em uma canoa, a correnteza o levou. Chegou a São Luís mais morto do que vivo.

A palavra "desistência" não fazia parte de seu vocabulário. Meses depois ofereceu-se para integrar as tropas do sargento-mor José Bonifácio, que estava em guerra contra os barbados. Malagrida convenceu-se que, seguindo na expedição, evitaria um massacre se conseguisse evangelizar os índios. E, de fato, mais uma vez, demonstrou habilidade para apaziguar os nativos, convencendo o cacique a lhe entregar três crianças para educar em São Luís. Contudo, a insensibilidade diplomática e a falta de bom senso do sargento-mor resultariam em uma batalha sanguinolenta, desta vez desfavorável aos portugueses. Malagrida foi dos poucos que sobreviveram.

Depois desse episódio, manteve-se em São Luís até 1735, decidindo então pegar uma canoa e subir o rio Itapicuru. Recebera autorização de Francisco Retz, o Geral da Companhia de Jesus, para viajar em missão apostólica, errante e sem destino, no intuito de converter tudo o que encontrasse: escravos foragidos, ladrões do sertão, índios. Durante dezessete meses, ao longo de mais de trezentas milhas, fez aquilo que só os bandeirantes tinham almejado. Porém, sozinho. Começou a pregar em Aldeias Altas, depois subiu para Piracuruca, aproveitando a correnteza do rio Maratoã, desceu em seguida para Aroazes, passando por Moza e Parnaguá, até parar por fim na aldeia da Barra, já nos confins meridionais do Maranhão, próximo à fronteira com a Bahia.[2] Sua fama crescera

[2] Nessa época, o Maranhão fazia fronteira com a Bahia, uma vez que englobava também o Piauí.

com a caminhada, e mais ainda naquele povoado, onde reconstruiu uma igreja em ruínas, legalizou casamentos, ouviu confissões; enfim, trouxe a luz cristã àquelas almas penadas. Pregador carismático, de alta estatura, cabelo louro, barba ruiva, embora precocemente esbranquiçada, voz retumbante, verbo fácil e língua viperina para lançar maldições, acompanhada por gestos teatrais — eis como era o padre Gabriel Malagrida, um profeta bíblico em carne e osso em terras brasileiras.

A fama passou a andar mais depressa do que ele. Do povoado de Sento Sé, já no estado da Bahia, uma delegação oficial, com bandeira e adereços, foi lhe implorar uma visita. Por coincidência — ou melhor, por milagre —, mal Malagrida entrou naquele povoado do vale do rio São Francisco, uma chuvarada rebentou. Lá não caía água havia quatro anos. Resultado: desde Joazeiro até Jacobina, aldeias e vilas em peso vieram reivindicar sua presença. Tornou-se um autêntico João Batista. Sua ida para Salvador estava traçada. No percurso parou em tudo o que era lugar, erguendo igrejas com o auxílio dos colonos, índios e escravos. Porém, ali logo mostraria uma faceta muito similar ao padre Antônio Vieira contra a escravidão. Durante a construção dos templos que orientou, não permitiu que índios ou escravos continuassem a trabalhar enquanto os colonos descansavam. Todo mundo trabalhava. E quem dissesse que bastava enviar escravos e dinheiro, Malagrida vociferava contra a perdição da riqueza, usando a célebre parábola do camelo e da agulha.

Ainda teve tempo, nessa fase de sua vida, para intensificar seus contatos com Lisboa, escrevendo diretamente ao rei D. João V, aproveitando para denunciar "a execrável barbárie com que se reduz os índios à vil escravatura". Em uma das missivas confirmou ao soberano lusitano que "tudo aquilo que se tem dito contra este uso, ou pior, abuso feito pelos colonos é tão inumano e repugnante que somente se evita pela presteza com que os padres da Companhia [de Jesus] acolhem nas suas entranhas estas infelizes gentes, para lhes dar asilo e proteção nas suas missões".

Durante algum tempo, entre 1738 e 1741, Malagrida estabeleceu-se na Bahia, como pregador itinerante, fundando em Salvador o primeiro seminário do Brasil. No regresso ao Maranhão, percorreu os sertões de Pernambuco e os povoados do vale do Paraíba, deixando sempre sua marca, em pedra, sob a forma de igrejas, seminários e até mesmo recolhimentos para ex-prostitutas, em flamejantes sermões, em supostos milagres. Chegou a São Luís do Maranhão apenas em 1746. Já tinha 57 anos, mas seus projetos davam para mil. Mil anos ou mil pessoas.

Em 1749, depois de uma estada em Belém, teve a ideia de fazer uma visita a Portugal, com o intuito de convencer o rei D. João V a financiar mais pias obras. Se sua fama já ecoava em Lisboa, com sua chegada, em fevereiro de 1750, atingiu o auge, devido a uma tempestade que ameaçou naufragar sua nau na entrada do porto. Consta que foram os brados de Malagrida aos Céus, enquanto empunhava uma imagem da Virgem Maria, que salvaram a embarcação.

Logo recebido pelo debilitado rei, o então já chamado Apóstolo do Maranhão conseguiu tudo aquilo que pretendia, ganhando também uma devota afeição da rainha D. Mariana da Áustria. Os Exercícios Espirituais que organizou, bem como os sermões públicos, conquistaram-lhe uma popularidade ímpar, tanto do povo como da nobreza de Lisboa; talvez superior à alcançada no século anterior pelo padre Antônio Vieira. No entanto, nunca escreveu nenhum sermão; pregava de improviso.

No fim de junho de 1750, D. João V morreria e foi ao padre Malagrida concedida a honra de lhe dar a extrema-unção. No ano seguinte, regressou ao Maranhão, juntamente com o recém-nomeado governador, Francisco Xavier de Mendonça Furtado, irmão do futuro marquês de Pombal. E foi então que os seus primeiros contratempos começaram. Apesar das promessas escritas por D. João V, e aprovadas pelo novo rei, D. José, logo sentiu dificuldades em concretizar seus projetos, em parte por oposição do novo governador e do bispo de Belém do Pará. Em todo o caso, foi-lhe confiada a direção do Seminário de Nossa Senhora das Missões.

Atendendo a um pedido da rainha-mãe, D. Mariana da Áustria, voltou a Lisboa em 1754, talvez convencido de que conseguiria se libertar dos estorvos que lhe atrapalhavam no Maranhão. Acompanhou a viúva de D. João V até a morte, ocorrida em meados daquele ano, e estava a retornar de novo ao Maranhão quando veio o terremoto no dia 1º de novembro de 1755. Ficou em Lisboa. E sua vida deu então uma guinada, e não para o melhor lado.

Enquanto o já todo-poderoso Sebastião José de Carvalho e Melo empreendia todos os esforços para reerguer Lisboa, Malagrida exortava os sobreviventes a penitenciarem-se, porque a catástrofe, segundo ele, fora causada pelos pecados humanos. Não era uma opinião exclusivamente sua; ao contrário, grande parte da Corte e quase toda a Igreja atribuíam qualquer calamidade aos castigos divinos, profusamente alicerçados em passagens bíblicas. E por isso mesmo tinham se tomado as "adequadas" medidas.

Com efeito, durante a primeira quinzena após o terremoto, decretou-se um voto perpétuo à Virgem Maria e uma "procissão todos os anos, enquanto o Mundo durar, ao segundo domingo do mês de novembro, com jejum na véspera". E solicitou-se ainda ao papa Bento XIV que concedesse a Portugal a proteção de São Francisco de Borja — curiosamente, um jesuíta canonizado —, com o compromisso de "no dia da sua festa se cantar a missa com a devida solenidade para que Deus nos livre das ruínas que costumam causar os terremotos". Foram também escritas mais de cinquenta ordens para regulamentar o recolhimento de freiras dos conventos de clausura, de modo a não ofender Deus, o que, acreditava-se, aconteceria se fossem deixadas sob os olhos do povo.

Nessa fase, o padre Malagrida ainda viveu alguma glória. O caso mudou de figura quando decidiu publicar um opúsculo intitulado *Juízo da verdadeira causa do terremoto*, com autorização do Santo Ofício e demais instituições censórias. Além de reiterar as causas divinas do terremoto — escrevendo inclusive que nem o diabo pensaria em atribuí-las à Natureza — e de apontar uma profecia proveniente do convento do Louriçal, o jesuíta atacou implicitamente o primeiro-ministro Sebastião José por este priorizar as obras públicas em vez das espirituais. E, para aumentar ainda mais a fúria do futuro marquês de Pombal, anunciou um novo e maior terremoto para o dia 1º de novembro de 1756.

Tendo sido obrigado a fechar Lisboa nas vésperas desse novo vaticinado cataclismo, para evitar uma fuga generalizada de pessoas, Sebastião José preparou então um contragolpe: enviou Malagrida para o exílio em Setúbal, assim que a profecia se confirmou falha. Porém, mesmo longe da Corte, a fama do jesuíta manteve-se incólume em certos setores da nobreza, raivosa com o crescente poder do primeiro-ministro.

Foi nesse cenário de intriga palaciana — quando então já eram sentidos os primeiros conflitos entre Sebastião José e a Companhia de Jesus, em parte por causa da Guerra Guaranítica e, sobretudo, pelos escritos do governador Mendonça Furtado[3] — que Malagrida assumiu o papel de diretor espiritual da marquesa de Távora. Em má hora, pois, em setembro de 1758, o rei D. José sofreria um atentado. Quatro meses depois, os marqueses de Távora, o duque de Aveiro e diversos familiares e criados foram executados barbaramente como supostos conspiradores. Sebastião José, que liderou o julgamento contra os nobres, pretendeu atribuir a coautoria

[3] Ver o capítulo "Um Acordo para um Real Pesadelo" (pág. 221).

da tentativa de regicídios aos jesuítas. E condenar à morte o padre Malagrida. Porém, como a alçada criminal sobre os eclesiásticos necessitava de autorização de Roma, o primeiro-ministro acabou encontrando uma solução mais ardilosa.

Assim, primeiro decidiu aprisionar o padre Gabriel Malagrida e mais dois companheiros no Forte da Junqueira. Para detenções, não precisava de acusação formal. Mesmo após a expulsão da Companhia de Jesus das terras portuguesas, em setembro de 1759, manteve aqueles três encarcerados. Goradas as negociações com Roma — sobretudo porque, neste meio-tempo, as relações diplomáticas com a Santa Sé haviam sido cortadas por um motivo fútil —, Sebastião José passou à segunda fase de um maquiavélico plano. No penúltimo dia daquele ano, ele mesmo se dirigiu ao Palácio da Inquisição e, assumindo o papel de familiar do Santo Ofício, sob juramento dos santos Evangelhos, denunciou o padre Malagrida como herege. Além de acusá-lo de usurpar bens e de "estabelecer o fanatismo", o primeiro-ministro apresentou "provas" concretas: dois livros alegadamente escritos pelo jesuíta enquanto estivera preso na Junqueira. O primeiro versava sobre a vida de Santa Ana, e o outro abordava a suposta vinda do Anticristo. Obras que, segundo Sebastião José, eram "diametralmente contrárias à ideia da Suprema Divindade que nos ensina a fé, as verdades do Evangelho mais sabidas, triviais ao lume da razão natural e até à verdade de outros fatos".

Sendo pouco plausível que Malagrida tivesse condições de redigir algo na prisão, os historiadores questionam a autenticidade desses escritos. De fato, Sebastião José teria contratado um ex-frade capuchinho francês, chamado Pierre Parisot, também conhecido como abade Norbert ou Platel, para escrevê-las em nome do jesuíta. Foram esses manuscritos, ainda conservados na Torre do Tombo em Lisboa, que estiveram na base do processo instaurado pela Inquisição.

Em uma primeira fase, o Conselho Geral da Inquisição se apressou a absolver Malagrida. Contudo, diante disso, Sebastião José entrou de novo em jogo: fez com que nomeassem para o bispado de Angola o presidente do tribunal, frei Francisco de São Tomás. Já bastante idoso, o clérigo recusou o presente envenenado, mas o primeiro-ministro foi irredutível: "se não for como bispo, irá como frade", teria dito, exilando-o para a colônia africana. Mesmo sem autorização da Santa Sé, com o afastamento do frei Francisco de São Tomás — que morreu na travessia marítima —,

Sebastião José fez então nomear, como inquisidor-geral, seu irmão Paulo de Carvalho.

Ultrapassando o último empecilho, classificaram todos os supostos escritos de Malagrida como heréticos. Mas a sentença final foi ainda mais humilhante para o jesuíta, ao acusá-lo, para além de outros crimes religiosos, de práticas de onanismo, ou seja, de aos 72 anos de idade se dedicar à masturbação.

A execução do padre Malagrida causou profunda consternação e escândalo na Europa. O papa Clemente XIII o considerou um mártir; Voltaire atacou ferozmente Portugal, escrevendo que "o excesso do ridículo e do absurdo juntou-se ao excesso de horror". Mais tarde, com base no processo de Malagrida, o francês André Morellet comparou o Santo Ofício português à Inquisição da Idade Média. O futuro marquês de Pombal, então conhecido pelo título de conde de Oeiras, ainda tentou abafar as críticas do Iluminismo, fazendo traduzir em diversas línguas a sentença, em uma pífia tentativa de justificar a aplicação daquela pena de morte. A Igreja portuguesa ficou muda e calada, aterrorizada pelo poder e arbitrariedades de Sebastião José, que governava a seu bel-prazer.

A sede de vingança contra o jesuíta não se extinguiu no patíbulo. Onze anos mais tarde, em 1772, Sebastião José, já com o título de marquês de Pombal, recebido três anos antes, mandou recolher todos os exemplares da obra *Juízo da verdadeira causa do terremoto*, para serem queimados. Formalmente, essa decisão veio da Real Mesa Censória — que em 1768 passara a centralizar a censura, antes exercida por três entidades, duas das quais religiosas —, mas obviamente controlada pelo todo-poderoso primeiro-ministro. Em 1756, quando o opúsculo fora impresso, seus censores teceram-lhe grandes elogios.

Hoje, o padre Malagrida surge, muitas vezes, sobretudo em Portugal, como louco e fanático. Talvez com a idade assim tenha ficado; talvez também devido aos anos de cativeiro antes de sua execução. Fanático em sentido religioso, não era — era apenas um homem da Igreja de seu tempo: voluntarioso, obstinado, abnegado e inflexível em sua ortodoxia. Em Portugal, caiu por completo no esquecimento, e nem um topônimo o homenageia. Tivesse vivido um século antes e, com tantos milagres que o povo lhe atribuía, sobretudo no Brasil, e sem o marquês de Pombal a cruzar seu caminho, certamente já estaria canonizado. E se igualaria a outros famosos jesuítas santificados, como Inácio de Loyola, São Francisco Xavier, José de Anchieta ou os menos conhecidos, mas mortos em terras brasileiras, Alfonso Rodríguez, Roque González de Santa Cruz e Juan del Castillo.[4]

No Brasil, a marca de Gabriel Malagrida ficou mais perene, como se demonstrou na alocução do papa João Paulo II há cerca de duas décadas. Além de ser topônimo em ruas da cidade de João Pessoa, na Paraíba, e de São Paulo, no bairro de São Mateus, também o Provincialado da Companhia de Jesus o homenageou, atribuindo seu nome ao instituto onde os noviços estudam. Por outro lado, em agosto de 2011, a Paraíba instituiu a Ordem do Mérito Gabriel Malagrida para destacar militares e personalidades brasileiras ou estrangeiras a serviço da Casa Militar do Governador, concedendo-se os graus de Grã-Cruz, Grande-Oficial, Comendador e Oficial.

Mas onde o azarado jesuíta se mostra mais conhecido é, por mais estranho que pareça, no movimento umbandista brasileiro. Com efeito, seus seguidores acreditam que o Caboclo das Sete Encruzilhadas — a entidade espiritual que "orientou" em 1908 a criação desta sincrética religião afro-brasileira com influências indigenistas, esotéricas e até mesmo catolicistas — teve sua última encarnação exatamente na pele do padre Gabriel Malagrida. Conhecendo-se a ortodoxia católica deste jesuíta quando vivo, seu cadáver só não está se revirando no túmulo porque, depois de garroteado em 1761, seu corpo foi queimado e suas cinzas lançadas ao Tejo.

---

[4] Sobre estes três jesuítas, ver o capítulo "Meridiano de Sangue" (pág. 63).

CONFLITOS SOCIAIS
CONSPIRAÇÃO
MOVIMENTO INDEPENDENTISTA
OURO

21

O BODE EXPIATÓRIO QUE VIROU HERÓI

Tudo que é bom, sempre acaba. Na segunda metade do século XVIII, a realidade quis mostrar aos portugueses que a prosperidade é efêmera se estiver sustentada apenas em dádivas da natureza. Ao longo do reinado de D. José, já começaram a perceber que as jazidas de minérios brasileiros andavam minguando. Mas na teimosa Corte portuguesa ninguém enxergava este fato e insistiam que eram as constantes falcatruas e o contínuo contrabando a causa do mal, ou melhor, do fim do bem. Não era. Ou, pelo menos, não era o principal motivo. O Eldorado estava mesmo secando. Porém, aos olhos que não acreditam, parece uma mentira aquilo que, na verdade, é desagradável.

No reinado de D. Maria I, já no último quartel daquele século, a cegueira da Corte continuou. O ouro escasseava. Os cofres estavam enxutos. E Lisboa queria que ficassem gordos. Não importava como nem de onde viesse. Por isso, encontraram uma forma pouco ortodoxa de arrecadar o quinhão desejado, por vias indiretas: uma "derrama" especial sobre a capitania de Minas Gerais, isto é, mais um tributo. Se não pagassem com ouro minerado, pagariam de outro modo, com o que tivessem.

Então com uma população estimada em cerca de 1,6 milhão de habitantes, o Brasil tinha na região de Minas Gerais o seu pulmão demográfico, social e até econômico. Era a capitania mais povoada, representando aproximadamente 20% do total da colônia, um pouco mais do que a Bahia e tanto quanto São Paulo e Rio de Janeiro juntos. O crescimento da região baseava-se no forte êxodo demográfico de aventureiros e seus escravos, devido à corrida ao ouro. Além disso, ao longo das décadas do século XVIII, ganhara também uma elite que não vivia mais apenas do garimpo nem da lavoura.

A riqueza acumulada pelas primeiras gerações de garimpeiros criara elites cultas. Muitos mineiros enviavam seus filhos para estudarem nas universidades de Lisboa ou Coimbra. Alguns regressavam. A capital, Vila Rica, tornara-se um poderoso povoado, de arquitetura imponente e espaços públicos agradáveis, muito longe dos selvagens e arcaicos arraiais dos primeiros mineiros. Contudo, no fim do século XVIII, Vila Rica e os outros povoados de Minas Gerais mostravam sinais de declínio, exatamente pela escassez de ouro. A pujança econômica se tornara mais aparente do que real. Na verdade, as famílias mais ricas viviam endividadas até a medula. Ou seja, protelavam o pagamento de impostos e de outras dívidas. Ora, sabe-se que, em tempo de vacas gordas, o Tesouro Real perdoava os mais ricos, mas, quando as vacas começaram a emagrecer, a Corte quis ser imediatamente ressarcida e, se possível, com juros.

Em 1783, a Coroa deu ordens expressas ao novo governador, Luís da Cunha Menezes, para "ordenhar" as Minas Gerais. Ele logo pôs mãos à obra, exigindo o pagamento de dívidas e confiscando bens. Para piorar a situação, decidiu substituir funcionários e militares com cargos que possibilitavam abrir ou fechar os olhos ao contrabando e à sonegação de impostos. Os mineiros defenderam-se como puderam; como geralmente acontecia, tacharam o homem de corrupto e de peculatário, qualificativos que, a bem da verdade, nunca foram raros naquelas e em outras terras. Atribui-se a Tomás Antônio Gonzaga, ouvidor-geral da comarca de Vila Rica daquela época, que se tornaria um famoso poeta árcade, alguns escritos satíricos que parodiavam os abusos e as arbitrariedades de Cunha Menezes.[1]

Diz o ditado português que "quem depois de mim vier, bom de mim fará". E assim aconteceu. Os mineiros acabaram conseguindo afastar

---

[1] O manuscrito, constituído por treze epístolas, manteve-se inédito até 1863, sendo então publicadas sob o título de *Cartas Chilenas: em que o poeta Critillo conta a Dorothéo os factos de Fanfarrão Minezio, governador do Chile.*

aquele governador ruim, mas logo veio, quebrando as expectativas, um ainda pior. Luís Mendonça e Faro, visconde de Barbacena, chegou a Vila Rica em 1788. Com apenas 34 anos de idade, não se amedrontou em enfrentar a animosidade da região. Decidido, não demorou a executar as ordens recebidas de Lisboa; examinou as práticas dos magistrados mineiros, avaliou as ações de combate ao contrabando e cessou contratos de arrecadação de impostos, concedidos a particulares, que passaram para a alçada direta da Administração Pública. Além disso, quis aplicar sem delongas a famigerada derrama.

De acordo com as ordens da Corte, caso o imposto do quinto não atingisse as cem arrobas anuais — equivalente a cerca de 1.470 quilos —, a diferença seria arrecadada sobre os rendimentos de cada família, até atingir o equivalente à quantidade de ouro predefinida. Ou seja, todos eram garimpados, independentemente de serem ou não garimpeiros. Para o ano de 1789, os moradores da região já sabiam que a derrama seria tão certa quanto a morte. Com efeito, o imposto do quinto em 1788 rendera apenas 42 arrobas. Além disso, o visconde de Barbacena começou a exigir que os impostos atrasados fossem pagos, pois já havia dívidas superiores a 580 arrobas de ouro.

Nesse cenário de iminente colapso econômico, destacados mineiros começaram a se reunir na casa de Inácio José de Alvarenga Peixoto. Formado em Direito na Universidade de Coimbra, o anfitrião do grupo fora juiz em Sintra, antes de regressar ao Brasil para ocupar o cargo de ouvidor da comarca de Rio das Mortes. Mais tarde, abandonou esta função para se dedicar a trabalhos mais rentáveis, como a lavoura e a mineração.

Envoltos em uma aura de segredo, logo aqueles encontros passaram de lamentações e avacalhações para ideias de subversão contra a tirania da Corte portuguesa. Se necessário, assim decidiram, através da emancipação de Minas Gerais e, porventura, de outras regiões brasileiras. Em suma, a independência. Para este propósito, os mentores esperavam obter o apoio popular, que com certeza viria quando a aplicação da derrama fosse oficialmente decretada.

Embora o número de participantes tenha sido muito variável, nessas reuniões, além de Inácio José de Alvarenga Peixoto, desempenharam papel de destaque: o contratador Domingos de Abreu Vieira, os padres José Oliveira Rolim, Manuel Rodrigues da Costa e Carlos Correia de Toledo e Melo, o cônego Luís Vieira da Silva, os juristas e poetas Cláudio Manuel da Costa e Tomás Antônio Gonzaga, o coronel Francisco Antônio

de Oliveira Lopes, o capitão José de Resende Costa e seu filho homônimo, o sargento-mor Luís Vaz de Toledo Pisa e ainda o alferes Joaquim José da Silva Xavier. Este último, conhecido por Tiradentes — devido às suas habilidades odontológicas, aprendidas com seu padrinho —, era o elo, ajudando na parte operacional e angariando apoios de militares em outras regiões brasileiras, como o Rio de Janeiro e São Paulo.

Os conjurados estavam tão confiantes em seu triunfo que, ao longo dos meses de debates — ainda mais intensos no início de 1789 —, acertaram as bases da criação de uma república, que incluía a liberdade de comércio, a livre extração de minérios preciosos, o desenvolvimento de manufaturas, a cobrança do dízimo dos párocos, a transferência da capital para São João del Rei e a criação de uma universidade em Vila Rica. Também previam a abolição da escravatura, embora aos poucos. Até uma bandeira desenharam, constituída por um triângulo verde, simbolizando a liberdade, a igualdade e a fraternidade, rodeado pela frase em latim *Libertas quae sera tamen*, de evidente inspiração maçônica. Por fim, definiram a senha a ser acionada no dia da revolução: "Tal dia é o batizado."

Porém, o "batizado" nunca foi realizado porque o "bebê" sequer nasceu. Ainda no "ventre" dos conspiradores, o plano se desmantelou. Em abril de 1789, um dos rebeldes, o coronel Joaquim Silvério dos Reis, decidiu dar com a língua nos dentes e delatou seus comparsas ao visconde de Barbacena. Teve motivos "relevantes". Além de sua carreira militar, já sem grandes horizontes, seus negócios pessoais — como fazendeiro, proprietário de minas e cobrador de impostos — iam de mal a pior. Enfim, de bolsos vazios, sua vida estava recheada de dívidas. Talvez não acreditasse no sucesso da revolta e pensasse que a delação seria um método eficaz para acabar com suas dívidas. Com certeza, devia sonhar com um perdão fiscal depois de uma conversa com o visconde de Barbacena. E se um homem sonha, a traição pode nascer.

Ao tomar conhecimento dos preparativos da revolta, o visconde de Barbacena decidiu, em um primeiro momento, suspender a aplicação da cobrança da derrama, retirando assim o motivo de qualquer reação popular. Depois, mandou abrir uma investigação secreta, enquanto avisava a seu tio Luis de Vasconcelos e Sousa, vice-rei do Brasil, que se encontrava no Rio de Janeiro, sobre a iminência de uma rebelião em Vila Rica.

O vice-rei não teve a mesma hesitação quando as notícias chegaram de Minas Gerais; primeiro "atirou", depois "perguntou". Sabendo que o alferes Tiradentes se encontrava na cidade fluminense, logo mandou prendê-lo. Decretada em 7 de maio, a captura não foi fácil. O alferes soube que estava sendo perseguido; tentou fugir, mas, delatado, acabou sendo preso, três dias mais tarde. No Rio de Janeiro, outras pessoas também foram detidas, entre elas o primeiro delator da conjuração, Joaquim Silvério dos Reis. Contudo, depois de penar alguns meses na prisão, soltaram-no e a Corte portuguesa até lhe reconheceu os "serviços prestados" com a denúncia. Assim, eliminaram sua dívida fiscal e ainda lhe entregaram trinta moedas de ouro, o cargo de tesoureiro da bula de Minas Gerais, Goiás e Rio de Janeiro, uma mansão, o hábito da Ordem de Cristo e o título de Fidalgo da Casa Real, entre outras recompensas. Viveu imerso em dinheiro, mas em frágil tranquilidade, pois, por anos a fio, houve quem desejasse lhe retribuir a traição com a morte.

Essas detenções ordenadas no Rio de Janeiro não foram articuladas entre o vice-rei e o visconde de Barbacena. Em Vila Rica, o governador aguardava instruções superiores. Houve assim oportunidade para um fluminense encapuzado, nunca identificado, avisar os outros conjurados no povoado mineiro, dando-lhes tempo para destruir documentos comprometedores. Em todo o caso, ainda no mês de maio, o visconde ordenou a prisão de grande parte do grupo. Consta que Tomás Antônio Gonzaga, levado aos calabouços no dia 23, foi surpreendido em sua casa enquanto costurava o vestido de sua noiva Maria Doroteia — a musa que inspirou sua obra-prima, *Marília de Dirceu* —, com quem deveria se casar na semana seguinte.

Através das cartas de denúncia do primeiro delator, e de mais meia dúzia de outros que acharam mais prudente colaborar com as autoridades portuguesas, nos meses que se seguiram, os cárceres de Vila Rica ficaram cheios. No total, foram encarceradas mais de cem pessoas. E depois abriram-se não um, mas dois processos judiciais. Com efeito, no Rio de Janeiro, o vice-rei Luís de Vasconcelos e Sousa considerou que aquele assunto estava sob sua alçada, enquanto em Vila Rica, achavam que as diligências deveriam correr ali mesmo, por ser o local do crime. O imbróglio jurídico provocou episódios bizarros entre os desembargadores e consequentes atrasos processuais.

À exceção de Tiradentes, no Rio de Janeiro ou em Vila Rica, todos os detidos negaram, na fase inicial dos processos, qualquer participação naquele projeto. Mas, com a intensificação dos interrogatórios, acabaram confessando o envolvimento, em maior ou menor grau, em uma tentativa de amenizar as penas previstas. Muitos dos suspeitos, até pela formação acadêmica, sabiam que a inconfidência — ou seja, a deslealdade ao soberano — era vista como crime de lesa-majestade, passível de pena de morte. O alferes Tiradentes foi o único a se mostrar inflexível, sem vacilar.

Por determinação da rainha D. Maria I, a cidade do Rio de Janeiro foi finalmente escolhida como jurisdição do processo da Inconfidência Mineira. Logo, transferiram os presos de Vila Rica. Nas vésperas da viagem dos reclusos, em 4 de julho de 1789, o jurista e poeta Cláudio Manuel da Costa foi encontrado morto em sua cela. A versão oficial apontou para suicídio, mas a suspeita de ter sido assassinado por ordem do próprio visconde de Barbacena permanece.

Antes do julgamento, confiscaram todos os bens dos réus, como era habitual. Desde terras e outras propriedades, passando por pequenas espadas, perucas, fraques e gibões de toda qualidade, e até caixas de palitos, anéis, pratos, panelas e tachos, candeeiros e roupas de cama. Nada escapou. E nem escravos, é claro, centenas deles, quatro dos quais pertencentes a Tiradentes. Nem livros. Por exemplo, o cônego Luís Vieira ficou sem 442 volumes, uma biblioteca colossal naquela época de analfabetismo. De qualquer modo, conforme recentes investigações históricas apuraram, os familiares dos suspeitos conseguiram ludibriar as autoridades, desviando bens para parentes antes de as autoridades lhes botarem as mãos, escondendo os melhores escravos ou falsificando documentos sobre a verdadeira dimensão de diversas propriedades.

Após a chegada dos prisioneiros ao Rio de Janeiro, as diligências continuaram por longuíssimos meses, repetindo-se interrogatórios. Tiradentes foi o réu mais requisitado; ouviram-no pelo menos oito vezes, a última em 20 de junho de 1791. Quatro meses depois, em 25 de outubro, o conselheiro Sebastião Vasconcelos Coutinho deu por concluída a investigação, pronunciando a acusação contra 29 réus, que se encontravam distribuídos pelos calabouços do Hospital da Ordem Terceira de Santo Agostinho, pelas fortalezas da Ilha das Cobras e de Nossa Senhora da Conceição e pelos presídios da Guarda Principal e da Relação. Todos incomunicáveis e quase sem poder ver a luz do dia. A parte concernente aos padres inconfidentes, por ordem secreta da rainha D. Maria I, foi separada do processo dos réus leigos. No final daquele mês, após seis desembargadores elaborarem os autos sumários da acusação, concederam aos réus um prazo de apenas cinco dias para apresentação de defesa, a cargo de um único advogado, Oliveira Fagundes.

Como de hábito, mais ainda em casos políticos, o processo não seguiu os trâmites de um julgamento contemporâneo. Na verdade, nem houve audiências. Em meados de janeiro de 1792, após as alegações escritas pelo advogado de defesa — e que optou por incriminar o alferes Tiradentes, chamando-o de louco, para salvá-lo da forca e assim também amenizar as penas ou até mesmo reabilitar os outros —, os desembargadores tomaram sua decisão. Contudo, somente em 17 de abril descortinaram o desfecho, quando o conde de Resende — então o vice-rei do Brasil desde que, em 1790, substituíra Luís de Vasconcelos e Souza — ordenou a decoração da sala do oratório da cadeia da Relação. Este era o local onde, por norma, os condenados à morte passavam os últimos dias antes da execução.

Naquela mesma noite, ainda sem a leitura da sentença, cerca de dez réus, entre os quais Tiradentes, entraram na sala do oratório. Os demais se distribuíram por outras celas. Não era preciso ter muita inteligência para cada um deles saber qual seria seu destino — ou melhor, a vontade que os desembargadores lhes reservavam; entrar no oratório significava um pré-anúncio da pena de morte.

A leitura da sentença decorreu apenas na manhã seguinte, durando quase duas horas. Já sem surpresa, os desembargadores decretaram a morte àqueles que pernoitaram no oratório, aplicando penas de prisão e de degredo, quase todas perpétuas, à maioria dos outros réus. Oito homens acabaram sendo absolvidos, embora para dois este anúncio de pouco valesse; já haviam morrido na prisão. Para além dos leigos, os desembargadores também condenaram à morte os padres Rolim, Toledo e José Lopes, sancionando com prisão perpétua o cônego Luís Vieira e o padre Manuel Rodrigues. No entanto, segundo a ordem de Lisboa, os clérigos foram transferidos para a Metrópole, onde se beneficiaram de penas muito atenuadas.

Logo após o ato de leitura, o único advogado dos condenados solicitou a apreciação de um recurso, entregue dois dias depois. Os desembargadores, porém, recusaram liminarmente sua análise, mas, em um macabro jogo, permitiram a apresentação de segundo recurso, desde que entregue no prazo de meia hora! E o advogado o fez. Pela escassez de tempo, o desgraçado defensor pouco pôde fazer além de pedir misericórdia para os réus que "prostrados com o peso dos ferros que os oprimem, rompendo os soluços com que os sufoca o temor da morte, [clamam] pela piedade da Sua Augusta Soberana". Perda de tempo. Os desembargadores, os mesmos que julgaram e recusaram o primeiro recurso, simplesmente indeferiram este segundo recurso, confirmando todas as sentenças iniciais.

Depois de tudo isso, veio uma reviravolta, como se esse processo quisesse ser uma tétrica ópera-cômica em três atos. Quando já se preparavam os patíbulos, o presidente dos desembargadores revelou que afinal existia uma carta real, datada de 15 de outubro de 1790 — ou seja, assinada por D. Maria I, cerca de um ano e meio antes — com instruções expressas para que apenas os mentores fossem executados, poupando, deste modo, a vida daqueles que não tivessem feito "escandalosa publicidade dos seus crimes", nem contribuído "com discursos, práticas e declamações sediciosas, assim em público como em particular". Assim, em um verdadeiro passe de mágica, naquele mesmo dia do indeferimento do segundo recurso, leram a alteração à sentença inicial que comutava, para degredo, a pena de morte de 12 réus. Apenas a execução de Tiradentes foi mantida.

Visto então como um bode expiatório — ainda mais por ser, entre os conjurados, o de menor posição social —, o enforcamento do alferes foi consumado no largo fluminense de São Domingos, logo no dia seguinte, sob fortes medidas de segurança. Conta a lenda que o carrasco, quando lhe passava a corda pelo pescoço, pediu desculpas. "Cristo também morreu pela causa dos justos", teria dito.

Se foi ou não assim, pouco importa, porque o desgraçado alferes acabou sendo catapultado para o topo da lista dos mártires nacionais, sobretudo após a proclamação da República no Brasil em 1889, como uma espécie de Cristo redentor.[2] Tanto assim que, em toda a iconografia que retrata sua execução, surge com barba e longo cabelo, quando, de fato, morreu barbeado e quase careca. Naquela época, sempre que uma detenção se prolongava, rapavam todos os pelos dos presos para evitar a proliferação de parasitas. Na mesma linha, uma das mais famosas pinturas que retrata a execução de Tiradentes, da autoria do romancista e pintor Pedro Américo, datada de 1893, também não corresponde à realidade. Nela, o corpo retalhado do alferes aparece em cima do patíbulo — e também com barba e longos cabelos —, mas sabe-se que realizaram essa brutal operação em um local mais discreto, em instalações militares.

De todo modo, após o esquartejamento, um forte contingente de tropas levou seus restos mortais em direção a Vila Rica, distribuindo algumas partes em postes nos locais onde o malogrado alferes declamara os

[2] Compreensivelmente, esse enaltecimento apenas ocorreu após o fim da Monarquia brasileira, uma vez que os inconfidentes mineiros defendiam a criação de uma república para o Brasil.

discursos. Até chegar à capital de Minas Gerais, a tétrica comitiva demorou cerca de um mês. Lá, a cabeça de Tiradentes ficou exposta no meio de uma praça por apenas alguns dias, pois logo lhe deram sumiço. E nunca mais se soube de seu paradeiro.

A esmagadora maioria dos outros conjurados, condenados ao exílio, tiveram a vida encurtada pelas agruras de seus destinos africanos. Onze não chegaram a ver o século XIX. E apenas José Resende Costa Filho, os padres Rolim e Manuel Rodrigues e o cônego Luís Vieira puderam regressar, muito mais tarde, ao Brasil. O célebre poeta Tomás Antônio Gonzaga foi um dos menos desafortunados. Embora afastado de sua amada noiva, que não quis acompanhá-lo no degredo perpétuo em Moçambique, conseguiu publicar em Lisboa, logo no ano seguinte, a primeira parte de sua obra lírica *Marília de Dirceu* — a segunda parte saiu em 1799 —, consagrando-se como um dos maiores poetas brasileiros. Sendo um homem culto e honrado, as autoridades da colônia africana o receberam bem, entregando-lhe inclusive cargos relevantes, como o de procurador da Coroa e da Fazenda e juiz da alfândega. Na verdade, viveu como um homem livre. Chegou a se casar e, antes de falecer em 1810, ainda conseguiu publicar os três volumes do poema *Marília de Dirceu* em Lisboa.[3]

Desde os anos 30 do século XX, sucessivos governos catapultaram a Inconfidência Mineira para o pedestal da luta pela emancipação, embora, na verdade, tenham existido outros episódios similares e até com mais peso, com destaque para a insurreição pernambucana, em 1817, e a conspiração baiana de 1798.[4] Tiradentes acabou sendo exaltado como patrono da nação brasileira por decreto de 1965. Em Ouro Preto — denominação atual da antiga Vila Rica — criou-se o Museu da Inconfidência e

---

[3] A primeira edição do primeiro volume ficou pronta em 1792, quando o poeta ainda estava na prisão do Rio de Janeiro; o segundo volume foi editado em 1799, já em cumprimento da pena em Moçambique. O terceiro saiu no ano seguinte, embora sua autenticidade seja hoje questionada. A autorização para a publicação de uma obra literária por um degredado por crime de inconfidência demonstra o apreço que manteve em determinadas elites, mesmo sabendo que, nas primeiras edições, seu nome não constava no frontispício. A data da morte de Tomás Antônio Gonzaga é incerta; algumas fontes apontam para 1810 e outras para 1807, ambas no mês de fevereiro, mas em dia ignorado.

[4] Ver os capítulos "A República Tingida de Sangue" (pág. 277) e "O Crime de Querer Ser Livre" (pág. 259).

as buscas científicas para identificar as sepulturas dos conjurados mortos durante o degredo africano se intensificaram. Ao longo das últimas décadas, os restos mortais de 16 inconfidentes foram trasladados para o panteão. Neste museu, existe também um cenotáfio, em honra dos demais, bem como as sepulturas de Maria Doroteia, a musa de *Marília de Dirceu*, e de Bárbara Heliodora da Silveira, mulher de Alvarenga Peixoto, um dos principais mentores da conspiração. As últimas três ossadas trasladadas — pertencentes a José de Resende Costa, Domingos Vidal Barbosa e João Dias Mota — foram depositadas muito recentemente, apenas em 21 de abril de 2011, em uma cerimônia presenciada pela presidente brasileira Dilma Rousseff.[5]

[5] Essas ossadas tinham sido transferidas da África ainda nos anos 1930, mas subsistiam dúvidas de identificação, que só recentemente, através de estudos científicos, desapareceram. Atualmente, estão depositadas no panteão, para além das dos três homens mencionados, as ossadas de Inácio José de Alvarenga Peixoto, Tomás Antônio Gonzaga, João da Costa Rodrigues, Francisco Antônio de Oliveira Lopes, Salvador Carvalho do Amaral Gurgel, Vitoriano Gonçalves Veloso, Vicente Vieira da Mota, Antônio Oliveira Lopes, José Aires Gomes, Luís Vaz de Toledo Pisa, Domingos de Abreu Vieira, Francisco de Paula Freire de Andrada e José Álvares Maciel.

22

O CRIME DE QUERER SER LIVRE

No final do século XVIII, os efeitos da Revolução Francesa e da independência dos Estados Unidos assolaram de temor os reinos absolutistas na Europa, e também em suas colônias ultramarinas. As "francesias" ou os "abomináveis princípios dos franceses", assim catalogados, defendendo a liberdade e a igualdade — embora, na prática, nem sempre usando os métodos mais humanistas — eram um rastilho explosivo. Em muitas regiões da América do Sul, desde o início da década de 1790, tornava-se cada vez mais difícil controlar a propagação desses ideais entre as elites coloniais. Mesmo quando, como era o caso do Brasil, as tipografias haviam sido proibidas.

Ao mesmo tempo, um crescente clima de insatisfação se impunha às classes menos favorecidas, incluindo até os escravos e seus descendentes com cartas de alforria. Devido a alguma liberalidade, já nem todos eram "brutos" e simples "animais de carga"; muitos sabiam ler e escrever, mostrando capacidade de auto-organização, sobretudo através da participação em congregações religiosas. Ansiavam assim por melhores condições. Enfim, clamavam por igualdade.

Esse espírito considerado subversivo pairava nos ares da Bahia naquele ano de 1798. O então governador, Fernando José de Portugal e

Castro,[1] bem sabia das rebeliões recentes ocorridas ao redor do Brasil. Nas colônias de outras nações europeias começaram em São Domingos, passando depois por Guadalupe, Santa Lúcia, Cuba e Venezuela, e "contaminando" ainda a Jamaica e as Guianas. No entanto, em carta enviada a Lisboa em 17 de junho, estava seguro de que, "supostas as circunstâncias do século e lição dos papéis públicos — como por exemplo correios da Europa, gazetas inglesas, que não são proibidos, e outros que excitam a curiosidade, em que se descrevem os sucessos do mundo com reflexões bastante livres —, haja, como acontece em toda a parte, uma ou outra pessoa, especialmente entre a mocidade, menos cordata e leve de entendimento, que discorra com mais alguma liberdade sobre os acontecimentos da Europa, nem por isso se tem aqui [na Bahia] introduzido princípios jacobinos nem espécie de sociedade ou ajuntamentos perniciosos".

Ledo engano. Menos de dois meses depois, em 12 de agosto, pregados nas portas das igrejas da Bahia, e em diversas ruas, surgiram vários panfletos incitando uma revolta à francesa. Defendiam também a abolição da escravatura, o fim dos preconceitos raciais, a diminuição dos impostos, o aumento dos salários e a abertura dos portos ao comércio livre. E, pior do que tudo isso — na perspectiva colonialista, obviamente —, sustentavam a criação de uma república independente, instigando a população local, com um forte componente de mulatos, a levantar-se contra as autoridades portuguesas.

Recordando-se então da recente Inconfidência Mineira,[2] abortada anos antes, o governador procurou de imediato identificar os autores daqueles escritos insidiosos. Usou um método pouco ortodoxo: mandou comparar a caligrafia dos pasquins com todas as petições existentes na Secretaria de Estado e Governo do Brasil. Deve ter dado algum trabalho, mas não demais; a população que sabia escrever além do nome não passava de algumas centenas. Menos ainda, o número daquelas que tinham escrito algum requerimento. Durante o cotejo identificaram Domingos da Silva Lisboa, homem pardo nascido na capital portuguesa. Em 17 de agosto, foi jogado em um calabouço. De acordo com o respectivo auto,

---

[1] Futuro conde e marquês de Aguiar, ocupou, a partir de 1801, o cargo de vice-rei do Brasil até 1806. Regressou depois a Portugal e voltou ao Brasil com D. João VI, exercendo a função de secretário de Estado do Reino até sua morte em 1817, por vezes acumulando as pastas da Fazenda e da Guerra.

[2] Ver o capítulo "O Bode Expiatório que Virou Herói" (pág. 247).

no momento da detenção, vestia "camisa de bretanha, ceroulas de linho e sapatos nos pés". E usar sapatos naquela época era um sinal distintivo, merecedor de nota.

Enganaram-se no suspeito. Poucos dias mais tarde apareceram novos escritos, não apenas inocentando Domingos Lisboa, mas assegurando que a insurreição seria em breve. Em paralelo, uma carta anônima chegou à mão do próprio governador, seduzindo-o a assumir o comando de uma República da Bahia.

O patriotismo de Fernando José de Portugal e Castro — ou seu medo de se meter em uma furada se a Corte em Lisboa soubesse dessa oferta — levou-o a intensificar as averiguações. Assim, nomeou os desembargadores Manuel Magalhães Barbedo e Francisco Sabino Costa Pinto para uma investigação oficial. No final desta apuração minuciosa, prenderam Luís Gonzaga das Virgens e Veiga, também homem pardo e soldado do Primeiro Regimento da Linha. As "provas" contra o homem parecem ter sido mais políticas do que caligráficas. Em arquivos oficiais, desenterraram uma petição para promoção militar, onde ele tecia críticas à discriminação dos soldados mulatos e às desigualdades de tratamento inter-racial. De resto, conferidas as caligrafias, elas nem se pareciam. Porém os desembargadores concluíram que, "não obstante" a letra da petição estar "desfigurada ou disfarçada algum tanto", ele era o autor dos escritos subversivos.

Através de uma delação, poucos dias depois, novas informações chegaram ao governador sobre as movimentações de um outro homem pardo, João de Deus Nascimento, que supostamente andara convidando diversos militares do Regimento de Artilharia para uma reunião secreta, visando "formar uma rebelião e revolução". Este encontro, marcado no denominado Campo do Dique do Desterro, nunca se realizou, porque o governador da Bahia deu ordens prévias para deterem os suspeitos.

Ao longo dos meses seguintes, os dois desembargadores inquiriram cerca de trinta pessoas, ouvindo também um número imenso de testemunhas, entre as quais alguns senhores de engenho, homens livres, mulheres e escravos. Tiveram, então, certeza de que uma revolta estava mesmo sendo preparada. Porém, diante da delicadeza da questão, usaram um crivo social no tratamento dos suspeitos.

De fato, embora os protagonistas mais ativos fossem soldados e artesãos de baixo estatuto social, como alfaiates — aliás, este episódio ficou também conhecido como Revolta dos Alfaiates —, nas sombras encontravam-se também fazendeiros, advogados e homens letrados. As autoridades apuraram que diversos encontros secretos de caráter maçônico vinham sendo realizados nos arredores de Itapagipe e da Barra, onde discutiam questões políticas subversivas. Aliás, dentre as diversas obras confiscadas constava uma espécie de cartilha ideológica: a obra *Considérations, recherches et observations sur les États Généraux*, de Jean-Louis Carra, um dos membros ativos da Revolução Francesa iniciada em 1789.[3]

Quase todos esses membros maçônicos escapariam, contudo, das garras da justiça. E mesmo aqueles que foram detidos durante o processo — como o padre Francisco Agostinho Gomes, um rico negociante da região, ou Francisco Moniz Barreto de Aragão, um professor — acabaram sendo absolvidos ou sujeitados a penas leves. Após os acontecimentos em Vila Rica, com a Inconfidência Mineira, as autoridades coloniais não estavam interessadas em criar mártires entre as elites; não desejavam difundir a ideia de que pensamentos libertários e projetos de emancipação do Brasil se propagavam aqui e ali.

Por isso, de acordo com os autos dos desembargadores, oficialmente essa rebelião baiana foi um movimento apenas orquestrado por "indivíduos da mais baixa classe dos homens pardos", que intentavam um grande crime — e que crime! —, defender as "imaginárias vantagens e prosperidades de uma República Democrática, onde todos seriam comuns sem diferença de cor nem de condição". E com o objetivo único de "ocuparem os primeiros Ministérios, vivendo debaixo de uma geral abundância e contentamento".

Similar interpretação quis ter o governador baiano que, em carta endereçada a Lisboa, em outubro de 1798, garantiu à Corte que os líderes da conjuração eram apenas "quatro homens pardos, de péssima conduta e faltos de religião, [o que] me fez capacitar que, nestes atentados, nem entravam pessoa de consideração, nem de entendimento, ou que tivessem conhecimento e luzes, o que melhor se tem acontecido [percebido] pelas confissões destes réus".

Com tamanha "seleção" dos réus, o destino dos principais suspeitos já estava traçado antes mesmo do julgamento, apesar de tão fracas provas materiais. Bastou aos desembargadores a tênue semelhança entre a cali-

---

[3] Jean-Louis Carra, contudo, viria a ser guilhotinado em outubro de 1793, durante a denominada Era do Terror, quando mais de dezessete mil pessoas foram executadas em menos de dois anos, acusadas de serem contrarrevolucionárias.

grafia de Luís Gonzaga das Virgens e a dos escritos revolucionários, bem como os testemunhos acusatórios do gênero "disse que sabe por ouvir dizer". Além disso, José Barbosa de Oliveira, advogado da Santa Casa da Misericórdia nomeado para defender os réus, parecia mais preocupado em não se comprometer demais com a acusação que envolvia um crime de lesa-majestade do que os defender realmente. "Só o respeito e obediência constituíram ao débil defensor na precisa obrigação de tomar a defesa dos embargantes [réus]", justificou-se ele no julgamento, acrescentando que "ninguém se persuada que, nesta ação, eu me determinasse a outro fim mais do que mostrar o grau da prova, em que cada um se acha, para ser excluído da pena da lei. Como vassalo respeitoso à Augustíssima Soberana e Rainha Nossa Senhora, reconheço o horror do delito de que se trata; e esse reconhecimento é uma consequência infalível do ânimo que tive unicamente defendendo estes infelizes". Com um defensor assim, os réus nem precisavam de juízes.

Portanto, no dia 5 de novembro de 1799, através de uma sentença do Tribunal da Relação da Bahia, decretou-se, sem grande surpresa, o enforcamento dos soldados Luís Gonzaga das Virgens e Lucas Dantas do Amorim Torres, dos alfaiates Manuel Faustino dos Santos Lira e João de Deus Nascimento, e do ourives Luís Pires. Este último recebeu sua sentença à revelia. A condenação incluiu também o habitual confisco dos bens e a destruição de suas casas. E ainda jogaram sal nos terrenos dos réus, para neles "nunca mais se edificar". E, como se achassem tudo isso pouco, os desembargadores estenderam a infâmia dos réus aos descendentes até a terceira geração, o que significava que estes, mesmo se ainda não nascidos, jamais poderiam ocupar cargos na Administração Pública.

Os demais cúmplices da conjuração levados a julgamento — José de Freitas Sacota, Romão Pinheiro, Manuel de Santana, Inácio da Silva Pimentel, Luís de França Pires, José Félix da Costa e José do Sacramento — saíram condenados a exílio em várias regiões — em alguns casos, estranhamente, para fora dos domínios portugueses —, recebendo ainda, cada um, quinhentas chibatadas.

A execução dos quatro réus se consumou três dias após a leitura da sentença, no Largo da Piedade, na atual Praça da Liberdade, em Salvador da Bahia. Por volta das onze horas saiu o tétrico cortejo da prisão, encabeçado por uma banda de cornetas e tambores, seguida por diversas irmandades, de cruz erguida e com seus respectivos vigários. Logo atrás, caminhavam o porteiro do Conselho, dois frades franciscanos, além de todos os escrivães, meirinhos e o porteiro do Tribunal da Relação da Bahia; só depois vinham os condenados, com as mãos amarradas atrás das costas. Encerrando esta longa fila, empunhando a bandeira de Portugal, seguiam os representantes do Senado, os alcaides-mores e mirins, o procurador do Conselho, a irmandade da Misericórdia e, por fim, o carrasco.

Enforcaram primeiro Luís Gonzaga das Virgens. As últimas palavras dos condenados não soaram heroicas; apenas se dirigiram à misericórdia divina. Após a execução, suas cabeças foram decepadas e expostas no patíbulo, onde também colocaram o instrumento dos escritos revolucionários, ou seja, as mãos de Luís Gonzaga das Virgens. O resto das partes esquartejadas dos condenados — pernas, braços e troncos — espalharam em diversas ruas da cidade.

Relatos de época mencionam que, logo no dia seguinte, por causa do calor e de uma revoada de urubus, a Bahia transformou-se em um macabro e malcheiroso teatro. O governador Fernando José de Portugal e Castro deixou aquilo feder ainda mais. Somente permitiu a retirada daqueles tristes despojos no dia 15 de novembro, após insistentes solicitações dos irmãos da Misericórdia. Ou seja, uma semana depois das execuções.

FRANCESES
GUERRA
INVASÃO

23

A VINGANÇA SERVIDA QUENTE

O hábito de passear pelo Rio de Janeiro com coxas de frango nos bolsos do casaco, para ir petiscando pelo caminho, legou ao rei D. João VI uma imagem de imbecil que ainda hoje perdura no anedotário brasileiro. O aspecto bonachão daquele homem baixo e flácido, com mãos pequenas, coxas grossas, rosto arredondado que destoava do protuberante maxilar pontudo no queixo e coroado por um lábio grosso e pendente, em nada ajudou a afastar tal fama. Para piorar, atribuíram caráter de fuga à sua ida ao Brasil, pelo que foi tachado de covarde pelos que deixava e pelos que o recebiam. E ainda por cima um covarde acuado, pois, segundo as crônicas, enquanto saía Tejo afora, as tropas francesas do general Junot entravam por Lisboa adentro. Umas poucas horas de atraso na saída da frota, e aquele dia 29 de novembro de 1807 contaria outra história.

Nem sempre é o que parece. E neste caso não foi. Na verdade, a saída da família real portuguesa de Lisboa para o Brasil não se tratou de uma fuga, mas sim uma verdadeira retirada estratégica, sem trocadilhos. Perante um inimigo de enorme poder militar — as tropas napoleônicas — e um país vizinho, a Espanha, que desde o final do século XVIII se mostrava um vil traidor, a existência de Portugal como país independente corria sério risco.[1] Assim, diante da iminência da invasão de um contingente franco-espanhol de mais de trinta mil soldados, Portugal decidiu assinar um acordo secreto com a Inglaterra, que, a bem da verdade, sempre se mostrou mais fiel em alianças. De modo geral, estabeleceram que a monarquia lusitana seria transferida para o Brasil e os britânicos ficariam incumbidos de preparar um contra-ataque às tropas napoleônicas. Vista a distância, foi uma jogada de mestre. Napoleão poderia começar obtendo, em um primeiro momento, uma vitória fácil, mas que a prazo se mostraria uma vitória amarga. Ou seja, passaria a dominar um pequeno pedaço da Península Ibérica, que mais parecia um campo minado pelos ingleses, e nem sequer poderia tomar posse das colônias lusitanas de além-mar, porque o rei português as estaria governando a partir do Brasil.

Desde o século XVI, a França sempre desejara criar raízes na América do Sul. E bem tentara fazer isso, mas quase sempre se saindo muito mal. Ou, melhor dizendo, saindo por mal. A primeira tentativa, bastante pífia em dimensão e tempo de permanência, ocorreu em março de 1531; os franceses tomaram posse da pequena ilha pernambucana de Santo Aleixo, com apenas 36 hectares. Mesmo assim, antes do fim daquele ano, já tinham sido expulsos pelos portugueses.

Até o final do século ainda percorreram as costas do Ceará, Paraíba e Rio Grande do Norte, mas pouco mais fizeram além de efêmeras feitorias de escambo de pau-brasil. Seu projeto mais arrojado — a colônia na baía de Guanabara criada em 1555, por iniciativa de Nicolas Durand de Villegagnon — durou cinco escassos anos. Na segunda década do século XVII, fundaram então Saint Louis, no Maranhão. Novo fiasco. Em 1615, três anos depois da chegada, foram escorraçados. No século seguinte, exceto pelo sucesso do segundo assalto ao Rio de Janeiro em 1711, os franceses continuaram colecionando fracassos. Por iniciativa da Companhia Francesa das

---

[1] Após a Revolução Francesa, e, sobretudo, com as execuções do rei Luís XVI e da rainha Maria Antonieta em 1793, a Espanha convenceu Portugal a combater os republicanos franceses. Na Campanha do Rossilhão, que decorreu até 1795, as forças luso-espanholas apoiadas pela Inglaterra saíram derrotadas. Com a ausência de representantes lusitanos no Tratado de Basileia, a França assinou a paz com a Espanha mas se manteve formalmente em estado de guerra contra Portugal. Seis anos mais tarde, a Espanha associou-se à França e invadiu a região sul de Portugal, anexando Olivença (que ainda hoje permanece como uma zona de conflito diplomático entre os dois países ibéricos). E com a participação nas invasões napoleônicas consumou-se ainda mais a traição espanhola a seu antigo aliado.

Índias Ocidentais, sob o comando do Capitão Lesquelin, tomaram, no fim de 1736, a ilha de Fernando de Noronha, então batizada Île Dauphine, que também caiu em mãos lusitanas em menos de um ano.[2]

O único reduto sul-americano que os franceses conseguiram colonizar, e manter até o fim do século XVIII, à custa de muito esforço, foi um pedaço de território na região das Guianas, entre os deltas do Amazonas e do Orinoco.[3] Inicialmente descoberto por Cristóvão Colombo, e explorado depois pelo espanhol Vicente Yáñez Pinzón, aquela região não despertara o interesse dos reinos ibéricos. No início do século XVII, antes de optar pela tentativa de colonização do Maranhão, o francês Daniel de La Touche, senhor de La Ravardière, já havia feito ali algumas paradas.

Depois se serem escorraçados do Maranhão, e enquanto os ibéricos e holandeses ficavam entretidos guerreando no Nordeste brasileiro, os franceses apostaram tudo naquela região das Guianas. Primeiro, por iniciativa do cardeal Richelieu e, depois, de Constant d'Aubigné e de Charles Poncet de Brétigny, enviaram centenas de pessoas para estabelecerem povoados e desenvolverem a agricultura. Aquela terra era efetivamente rica em madeira exótica e em produtos como anil, algodão, cana-de-açúcar, café, baunilha e outras especiarias. Porém, se as plantas gostavam do clima úmido, os mosquitos o adoravam — e mais ainda o sangue quente dos europeus. As sucessivas epidemias confirmaram que os deuses não andavam a favor da França. Em 1648, restavam ali apenas cerca de 25 colonos.

Não desistiram; mandaram mais gente. E foi mais do mesmo. Mais alvos para a malária. E também para as flechas dos indígenas. Naquela época, a vida nada valia para quem, na Europa, mandava os colonos para aquelas insalubres terras tropicais. Alguns concordavam em ir pela aventura; muitos outros seguiam forçados, como degredados ou para obter perdão por crimes. Uma parte substancial nem sequer teve tempo para ficar doente; os índios logo cuidaram deles. Por exemplo, em 1652, uma expedição de 650 colonos franceses foi dizimada assim que tocou a terra.

---

[2] Ver os capítulos "*L'Inaccessible Ville Merveilleuse*" (pág. 37) e "No Maranhão Ninguém Põe a Mão" (pág. 51).

[3] No Caribe, os franceses conseguiram, a partir de 1635, durante o governo do cardeal Richelieu, dominar a ilha de Martinica e o arquipélago de Guadalupe. Porém, entre o fim do século XVIII e a queda de Napoleão, sofreram ataques bélicos dos ingleses, perdendo-as temporariamente.

Se naquela época os portugueses estavam mais interessados na colonização do Maranhão e do Pará, e em recuperar Pernambuco, isso não significa que a França teve descanso nos intervalos dos ataques de índios e mosquitos. Holandeses e ingleses, que nesse meio-tempo tinham se instalado nas regiões adjacentes, nos atuais territórios da Guiana e do Suriname, também cobiçaram aquelas terras que os franceses queriam para si. A famigerada e belicosa Companhia Neerlandesa das Índias Ocidentais mostrou os dentes em 1658 e tomou posse de Caiena e arredores, substituindo os franceses por centenas de colonos judeus. Ficaram ali por seis anos. Recuperada por um tratado de paz, esta colônia passou a estender-se até Sinnamary, mas então vieram os ingleses trazer problemas. Somente em julho de 1667, com a assinatura de novo tratado na cidade holandesa de Breda, a contenda se resolveu. Os três países europeus acabaram distribuindo as Guianas entre si: os franceses mantiveram a "sua", a República das Sete Províncias Unidas dos Países Baixos ficou com o atual território de Suriname e à Inglaterra restou a parcela da atual Guiana. Mesmo assim, como habitualmente, nos anos seguintes ocorreram novos conflitos na região, desrespeitando o acordo político. Por exemplo, em 1676, os holandeses atacaram de forma episódica a colônia francesa.

Em consequência à Guerra de Sucessão Espanhola, iniciada em 1702, que culminou na assinatura dos tratados de paz de Utrecht em 1713 e 1714, as fronteiras da região das Guianas ficariam ainda mais bem definidas, incluindo os limites da parte oriental, ou seja, a linha divisória entre a Guiana Francesa e o Amapá.[4] Nos acordos firmados em Utrecht, a fronteira luso-francesa ficou delimitada pelo rio "Japoque", que na época achavam ser o Oiapoque. Contudo, mais tarde, os franceses argumentavam que o rio em questão era o Araguari, o que aumentaria o território de sua colônia em cerca de 260 mil quilômetros quadrados. Independentemente desta controvérsia, a França conseguira, por fim, instalar-se, sem mais contestações, na América do Sul. Todavia, obviamente, não conseguiu se livrar dos males da Natureza. Por exemplo, em 1763, uma epidemia vitimou 10 mil dos 12 mil colonos.

Enfim, os franceses chegavam assim à primeira década do século XIX "apenas" com um pedaço das Guianas, depois de infindáveis sofrimentos e apertos. E em lugar tão recôndito que suas pequenas ilhas eram

[4] Somente em 1943, a região que faz fronteira com a Guiana Francesa ficou autônoma do Pará, com a criação do Território Federal do Amapá, que se tornou um estado em 1988.

a parte mais útil, servindo de exílio de criminosos e indesejáveis.[5] Por isso, a intempestiva saída de D. João VI e da família real lusitana para o Brasil frustrava a esperança de Napoleão de alargar em uma só tacada seus domínios ultramarinos.

O mal, porém, nunca vem sozinho. Entrando com canhões em riste, logo a França viu os tiros em Portugal lhe saírem pela culatra em suas terras da América do Sul. De fato, após uma breve passagem por Salvador da Bahia, a Corte portuguesa rumou para o Rio de Janeiro, aportando em 8 de março de 1808. E dois dias não tinham ainda passado, D. João VI tomou uma de suas primeiras decisões: anexar a Guiana Francesa. Demonstrava assim que não era covarde e, do ponto de vista territorial, ficava quase elas por elas. Napoleão abocanhara 89 mil quilômetros quadrados de Portugal na Europa, enquanto, na América do Sul, os portugueses davam o troco pegando 84 mil quilômetros quadrados dos franceses.

Embora a França tivesse instalado diversas fortalezas por toda a Guiana, incluindo uma perto do rio Oiapoque, suas forças militares concentravam-se sobretudo em Caiena. No entanto, a defesa da colônia era fraca; não chegava a mil homens. Na capital, o comissário Victor Hugues contava com pouco mais de quinhentos militares, duzentos milicianos e vários escravos armados. Tomar a região não era, por isso, uma façanha impossível de se alcançar com meios razoáveis.

Magalhães de Menezes, capitão-general e governador do Grão-Pará, foi incumbido da coordenação das operações de invasão lusitana, apesar da execução ter ficado a cargo do tenente-coronel Manuel Marques d'Elvas Portugal. Rapidamente prepararam duas companhias de granadeiros e duas companhias de soldados dos regimentos da Linha de Estremoz, acompanhados de uma bateria de artilharia com peças de seis polegadas.

Agrupando cerca de 450 homens, a expedição partiu de Belém do Pará em 8 de outubro, sete meses exatos após a chegada de D. João VI ao Rio de Janeiro. Passaram por Chaves, onde o contingente foi reforçado por colonos e indígenas, e depois por Caviana, dobrando o Cabo Norte. Aguardaram então por reforços em Caciporé. E não eram pouca coisa.

[5] Ao largo da Guiana Francesa existem as ilhas da Salvação — assim denominadas por missionários que ali se refugiaram em tempo de epidemias —, onde ironicamente se destaca a ilha do Diabo, uma brutal colônia penal francesa que começou a receber prisioneiros ainda no século XVIII, sendo encerrada apenas em 1953.

Por um lado, uma esquadra inglesa capitaneada por James Lucas Yeo, que aportara em Belém, onde embarcaram mais 350 soldados do regimento de Estremoz, liderados pelo major Palmeirim. Por outro, dois navios de guerra, com dezoito canhões cada, comandados por Luís da Cunha Moreira e um corpo de tropas especializadas — o primeiro grupo de fuzileiros navais criado em terras brasileiras.[6] Quando todos se juntaram, em 29 de novembro, na foz do rio Caciporé, as forças militares totalizavam mais de 1.100 soldados, além de algumas centenas de milícias e indígenas.

Sem encontrar resistência, as tropas galgaram o rio Oiapoque, chegando a um lugar denominado Ponta do Vigia, de onde enviaram um "manifesto" ao governador francês Victor Hugues. Decretavam a posse daquelas terras em favor de D. João VI. Se os franceses ainda não sabiam das intenções do regente lusitano, ficaram sabendo. Também pouco importava; a ideia nunca fora um ataque-surpresa. Os portugueses, sabendo que detinham supremacia militar, talvez até pretendessem mostrar ao inimigo, por antecipação, que naquelas terras sul-americanas o "Napoleão" se chamava João. Não desejavam uma conquista; queriam uma rendição.

Sem aguardar resposta, em 14 de dezembro a nau de guerra de James Lucas Yeo seguiu para a foz do Approuague, já bem para dentro da Guiana Francesa, onde trinta ingleses e vinte fuzileiros comandados por Cunha Moreira desembarcaram. Dias depois, chegaram os reforços terrestres de Marques d'Elvas Portugal. Os primeiros confrontos com os franceses ocorreram nos derradeiros dias de 1808. Os portugueses venceram com facilidade. Dali até Caiena era um pulo, tendo no meio do caminho apenas três pequenas fortificações. No fim da primeira semana de janeiro de 1809, os portugueses ancoraram junto à ilha de La Mère, escolhendo estrategicamente uma pequena enseada na margem esquerda da foz do Mahury, entre o Fort Diamant e o Fort Dégras des Cannes, e não muito longe do Fort Trió. A segunda fortificação francesa rendeu-se de imediato ao primeiro ataque. Um pouco mais sangrenta foi a tomada de Fort Trió, em 7 de janeiro, que resultou na morte de algumas dezenas de soldados de ambos os lados. Com falta de pólvora, os franceses recuaram para Caiena.

Terra conquistada, terra queimada — triste sina em tempos de guerra. Após a vitória, vieram os saques habituais que ditaram a destruição de

[6] Anos mais tarde, Luís da Cunha Moreira ocupou o cargo de ministro da Marinha do Brasil, tendo sido agraciado com o título de barão e, depois, de visconde de Cabo Frio.

cerca de trinta fazendas, sendo a maior delas a do governador Hugues. Contando com mais de dois mil escravos, esta propriedade representava cerca de um quinto de toda a produção agrícola da Guiana Francesa. Sabe-se que em muitos casos, como também era usual, a destruição foi causada por escravos respirando liberdade, mas os portugueses acusaram mais tarde o comandante inglês James Lucas Yeo de incendiar muitas propriedades para esconder seus roubos. Foi, enfim, como se diz em Portugal, um "fartar, vilanagem".

Após dias de selvageria e roubalheira, faltava o último bastião: Caiena. Mas lá, no fim das contas, nem sequer foi necessário guerrear. No dia 12 de janeiro, com as tropas luso-inglesas às portas da capital, o governador Hugues depôs suas armas, pressionado por um abaixo-assinado de colonos franceses. Poupou todos, talvez, de um banho de sangue. Dois dias depois, a carta de rendição, escrita em três línguas, formalizava a entrega da soberania da colônia a Portugal, acompanhada de quinhentos fuzis e duas bandeiras francesas. Cerca de seiscentos soldados da guarnição de Caiena, bem como Victor Hugues, foram devolvidos à França, onde chegaram em abril daquele ano.

Depois dessa conquista, a vida dos lusitanos na Guiana também não se mostrou fácil. Marques d'Elvas Portugal foi nomeado governador, com a tarefa prioritária de reforçar a defesa da costa e restabelecer a produção agrícola, mas, assim como os franceses já tinham sentido na pele, e no corpo, as doenças começaram a dizimar os portugueses. Ao longo do primeiro ano da permanência, o hospital militar de Caiena assistiu cerca de duzentos homens, quase todos sofrendo de malária. Entre 1812 e 1816, registrou-se a morte de 130 soldados, além de 118 repatriações por doença. Houve também 69 desertores.

As péssimas condições de vida e alguma inépcia das autoridades administrativas e militares — não tendo também ajudado a excêntrica concessão lusitana, assumida no ato de rendição francesa, em manter a ordem jurídica napoleônica naquele território — trouxeram um crescente sentimento de insatisfação nas tropas. Logo em 9 de junho de 1809 surgiu uma faísca de motim, que acabaria iniciando um incêndio dois anos mais tarde. No dia 5 de março de 1811, soldados revoltados abandonaram os quartéis em colunas, marchando em direção à praça principal de Caiena. Armados de lanças, sabres e facas — já que não lhes disponibilizavam sequer munições —, foram repelidos a tiro de canhão por regimentos leais. Um banho de sangue.

O tempo foi passando, na Guiana e na Europa, e os projetos imperialistas de Napoleão Bonaparte caíram por terra. Depois de ter suas tropas expulsas pela terceira vez do território português, em 1811, a França sofreu sucessivos reveses em outros países.[7] Após a fracassada campanha da Rússia, em 1812, no ano seguinte, perdeu a Espanha. Depois, veio a pesada derrota na batalha de Leipzig. Napoleão foi obrigado a se exilar na ilha de Elba. Por pouco tempo, porém, pois regressou ao poder em Paris no início de 1815, embora por curto prazo. Derrotado em meados daquele ano na decisiva batalha de Waterloo, baniram-no para a ilha sul-atlântica de Santa Helena, onde morreria em maio de 1821.

Durante o Congresso de Viena, que redesenharia o mapa da Europa pós-napoleônica, com implicações nas colônias ultramarinas, Portugal concordou em restituir a Guiana Francesa ao novo rei francês, Luís XVIII. Formalmente devolvida apenas em 21 de novembro de 1817, o novo governador Claude Carra-Saint-Cyr demoraria ainda quase um ano para tomar posse em Caiena. Terminava assim a aventura portuguesa naquela região.

Apesar dessa devolução, os objetivos primordiais de D. João VI foram plenamente alcançados. Além de ter sido o primeiro monarca que, mesmo afastado da Europa, anexou um território pertencente a Napoleão, a administração portuguesa durante quase uma década na Guiana Francesa trouxe inegáveis vantagens. Por um lado, consolidou definitivamente os direitos de Portugal sobre os territórios do atual estado do Amapá, que se estenderam ao Brasil após sua independência.[8] Por outro lado, possibilitou a obtenção de técnicas de aclimatação de muitas plantas exóticas — sobretudo de especiarias cultivadas na fazenda guianense de La Gabrielle —, que muito beneficiaram as produções agrícolas.

---

[7] Foi decisiva, nesse período, a derrota napoleônica na batalha da serra do Buçaco, em setembro de 1810, e a impossibilidade das tropas francesas comandadas por Massena em transpor a região de Torres Vedras em direção a Lisboa, devido à linha de fortificações construídas por ordem de Arthur Colley Wellesley, duque de Wellington. Este militar britânico viria mais tarde a derrotar Napoleão na batalha de Waterloo e assumiria, entre 1828 e 1830, o cargo de primeiro-ministro do Reino Unido.

[8] Em todo o caso, em 1895, após a descoberta de minas de ouro na região, tropas francesas invadiram o Amapá, sendo inicialmente repelidas por militares brasileiros sob comando de Francisco Xavier da Veiga Cabral. O conflito foi sanado diplomaticamente em um tribunal em maio de 1900, na cidade suíça de Genebra, confirmando o rio Oiapoque como fronteira, e dando assim razão ao Brasil. A defesa brasileira esteve a cargo do famoso barão do Rio Branco.

A utilidade agrícola da Guiana Francesa foi, aliás, rapidamente transformada em prioridade pelo regente português. De fato, logo em dezembro de 1809, poucos meses após a conquista portuguesa, o administrador de La Gabriele, Joseph Martin, recebeu instruções para enviar diversas remessas de 82 espécies de plantas para o Brasil. Entre estas estavam a noz-moscada, a canela, a carambola, a moringueira, o cravo-da-índia, a groselheira-da-índia, a pimenteira, o bilimbi, o sapoti, a nogueira-de-bancul e a cana-caiana.

Muitas plantas guianenses também serviram para enfeitar várias cidades brasileiras. Por exemplo, o Horto Real do Rio de Janeiro, criado ainda em 1808, antecessor do atual Jardim Botânico, "alimentou-se" de inúmeras espécies trazidas daquela região. Com certeza, D. João VI as apreciara, cheirando e admirando, enquanto saboreava coxas de frango, antes de seu regresso a Portugal em 1821.

24

A REPÚBLICA TINGIDA DE SANGUE

No tricentésimo trigésimo terceiro dia do ano de 1807, mais precisamente em 29 de novembro, quando D. João VI deixou os franceses no porto de Lisboa a ver navios, Portugal vivia já sob inédita administração. Desde 10 de fevereiro de 1792, uma junta de dezessete médicos confirmara o "notório impedimento da rainha" D. Maria I para tratar de "coisas tão embaraçadas e ponderosas" como governar. Estava louca, portanto. E assim, um dos mais antigos reinos da Europa ficou sendo administrado por mais de quinze anos por um sistema de regência, o mais duradouro da história lusitana.[1] O Brasil, que nunca antes vira um rei, acabou recebendo formalmente uma rainha alienada, D. Maria I, e um príncipe que, na aparência, mas apenas nisso, não ficava atrás da mãe.

O tempo foi passando e D. Maria I continuou firme e forte. E louca.

[1] Se excluirmos os reis portugueses que herdaram o trono quando menores ou em ocasiões especiais (ausência do monarca ou sua debilidade antes da morte), a mais longa regência fora exercida por Pedro II, que substituiu o irmão Afonso VI, entre janeiro de 1668 e setembro de 1683, ou seja, por quinze anos e oito meses. No entanto, esta regência estava mais para um "golpe de Estado", já que Afonso VI fora obrigado a abdicar. Pedro II de Portugal foi apenas formalmente coroado após a morte do irmão e seu reinado durou até dezembro de 1706.

Afastada do governo por demência aos 58 anos, tornou-se sexagenária, depois septuagenária e ainda octogenária. Nunca um monarca português durara tanto. Somente em março de 1816, deixou o mundo dos vivos, já então com o título de soberana do Reino Unido de Portugal, Brasil e Algarves, estatuto atribuído por decreto assinado pelo filho no final do ano anterior.[2] Rainha morta, rei coroado. Finalmente, D. João VI poderia passar a ostentar o título de rei.

Qualquer outro herdeiro de um trono ansiaria ser imediatamente coroado — ou, na verdade, no caso português, ser aclamado[3] — com pompa e circunstância; mas não D. João VI. Além de sua natural predisposição para fazer tudo com calma, a morte da mãe o deixou desolado. Uma missiva da época relata que durante muito tempo ele "perdeu o comer e ainda persiste em contínuo pranto". Não era como muitos outros herdeiros que pranteavam em um dia e se rejubilavam no outro.

Por outro lado, o ano de 1816 mostrou-se muito febril e fértil em manobras políticas. Além da invasão da Cisplatina, que se tornaria um êxito,[4] D. João VI trabalhou com afinco para restabelecer as relações diplomáticas com a Espanha após a queda de Napoleão. Como ponto alto dessa renovada amizade ibérica, em setembro, duas de suas filhas foram entregues à família real espanhola: D. Maria Isabel Francisca de Bragança se casou com o rei Fernando VII e D. Maria Francisca Assis de Bragança desposou Carlos de Bourbon, conde de Molina.[5]

Enfim, D. João VI não tinha pressa. Afinal, era regente incontestável havia 16 anos; era como se já fosse rei — e é bom recordar que cinco monarcas lusitanos não tinham durado tanto tempo com a coroa na cabeça. A aclamação era mera formalidade, embora revestida de grande simbolismo, mais ainda por se tratar da primeira cerimônia a ser realizada em terras sul-americanas.

---

[2] Formalmente, o reinado de D. Maria I durou praticamente 39 anos, mas apesar de ter morrido aos 81 anos, seu governo foi apenas o quinto mais longo, ficando atrás de D. João I (48 anos), D. Afonso Henriques (46 anos), D. Afonso V e D. João V (43 anos, ambos).

[3] Formalmente, desde o reinado de D. João IV — o primeiro após o domínio espanhol ter cessado em 1640 —, os reis portugueses passaram a ser aclamados, porque este monarca decidiu entregar a coroa a Nossa Senhora.

[4] Ver o capítulo "Um Reino a Quatro Mãos" (pág. 287).

[5] Fernando VII e Carlos de Bourbon eram irmãos de D. Carlota Joaquina, portanto, tios de suas mulheres. Maria Isabel Francisca de Bragança foi rainha consorte da Espanha por curto tempo, pois morreu no fim de 1818, por complicações no parto.

Em todo o caso, jamais um de seus antepassados protelara por tanto tempo a investidura. Geralmente decorria um, dois, três meses se tanto, após a morte do monarca anterior. E tendo D. Maria I partido do mundo dos vivos em março de 1816, estranhava-se que o ano se despedisse sem aclamação.

Embora não existam documentos oficiais que verdadeiramente o atestem, D. João VI somente agendou a cerimônia mais de um ano após a morte de sua mãe. Segundo as *Memórias para servir à história do Reino do Brasil*, escritas por Luís Gonçalves dos Santos, conhecido como padre Perereca,[6] a data prevista era o dia 7 de abril de 1817. Se assim foi, perdeu o efeito. Os pernambucanos vieram estragar a festa.

Desde 1816, sofrendo uma grave crise agrícola e alimentar, a insatisfação popular na capitania pernambucana — que abrangia também, na época, os territórios da Paraíba, do Rio Grande do Norte, do Ceará, de Alagoas e de uma parcela ocidental da Bahia — aumentara ainda mais no final daquele ano com o anúncio de um novo imposto. A Corte no Rio de Janeiro queria financiar a iluminação pública da cidade. E as noites em Recife, Olinda e outros povoados eram escuras como breu. E continuariam a ser.

Ao mesmo tempo, prevalecia um descontentamento latente e crescente na região pela presença maciça de reinóis em cargos da administração pública, acusados de não defender convenientemente os interesses da capitania. Em suma, os pernambucanos sentiam-se explorados — e a História mostrara com fartura de exemplos que aquele povo tinha sangue nos olhos, como viram os holandeses no século XVII, e se tornara evidente na Guerra dos Mascates no início do século seguinte.[7] Por outro lado, ventos revolucionários também haviam soprado por ali, como acontecera em Minas Gerais e na Bahia no final do século XVIII.[8] Com efeito, em 1801, somente uma delação impediu o avanço de uma conspiração pernambucana por membros da loja maçônica Areópago de Itambé. Este episódio foi mantido em segredo durante muito tempo, não tendo sequer existido julgamento dos líderes, tampouco há agora docu-

---

[6] Na época, "perereca" denominava uma pessoa pequena e irrequieta.

[7] Ver os capítulos "Os Estranhos Caminhos do Patriotismo e da Traição" (pág. 89) e "Os Heróis Não São Eternos" (pág. 163).

[8] Ver os capítulos "O Bode Expiatório que Virou Herói" (pág. 247) e "O Crime de Querer Ser Livre" (pág. 259).

mentos detalhados. Contudo, sabe-se que os propósitos dos conjurados passavam pela constituição de uma república sob proteção do então poderoso imperador francês Napoleão Bonaparte.

Apesar dos vestígios de agitação social ao longo de 1816, a Corte no Rio de Janeiro nada fez para atenuar os problemas sociais e econômicos em Pernambuco. E assim bastou em Recife uma pequena faísca, quase uma futilidade, para incontroláveis tumultos estourarem. Durante a festa da Estância, no dia 6 de março, em comemoração à derrota holandesa do século XVII, um alferes negro do regimento dos Henriques, descendente de escravos, teria surrado um português que o injuriou. O desacato alastrou-se entre os militares e a população, que tomaram partidos distintos, e o que não foi resolvido por bem, o governador Caetano Miranda Montenegro mandou que resolvessem por mal. Seguiram então contingentes para prender todos os implicados, sem distinção. Porém, reagindo à voz de prisão, o capitão José de Barros Lima, conhecido como Leão Coroado, matou a golpes de espada o comandante Barbosa de Castro. Mesma sorte teve um ajudante de campo. Na companhia de outros militares, o primeiro regimento rebelde tomou então o quartel, soltou presos e ergueu trincheiras nas ruas.

Rebentada a rebelião, o governador pensou ser melhor encontrar um porto seguro: refugiou-se no Forte do Brum. Cercado por mais de oitocentos homens, acabou se rendendo, sem resistência, no final do dia seguinte, e foi enviado ao Rio de Janeiro. A Corte, irritada com a rendição, sem que ao menos um tiro fosse dado contra os revoltosos, deteve-o na prisão da ilha das Cobras. Talvez não apenas por isso. De fato, imediatamente após a independência brasileira, Caetano Miranda Montenegro chegou a ocupar os cargos de ministro da Fazenda e da Justiça, e foi também senador. E até foi agraciado com o título nobiliárquico brasileiro de marquês de Vila Real da Praia Grande, atual Niterói.

Como Recife estava sem governador, um grupo de maçons militares rebeldes aproveitou a anarquia e decidiu dar um passo ousado, talvez por força das circunstâncias: instaurar uma verdadeira república. Seguindo então o modelo francês, elegeram um governo provisório que incluía representantes de todas as classes profissionais: Manuel Correia de Araújo, um expoente da elite agrária; Domingos José Martins Pessoa, um dos mais dinâmicos comerciantes da região, iniciado na maçonaria londrina; José Luís de Mendonça, um destacado magistrado; Domingos Jorge Martins Pessoa, um dos capitães da revolta inicial; e o influente padre João

Ribeiro Pessoa de Melo Montenegro. Este último, também conhecido como padre Miguelinho, foi eleito presidente provisório desta junta, que contava ainda com um conselho consultivo encabeçado pelo magistrado Antônio Carlos Ribeiro de Andrada Machado, irmão do célebre José Bonifácio de Andrada e Silva.[9] Pouco mais tarde, em maio, Domingos Jorge Martins Pessoa seria nomeado "ditador da República", cargo que não tinha a conotação atual. No tempo dos romanos, um ditador era um magistrado investido pelo Senado com o poder de ditar e supervisionar as leis, por um período de apenas seis meses, quando as instituições nacionais corriam perigo.

Em harmonia com as ideias liberais, esta junta republicana avançou com uma profunda e progressista legislação, decretando a liberdade de consciência e de imprensa, aprovando uma Declaração dos Direitos Naturais, Civis e Políticos do Homem e autorizando qualquer culto, embora adotassem o catolicismo romano como religião oficial. Contudo, como símbolo distintivo de identidade pernambucana, nas missas católicas substituíram o vinho pela cachaça e o trigo das hóstias pela mandioca. Foi também criada uma bandeira, apresentada à população no Campo do Erário, atual Praça da República, em 21 de março. As relações no trato pessoal também sofreram mudanças, por decreto todos passaram a ser "patriotas" e universalizaram o tratamento por "vós", independentemente da condição social. Porém isto se mostrou a maior contradição desta revolução de inspiração francesa, pois a escravatura foi mantida, porque a mão de obra dos principais fazendeiros, pilares deste movimento, ainda dependia dela.

Em uma tentativa de obter apoio em toda a vasta região nordestina, a Junta Governativa enviou emissários às províncias vizinhas. Na Paraíba, o novo regime republicano se instalou em Itabaiana, sob o comando do capitão Manuel Clemente Cavalcanti. No Rio Grande do Norte, o poderoso senhor de engenho André de Albuquerque Maranhão também aderiu aos princípios revolucionários, içando a bandeira na cidade de Natal.

---

[9] José Bonifácio de Andrada e Silva (1763-1838) é considerado o Patriarca da Independência do Brasil, devido a seu papel crucial nas primeiras fases do novo reino. Sua relação com D. Pedro I do Brasil seria, contudo, atribulada. Chegou a ser exilado, mas depois tornou-se tutor do herdeiro do império. Teve também um papel fundamental como naturalista em Portugal. Por exemplo, em 1815 publicou um pioneiro tratado de silvicultura: *Sobre a necessidade e utilidade do plantio de novos bosques em Portugal*, uma obra ainda hoje bem atual.

Menos bem-sucedidas terminaram as incursões diplomáticas de outros emissários. No Ceará, o seminarista José Martiniano de Alencar, futuro pai do célebre romancista José de Alencar, acabou sendo detido pelas autoridades portuguesas. E na Bahia coisa pior aconteceu com José de Inácio de Abreu e Lima, conhecido como padre Roma. Preso por ordem do conde de Arcos, então governador da capitania, foi julgado em processo sumário e fuzilado logo em seguida.

Em paralelo, a nova República de Pernambuco procurou também auxílio no estrangeiro. Félix Tavares de Lima seguiu para Buenos Aires e depois para a Inglaterra, enquanto Antônio Gonçalves da Cruz e Domingos Pires Ferreira se deslocaram aos Estados Unidos. Apesar de bem recebidos por um secretário de Estado do recém-empossado presidente norte-americano James Monroe, não alcançaram o reconhecimento de Pernambuco como nação.

Sem grande apoio externo, o tempo passou a correr contra a junta republicana. Antes mesmo de a Corte no Rio de Janeiro reagir — as notícias da revolta só chegaram lá em 29 de março de 1817 —, o conde dos Arcos ordenou um bloqueio naval a Pernambuco. Sitiados os principais portos, uma forte carência alimentar tirou o ânimo da população local, provocando uma debandada geral, sobretudo em Recife. Pouco depois, por via de um empréstimo do Banco do Brasil, o rei D. João VI enviaria uma esquadra com cerca de oito mil homens para auxiliar as tropas baianas.

Em 20 de maio, temendo um ataque iminente, o governo revolucionário de Pernambuco refugiou-se em Olinda, deixando a defesa de Recife a cargo do coronel Domingos Teotônio Jorge. Ou melhor, deixaram-no à sua sorte. Três dias depois, as tropas do conde de Arcos entraram em Recife. A rendição total da efêmera República se consumou no mês de junho de 1817, já quase sem resistência dos independentistas.

Indicado por D. João VI, o novo governador de Pernambuco, Luís do Rego Barreto, teria recebido instruções para agir com alguma benevolência, mas assim não procedeu e o mesmo se passou com o conde dos Arcos. Mais católicos do que o papa, semearam a crueldade. Durante os meses seguintes, as tenebrosas represálias não se restringiram aos principais líderes do movimento revolucionário. Prisões indiscriminadas, espancamentos e outras atrocidades inundaram a região. Em muitos casos, a vingança e os ajustes de contas estiveram na base dessas ações. Um desses casos atingiu o célebre Frei Caneca, batizado com o nome de

Joaquim da Silva Rabelo, que efetivamente foi um dos mentores do movimento. Anos mais tarde, escreveu que fora denunciado por dois colegas carmelitas. As razões: "O primeiro quis vingar-se porque reprovei-o em gramática latina quando foi meu aluno. O segundo, que é Caixa da Ordem, ambicionava o cargo de Secretário Visitador, para o qual eu deveria ser indicado no próximo Capítulo Provincial."

Em consequência a essa insurreição republicana, Domingos José Martins, José Luís de Mendonça e o padre Miguelinho, considerados os mentores da República de Pernambuco, foram enviados para a Bahia e condenados à morte por um júri presidido pelo próprio conde dos Arcos. Em Recife também foram executados Domingos Jorge Martins Pessoa, José de Barros Lima, o tenente Antônio Henriques Rabelo e o padre Pedro de Sousa Tenório. No total ergueram treze forcas em ambas as cidades. Depois, esquartejaram os corpos dos réus; as cabeças e as mãos ficaram expostas em locais visíveis durante semanas, para servir de exemplo.

O padre Miguelinho, o primeiro presidente provisório da efêmera República de Pernambuco, não seguiu para o patíbulo, porque conseguiu escapar da prisão. Contudo, desolado com a derrota, suicidou-se poucos dias depois. A sede justiceira do novo governador, Luís do Rego Barreto, não esfriou. Mandou exumar o corpo sepultado na capela de Nossa Senhora da Conceição, e decepar a cabeça do cadáver, que ficaria exposta na Praça do Pelourinho, em Recife, durante dois longos anos.[10]

Nesse meio-tempo, os emissários pernambucanos enviados aos Estados Unidos, desconhecendo o fracasso da revolução, acabaram sendo detidos ao largo de Recife, antes mesmo de desembarcarem. Traziam consigo quatro veteranos militares de Napoleão, exilados na América do Norte. Segundo consta, eles tinham aceitado auxiliar os rebeldes na implementação de uma defesa estratégica. Se fossem alcançados os objetivos, a fase seguinte incluía o resgate de Napoleão de seu exílio em Santa Helena; sonhavam com sua liderança para a expansão da República de Pernambuco. A ideia pode ser considerada estapafúrdia, mas mostrava-se executável, afinal, Recife localiza-se apenas a pouco menos de 1.800 milhas náuticas daquela colônia inglesa no meio do Atlântico, ou seja, um pouco menos de 3.300 quilômetros.

[10] Mais tarde, a cabeça foi doada ao Instituto Arqueológico e Geográfico Pernambucano e apenas regressou ao descanso eterno no ano de 2011, numa cerimônia solene em honra dos mártires da Independência brasileira.

No Rio de Janeiro, o rei D. João VI ficou aliviado com a rapidez da supressão da revolta, mas não autorizou grandes manifestações de vitória. "Correu sangue dos meus vassalos", disse para aplacar os festejos.

Mas outra festa se fez, por fim. Cerca de meio ano depois da aniquilação da República pernambucana, em 28 de janeiro de 1818, foi publicado um decreto marcando o dia 6 de fevereiro seguinte para a cerimônia de aclamação de D. João VI. Receberia, então, o inédito e pomposo título de rei do Reino Unido de Portugal, Brasil e Algarves, d'Aquém e de Além-Mar em África, Senhor da Guiné e da Conquista, Navegação e Comércio da Etiópia, Arábia, Pérsia e Índia.

Foi o primeiro e último. Aproveitou, porém, por pouco tempo desse título. Do outro lado do Atlântico, não tardaram a chegar sombrias notícias. Cansados de viverem sem rei nem ordem, os portugueses na Europa insurgiram-se contra a ausência de D. João VI e a presença inoportuna dos ingleses — que dominavam a economia e as forças militares. E através da denominada Revolta Liberal do Porto, ocorrida em 1820, forçaram o fim do regime absolutista. Para não perder o reino, D. João VI foi obrigado a abandonar, a contragosto, o continente sul-americano no ano seguinte, abrindo assim as portas para a Independência do Brasil pelas mãos de seu filho D. Pedro.[11]

Alguns dos republicanos pernambucanos, perdoados pelo rei D. João VI, não viriam a abraçar com entusiasmo o grito do Ipiranga em 1822. Pelo contrário. Em 2 de junho de 1824, após meses de agitação política, Manuel Carvalho Pais de Andrade — que tomara ilegalmente o cargo de governador brasileiro de Pernambuco — proclamou a independência da região sob a denominação de Confederação do Equador. Idealizada por dois clérigos — Frei Caneca e Gonçalo Inácio de Loyola Albuquerque e Mello, conhecido como padre Mororó —, esta nação previa anexar também as regiões do Piauí, Ceará, Rio Grande do Norte, Alagoas, Sergipe e Paraíba. Contudo, com pouco apoio, mesmo em grande parte de Pernambuco, e recebendo adesão de apenas algumas vilas do Ceará e da Paraíba, tudo se transformou em um pesadelo; as tropas do imperador Pedro I sufocaram à força o sonho independentista em setembro daquele ano.

Já como Brasil independente, o processo judicial para castigar os líderes independentistas de Pernambuco estendeu-se até abril de 1825. A morte de quinze envolvidos acabou sendo decretada, dentre eles o Frei

[11] Ver o capítulo "Um Reino a Quatro Mãos" (pág. 287).

Caneca e o padre Mororó. A execução destes dois clérigos — o primeiro em Recife, em janeiro, e o segundo em Fortaleza, três meses mais tarde, não foi pacífica. Como os carrascos se recusaram a enforcá-los, tiveram de ser fuzilados.[12]

O líder político da revolta, Pais de Andrade, conseguiu fugir para a Inglaterra, ainda antes dos confrontos militares. Repetiu, aliás, o que fizera na insurreição de 1817, com a diferença de que, daquela vez, escapulira para os Estados Unidos. Em todo o caso, parece não ter sido um homem muito linear em seus princípios, já que, após a abdicação de D. Pedro I, regressou ao Brasil e tornou-se, durante alguns meses, entre 1834 e 1835, governador monárquico de Pernambuco. E depois ainda foi senador do Império do Brasil até 1855, ano de sua morte, esquecendo suas ideias separatistas.

Não foi, porém, o único pernambucano republicano a abraçar a monarquia com prazer. Por exemplo, Antônio Carlos Ribeiro de Andrada Machado, irmão de José Bonifácio de Andrada e Silva, que também participara na insurreição de 1817 — chegou até mesmo a ser preso durante quatro anos —, entrou em colisão com D. Pedro I pouco antes da criação da Confederação do Equador. Exilado na França até 1828, voltou então ao Brasil, fazendo-se eleger deputado estadual e senador. Ativo defensor do fim do Período Regencial, que desencadearia na coroação efetiva do imperador D. Pedro II, acabou ocupando o cargo de ministro dos Negócios do Império do Brasil — equivalente a primeiro-ministro — entre julho de 1840 e março de 1841.

[12] Não deixa de ser curioso que Frei Caneca, executado porque não desejava a integração de Pernambuco no Império do Brasil, tenha seu nome inscrito, desde 2007, no *Livro dos Heróis da Pátria*, que inclui uma lista muito restrita de personalidades que ofereceram "a vida à Pátria, para sua defesa e construção, com excepcional dedicação e heroísmo".

CONFLITOS SOCIAIS
GUERRA
MOVIMENTO INDEPENDENTISTA

25

UM REINO A QUATRO MÃOS

O Brasil, como hoje o conhecemos, não devia existir. Ou, melhor dizendo, é um milagre possuir um território de mais de 8,5 milhões de quilômetros quadrados, figurando como o quinto maior país do mundo. Na verdade, os ventos separatistas que percorreram a América Latina no século XIX deveriam ter feito com os domínios portugueses aquilo que aconteceu com as antigas possessões espanholas: um desmembramento em várias nações. Se assim tivesse acontecido, talvez houvesse agora uma nação chamada Brasil, mas de menor dimensão, rodeada de outros países lusófonos. E, pelo meio, muitas cruzes marcando sepulturas, porque infelizmente quase todas as independências são pagas com sangue.

Embora se trate sempre de um exercício especulativo, pois jamais será possível ter certeza do que se passaria se as circunstâncias e personagens de um determinado momento da História não tivessem se “encontrado”, o Brasil dificilmente seria uma nação unificada e federativa se não fossem dois homens que lá estiveram: o rei português D. João VI e seu filho, o primeiro imperador, D. Pedro I. E também indiretamente por causa de um terceiro homem que nunca lá pôs os pés: Napoleão Bonaparte.

Com efeito, a retirada estratégica de D. João VI para o Brasil, no final de 1807, no momento da invasão das tropas napoleônicas em Portugal, permitiu não apenas evitar a perda da independência lusitana — porque assim seu soberano não pôde ser deposto — como involuntariamente uniu ainda mais o território brasileiro. Por outro lado, optando por manter a velha aliança com a Inglaterra, em vez de se subjugar aos caprichos de Napoleão, o rei português esquivou-se também da má sorte de seus pares da Espanha, com graves consequências para esta nação, quer na Europa, quer em suas colônias americanas. De fato, Carlos IV da Espanha foi ingênuo quando assinou com a França o Tratado de Fontainebleau, em outubro de 1807. Pensava que, aliando-se a Napoleão, ficaria mesmo com parte do território português e com um bom quinhão de suas colônias.[1] Não menos surpreendente foi o fato de que o rei espanhol pretendia invadir o reino vizinho onde o regente, D. João VI, casara-se com sua filha, D. Carlota Joaquina.

O feitiço virou contra o feiticeiro. Em março do ano seguinte, o rei castelhano foi obrigado a abdicar em favor de seu filho Fernando VII, em uma revolta conhecida como Motim de Aranjuez, que causaria também a queda do primeiro-ministro Manuel Godoy. Dois meses depois, foi a vez de Fernando VII ser preso por Napoleão em Bayona. A Espanha ficou assim sob domínio francês — sendo nomeado como rei-fantoche o irmão do próprio Napoleão, com o título de José I. Somente em 11 de dezembro de 1813 a Espanha se livraria na Europa do jugo francês, através de duras batalhas contra seu traiçoeiro aliado.

Porém o mal já estava feito na Espanha. Durante os seis anos de guerra interna estima-se que morreram entre 215 mil e 375 mil pessoas, às quais se somam mais algumas centenas de milhares em resultado da fome e de epidemias. Sem esquecer a destruição econômica e a redução da capacidade militar. Ou seja, a Espanha ficou na bancarrota, precipi-

---

[1] Antes da invasão a Portugal, Napoleão e o rei Carlos IV da Espanha "decidiram" a divisão do território lusitano: a província de Entre Douro e Minho, incluindo a cidade do Porto, destinava-se a Carlos Luís, neto do rei espanhol (como compensação pela anexação do efêmero reino da Etrúria, que tinha Florença como capital), sob a denominação de Lusitânia Setentrional; o Alentejo e Algarve ficariam nas mãos de Manuel Godoy, duque de Alcudia e primeiro-ministro espanhol, sob a denominação de Principado dos Algarves; e a restante região seria depois distribuída entre a França e a Espanha. Ficou também estabelecido que estas duas nações decidiriam posteriormente a "igual divisão das ilhas, colônias e outras possessões ultramarinas de Portugal".

tando a perda do controle de seus domínios ancestrais na América do Sul. E não em um só bloco, mas se desmembrando em pedaços.

Embora as primeiras insurreições na América espanhola tenham se iniciado, mas em pequenos focos, ainda em 1806 — no mesmo período em que a Inglaterra tentou invadir, sem sucesso, os territórios do Rio da Prata, na atual Argentina —, a ruína começou apenas durante o reinado espanhol do irmão de Napoleão. Primeiro, perdeu a Venezuela, pouco depois várias regiões na costa do Pacífico — que formariam, em um primeiro momento, a chamada Grã-Colômbia —, seguiram então as Províncias Unidas do Rio da Prata, o Paraguai, o Império Mexicano e muitos outros territórios.

Essa desagregação evoluiu depois para novas divisões. Simón Bolívar, o chamado Libertador da América, ainda tentou concretizar seu sonho de criar, na América hispânica, uma solução federativa similar aos Estados Unidos na América do Norte. Mas nunca conseguiu. Atualmente, os territórios americanos que a Espanha dominou até o início do século XIX estão distribuídos em mais de duas dezenas de países. Ao contrário disso, os domínios portugueses originaram apenas o Brasil, com uma estrutura federativa e territorial quase similar ao período colonial.

Não foi obra do acaso, esse distinto desfecho. A razão é simples: quando as convulsões nas colônias espanholas iniciaram, o Brasil já não era uma colônia portuguesa; era Portugal, de fato, pois D. João VI e a família real nele viviam. E não estavam só de passagem. Tanto que, quando o principal motivo para sua saída de Portugal — as invasões napoleônicas — deixou de existir, nunca houve pressa para regressar à Europa. Aliás, embora nunca o manifestasse abertamente, D. João VI sentia-se melhor sendo rei no Brasil do que em Portugal, o que é compreensível; o território sul-americano era quase cem vezes maior do que o minúsculo retângulo europeu.

A manutenção de D. João VI na América do Sul também se dava por um motivo de estratégia política, além das belezas do Rio de Janeiro, que obviamente o agradavam bastante. Sua presença no Brasil apaziguava, de forma decisiva, eventuais "contaminações" subversivas vindas do lado espanhol. Uma coisa eram os movimentos separatistas contra um soberano que vivia do outro lado do Atlântico, como se passava nas colônias espanholas — ainda mais diante de um rei-fantoche, como José Bonaparte, irmão de Napoleão —, outra bem diferente era uma revolta acontecer perante um inédito rei presente.

Além disso, olhando para os três séculos anteriores de colonização portuguesa na Terra de Vera Cruz, o Brasil transfigurou-se com a estadia da família real. Para bem melhor. E mais ainda o Rio de Janeiro. No momento da chegada dos monarcas portugueses, a cidade era, na opinião do comerciante inglês John Luccock, "o mais imundo dos ajuntamentos de seres humanos debaixo do céu". Com uma população de sessenta mil habitantes, dos quais apenas vinte mil brancos e quinze mil escravos, a cidade era um aglomerado de setenta ruas e algumas vielas, todas pestilentas devido às águas estagnadas e pântanos, e aos despejos generalizados de lixo nas vias públicas. Havia doenças para todo gosto. Nas palavras do médico Bernardino Gomes, as moléstias mais frequentes eram "sarnas, erisipelas, impingens, bolbos, morfeia [lepra], elefantíase, formigueiro, bicos dos pés, edemas de pernas, hidrocele, sarcocele, lombrigas, hérnias, leucorreia, dismenorreia, hemorroidas, dispepsia, vários afectos compulsivos, hepatites e diferentes sortes de febres intermitentes e remitentes".

A falta de edifícios para acolher milhares de reinóis, muitos dos quais de famílias nobres, impulsionou um crescimento urbano nunca antes visto. Construíram escolas, hospitais e teatros; fundaram a Academia Real Militar e a Escola Anatômica, Cirúrgica e Médica, estabelecendo uma provedoria da saúde, para controlar as epidemias, e um corpo especial de guardas, para melhorar a segurança pública. E, além de tudo isso, introduziram a tipografia no Brasil, até então proibida. A vida cultural, então inexistente, floresceu para entreter fidalgos e pessoas de posses. O comércio de todo tipo de produtos teve um crescimento ímpar. Em menos de uma década, para tanto serviço, foram trazidos mais de duzentos mil escravos.

D. João VI soube também agradar às elites cariocas. Fartou-se de distribuir cargos públicos e outras prebendas e também títulos nobiliárquicos. Até 1821, "criou" 28 marqueses, oito condes, dezesseis viscondes e 21 barões — um número impressionante, jamais registrado em toda a história da monarquia portuguesa —, alguns desses títulos beneficiando pessoas havia muito radicadas em terras brasileiras e, pelo menos, duas nascidas na colônia: Ana Francisca Maciel da Costa, nomeada baronesa de São Salvador de Campos de Goitacases, e José Egídio Álvares de Almeida, nomeado barão de Santo Amaro. Também não foi por acaso, nem por fanfarronice, que em dezembro de 1815, o Reino de Portugal e Algarves passou a incluir o Brasil com similar estatuto. E mais, com o privilégio de ter o rei em seu seio.

As comunicações terrestres ao longo do Brasil melhoraram extraordinariamente. O Rio de Janeiro tornou-se uma capital nevrálgica, de onde partiam estradas para todas as principais cidades de outras capitanias, como Belém do Pará, numa extensão de mais de 120 léguas, Salvador da Bahia, São Paulo, Vila Rica, Sabará, Vila do Príncipe, Vila Boa de Goiás e tantas outras, tornando-se assim uma alternativa segura e confiável ao transporte marítimo.

Por outro lado, longe de ser um rei autoritário, D. João VI sempre surpreendeu com sua atitude conciliadora e atenciosa. Mesmo quando aportou pela primeira vez no Brasil, em Salvador da Bahia, chegado de uma longa e acidentada travessia atlântica, recebeu em audiência toda a casta de gente, desde agricultores e negociantes até oficiais e padres, inclusive as pessoas mais humildes. Nem sempre era rápido em se decidir, o que por vezes parecia denotar pouca firmeza; mas, porventura, assim procedia por pensar menos naquilo que era melhor para si mesmo.

Também nunca mostrou ser um rei atormentado ou traumatizado por ser o primeiro monarca português a se refugiar fora de seus domínios europeus. Pelo contrário, além da decisão imediata à sua chegada ao Rio de Janeiro de invadir a Guiana Francesa,[2] D. João VI soube aproveitar as fragilidades e dificuldades da Coroa espanhola na gestão das colônias americanas. Por via de seu casamento com uma infanta castelhana, D. Carlota Joaquina, filha do deposto Carlos IV, tentou no início da segunda década do século XIX, por meio de ações diplomáticas, mescladas de atitudes por vezes intimativas, que as autoridades coloniais da região do Rio da Prata, na atual Argentina, aceitassem a proteção lusitana. Porém alguns erros estratégicos, bem como certa rebeldia de D. Carlota Joaquina, gorariam a concretização desse plano.

Em todo o caso, D. João VI queria mesmo seu quinhão na região meridional. E apostou assim na região onde Portugal até já tivera um pequeno encrave no meio do território espanhol: Sacramento. De fato, desde meados do século XVII, Portugal tentara ocupar a margem esquerda do Rio da Prata por ser uma área de acesso aos rios Uruguai e Paraná. Embora na margem direita já se localizasse a cidade de Buenos Aires, os espanhóis não tinham considerado a ocupação do outro lado prioritária. Mas como pelo Tratado de Tordesilhas aquele pedaço de terra lhe pertenceria, também não queriam portugueses por lá. No entanto,

[2] Ver o capítulo "A Vingança Servida Quente" (pág. 267).

quase quatro décadas após a Restauração da Independência, no fim de 1679, o governador da capitania do Rio de Janeiro, Manuel Lobo, foi incumbido de fundar uma fortaleza na margem oposta a Buenos Aires. Na boca do lobo, se assim se pode dizer. Poucos meses após a instalação de um pequeno forte na ilhota de São Gabriel, que deveria constituir o primeiro baluarte para uma posterior ocupação terrestre, o governador de Buenos Aires, José de Garro, enviou um grande contingente naval. Eram centenas de soldados espanhóis auxiliados por três mil índios guaranis. Perante o fraco contingente português, assistiu-se a um massacre naquela passagem de 8 para 9 de agosto, tristemente conhecida como Noite Trágica. "Não se dava quartel aos que se rendiam as armas pelos índios [...], a nenhum dos quais perdoou a fúria gentílica", escreveu Manuel Lobo. Morreram 112 portugueses, a que se seguiu o habitual saque, executado, sobretudo, pelos indígenas. "E não foi pouco, pois todos perdemos tudo", como se lamentou o malfadado governador português, que veio a morrer, poucos anos mais tarde, ainda prisioneiro em Buenos Aires.

Os desejos lusitanos não amainaram, apesar do vexame. Procuraram então a via diplomática. Em 1681, um tratado provisório entre os dois reinos ibéricos acabaria assim concedendo o direito a Portugal de construir naquela região uma cidadela de terra e madeira, com baluarte, fosso e tudo o mais. E assim nasceria a colônia de Sacramento. Porém os acordos de um dia se desfaziam no outro. Sobretudo a partir de 1699 e até o final de 1716, os espanhóis arrependeram-se da concessão, atacando por diversas vezes o reduto lusitano. Com o Tratado de Utrecht, Portugal garantiu o direito de permanência naquelas terras, iniciando-se então uma intensa migração de reinóis, sobretudo da província lusitana de Trás-os-Montes. Em 1730 já viviam ali mil famílias portuguesas, dedicando-se principalmente à exploração do gado e ao comércio de couros.

Em todo o caso, embora tenha tentado, Portugal nunca conseguiu estender seus domínios na região cisplatina. Em 1723, ainda fundaram um povoado na atual cidade de Montevidéu, mas um ataque espanhol acabou com os sonhos expansionistas. Em suma, a colônia do Sacramento se manteria como um encrave, sempre sujeita ao mau humor dos castelhanos. Por exemplo, durante dois anos na década de 1730, a cidade foi cercada por causa de um conflito diplomático entre as duas monarquias ibéricas.

Porém, independentemente dessas indisposições, a anarquia reinava mais do que os reis ibéricos na região cisplatina. O contrabando entre as margens do Rio da Prata era intenso, pois as colônias sul-americanas da

Espanha estavam proibidas de importar certos produtos da Europa. A situação era aproveitada pelos portugueses para traficarem com comerciantes de Buenos Aires a troco de prata sem precisar pagar impostos.

Além disso, os roubos eram constantes. Os jesuítas, que desde o século XVII tinham instalado aldeias naquele trecho, exploravam extensas criações de gado, que, de quando em vez, eram dizimadas por aventureiros para roubar couro e outros produtos animais. Em poucos anos, de acordo com uma reclamação do padre José de Aguirre, as manadas passaram de quatro milhões de animais para apenas trinta mil. Os padres da Companhia de Jesus ficaram fartos de tanta roubalheira e começaram a dar o troco. Armando os índios guaranis, fizeram diversas incursões e saques em estâncias de muitos aventureiros.

Através da assinatura do Tratado de Madri, em 1750, a colônia de Sacramento deveria ter sido entregue aos espanhóis em troca das terras de Sete Povos das Missões, mas a subsequente Guerra Guaranítica, e o desinteresse do futuro marquês de Pombal em abrir mão do encrave, fez tudo voltar à estaca zero.[3] Ou, melhor dizendo, o jogo de pingue-pongue continuou. Durante os conflitos da Guerra dos Sete Anos, que extravasou para a Península Ibérica em 1762, a Espanha decidiu, e conseguiu, expulsar os portugueses da Cisplatina, tomando ainda uma parte do Rio Grande do Sul e da ilha de Santa Catarina. Um ano mais tarde, com o Tratado de Paris, a colônia do Sacramento regressou à posse dos portugueses. E, finalmente, em 1777, com novo acordo de paz, neste caso de Ildefonso, os espanhóis ganharam a colônia de Sacramento.

E era assim que estavam as coisas quando D. João VI chegou ao Brasil. Porém, três anos mais tarde, em 1811, as diversas insurreições na região transplatina obrigaram as autoridades coloniais espanholas a recuar para Montevidéu sob pressão de José Gervasio Artigas, um dos generais das recém-criadas Províncias Unidas do Rio da Prata. No Rio de Janeiro, D. João VI predispôs-se logo a ajudar os castelhanos. Por interesses próprios, diga-se de passagem. No trono da Espanha sentava-se então o irmão de Napoleão Bonaparte, e a intenção do regente português não era propriamente auxiliá-lo. Queria, sim, ganhar adeptos na região para o partido de sua mulher, Carlota Joaquina. Como era irmã do rei deposto espanhol, Fernando VII, pretendia D. João VI que ela fosse aceita como tutora da Cisplatina, o que significaria sua integração a Portugal.

[3] Ver o capítulo "Um Acordo para um Real Pesadelo" (pág. 221).

Formalmente, D. João VI não entrou em guerra contra as tropas de Artigas, nem apoiou diretamente o lado castelhano. Sob orientação do recém-nomeado capitão-general da capitania do Rio Grande do Sul, Diogo de Sousa, o contingente português tinha uma denominação eufemística: Exército de Observação, ou também Exército de Pacificação da Banda Oriental. No entanto, desde cedo e desde sempre mostraram atitudes hostis. Constituídos por diversas legiões de militares e de voluntários paulistas e gaúchos — capitaneadas por Manuel Marques de Sousa, Fonseca e Sá, Joaquim Xavier Curado e Mena Barreto —, os portugueses investiram fortemente em colunas ou ataques esporádicos, logo conquistando muitos bastiões dos homens de Artigas.

Talvez os portugueses tivessem conseguido, com essas investidas, controlar de imediato toda a Cisplatina, se não surgisse, nesse meio-tempo, um armistício, assinado em outubro de 1811 entre as autoridades espanholas e as Províncias Unidas do Rio da Prata. De qualquer modo, as tropas lusitanas não mostraram interesse em sair da região. Ao contrário, reforçaram os batalhões, que chegaram a atingir mais de cinco mil homens munidos com quase duzentos canhões. Somente em maio de 1812, através do tratado conhecido como Rademaker-Herrera, intermediado pelos ingleses, a trégua seria selada com a nova república revolucionária cisplatina. No entanto, como consequência, D. João VI conseguira integrar para o território brasileiro os atuais municípios gaúchos de Uruguaiana, Quaraí, Santana do Livramento, Alegrete e ainda parte de Rosário do Sul e Dom Pedrito.

Mas a coisa não parou por aí. Quatro anos mais tarde, os tempos já eram outros. Napoleão tombara, os territórios da Península Ibérica tinham se libertado definitivamente do jugo francês, mas D. João VI continuava com ideias expansionistas, aproveitando o desmantelamento do império espanhol. Em 1816, a Espanha já deixara de controlar a Cisplatina, dominada então por José Gervasio Artigas, que nesse meio-tempo entrara em rota de colisão com os outros líderes das Províncias Unidas do Rio da Prata. Em suma, desejava a autonomia completa da margem esquerda do Rio da Prata. Ou seja, a independência.

Sabendo das fraquezas de Artigas, D. João VI ordenou ao marechal Carlos Frederico Lecor, comandante da Divisão de Voluntários Reais, um ataque maciço à região cisplatina. Começou por Montevidéu, alargando depois as investidas para todo o território a leste do rio Uruguai. Sem grande dificuldade, as tropas lusitanas tomaram a estratégica Fortaleza de Santa Teresa em agosto de 1816, avançando em seguida pela costa até Maldonado. As tropas de Artigas também se dirigiram aos tropeços para o interior, deixando os portugueses dominarem toda a região meridional do rio Negro, bem como a margem oriental do rio Uruguai. Em julho de 1821, a Cisplatina foi formalmente integrada no Reino Unido de Portugal, Brasil e Algarves.

Enfim, tudo parecia estar correndo bem na vida de D. João VI. Partindo de Lisboa, como regente supostamente medroso, em menos de uma década, ele conseguira transformar a geografia e o urbanismo do Brasil e até aumentar seus domínios ao norte e ao sul.[4] Nem parecia que ao seu redor as colônias espanholas entravam em colapso. Durante esse período, tivera de se preocupar apenas com uma insurreição em Pernambuco, no ano de 1817, mas logo abafada ao fim de três meses.[5]

Porém, não há mal que sempre dure, nem bem que não acabe. Durante esse tempo, os portugueses europeus fartaram-se de ver seu rei no Rio de Janeiro. Ou, melhor dizendo, em uma Europa em convulsão, os portugueses do Velho Mundo — que durante séculos se habituaram a explorar as colônias sul-americanas, africanas e asiáticas — ficaram perplexos ao se sentirem colonizados em suas próprias terras. Na Europa, Portugal quase se transformara, depois das invasões napoleônicas, em um protetorado britânico.

Com efeito, na ausência de D. João VI, o território lusitano passara a ser administrado por um conselho regente que, embora composto por portugueses, estava sujeito ao controle militar do marechal inglês William Carr Beresford. Também por via de acordos comerciais, a Inglaterra dominava os principais negócios, causando um mal-estar geral entre a população.

Em 1817, a insatisfação teve um lampejo subversivo. Uma conspiração de caráter liberal e maçônica foi aniquilada em Lisboa, levando ao enforcamento de doze envolvidos, incluindo um renomado general. Se esta primeira tentativa de insurreição em Lisboa foi logo cortada, as raízes, no entanto, mantiveram-se fortes e despontariam cerca de três anos mais tarde na cidade do Porto. Aproveitando a ausência de Beresford — que se deslocara ao Rio de Janeiro para solicitar reforço de poder ao rei —,

---

[4] A Guiana Francesa, conquistada logo em 1808, veio, contudo, a ser devolvida aos franceses, depois da queda de Napoleão. Ver o capítulo "A Vingança Servida Quente" (pág. 267).

[5] Ver o capítulo "A República Tingida de Sangue" (pág. 277).

um movimento liderado pelos magistrados Manuel Fernandes Tomás e Ferreira Borges desencadeou, em 24 de agosto de 1820, uma revolução apoiada pelo exército, pela nobreza e pelo clero. Depondo as autoridades da cidade, criaram uma Junta Provisória do Governo Supremo. Através de um manifesto disseram o que queriam: o retorno imediato de D. João VI a Portugal e a reposição do Brasil ao estatuto de simples colônia. Em setembro daquele ano, Lisboa e todo o país adeririam ao movimento liberal. O marechal Beresford foi impedido de desembarcar, quando regressava do Brasil, e a situação política deixou de estar sob o controle do rei.

Apesar disso, esta revolução nunca teve características republicanas nem questionou a soberania de D. João VI; somente cerceava-lhe o poder absoluto — o que, diga-se de passagem, já era muito. Quando comunicaram o Rio de Janeiro sobre suas ações, os líderes do pronunciamento até pediram a bênção do rei "como bom, como benigno e como amante de um povo que o idolatra".

Embora as primeiras informações sobre a revolução no Porto tenham chegado ao Brasil em outubro, somente dois meses mais tarde, com a chegada do conde de Palmela ao Rio de Janeiro, a Corte tomou consciência da magnitude daqueles episódios. De fato, ao contrário do que talvez D. João VI poderia pensar, os revolucionários não exigiam apenas seu regresso a Portugal, mas, sobretudo, a realização de Cortes Gerais Extraordinárias para que uma carta constitucional de viés liberal fosse aprovada. Em suma, a figura do soberano português passaria a um papel secundário, quer no executivo, quer no legislativo. Obviamente, uma recusa de D. João VI poderia desencadear uma cisão de consequências imprevisíveis até mesmo no Brasil.

D. João VI hesitou muito sobre qual direção tomar. Alguns de seus conselheiros, sobretudo Tomás Antônio Portugal, seu primeiro-ministro, advogaram que a família real deveria permanecer no Brasil, independentemente do rumo tomado em território europeu pelos revolucionários. Podia-se perder os anéis — o território europeu —, mas sempre restariam os dedos — ou seja, o Brasil —, repleto de recursos, ainda longe de estarem explorados. A hipótese de ser o infante D. Pedro a atravessar o Atlântico para presidir às Cortes Extraordinárias, e apaziguar os ânimos, começou a ser levantada no fim de janeiro, mas o rei hesitou também em tomar uma decisão.

Os receios transmitidos pelo conde de Palmela sobre os riscos dos movimentos liberais lusitanos se alastrarem no Brasil foram confirmados com novos acontecimentos. Em 10 de fevereiro de 1821, em Salvador da Bahia, um grupo liderado pelo médico Cipriano Barata, que contava com diversos militares, exigiu também a limitação dos poderes do rei, propondo uma constituição semelhante à desejada pelas Cortes em Lisboa. E criticava ainda a centralização do Rio de Janeiro em relação às outras regiões brasileiras.

Já com pouca margem de manobra, D. João VI tentou, por fim, convencer o infante D. Pedro a partir, em vez de ir ele mesmo. E não era apenas por apreciar a cidade carioca. Na verdade, com certeza sabia que sua presença no Rio de Janeiro e a de seu herdeiro em Lisboa garantiriam um melhor controle dos acontecimentos. Se já era certo que as Cortes Extraordinárias iriam retirar seu poder absoluto, sempre lhe seria mais fácil, estando no Rio de Janeiro, gerenciar a nova situação política e controlar focos subversivos no Brasil. No limite, caso em Lisboa a corda esticasse, teria ele refletido sobre uma cisão. Ou seja, perderia Portugal, mas permaneceria sendo rei do Brasil. Porém, o infante D. Pedro recusou esta pretensão.

E após muitas indecisões, o rei acabou decidindo voltar a Lisboa com toda a família real, exceto o infante D. Pedro, que se manteve no Rio de Janeiro como regente. D. João VI rumou para Portugal em 26 de abril de 1821 em um contexto já explosivo, inclusive na cidade carioca. Quatro dias antes, um grupo de radicais, que participava numa assembleia na praça do comércio da bolsa fluminense, teve de ser repelido a tiros. Na hora da despedida, D. João VI já profetizava o futuro, quando disse ao filho: "Pedro, se o Brasil se separar [de Portugal], antes seja para ti, que me hás-de respeitar, do que para algum desses aventureiros."

O rei ancorou em Lisboa cerca de dois meses e meio depois, em 3 de julho, juntamente com quatro mil pessoas. Não foi uma chegada triunfal. Embora as ruas da capital estivessem decoradas e três noites de festas com luminárias tivessem sido organizadas, incluindo o habitual beija-mão, o ambiente não se mostrou muito caloroso. Havia muito ressentimento no ar, não apenas pela longa ausência do rei, mas também pelas muitas benesses que concedera aos brasileiros, nos últimos anos, em detrimento dos lusitanos.

Além disso, com a demora na partida, D. João VI se viu em um caldo político ainda mais desfavorável, porque as Cortes Extraordinárias não esperaram por ele e a Carta Constitucional já tinha sido aprovada. Além disso, as reuniões entre os deputados lusitanos e a centena de representantes brasileiros, que para Lisboa tinham rumado, abriram ainda mais as feridas. Enquanto a facção lusitana exigia a reversão do Brasil à antiga condição de colônia, a ala brasileira reivindicava tratamento igualitário. Sem nenhum espaço para manobra, nem podendo sequer ser árbitro, o rei fora, por mais que estrebuchasse, reduzido a mera figura simbólica. Nada lhe restara além de assinar a Carta Constitucional. Ou assinava, ou era deposto. E assinou, em julho daquele ano.

A completa subalternização do rei acentuou-se ainda mais nos meses seguintes, chegando ao ponto de a regência do infante D. Pedro no Brasil ter sido retirada pelas Cortes. Exigiram também seu regresso a Lisboa. Começou uma queda de braço nos dois lados do Atlântico. Dando seguimento à assinatura da Carta Constitucional, e para pressionar o infante, seriam reforçados os batalhões militares portugueses de Pernambuco e da Bahia. O governador desta última região, bem como o do Maranhão, majoritariamente dominadas por reinóis, passaram a recusar ordens diretas do infante. O descontentamento nas demais regiões do Brasil também aumentou. Por sua vez, D. Pedro, como herdeiro de Portugal, surpreso com a nova realidade em Lisboa, sentia-se cada vez mais humilhado e pouco disposto a acatar ordens.

Contudo, apesar de seu espírito aventureiro, irrequieto, voluntarioso e resoluto — muito diferente do pai —, o infante não desejava dar o passo que uma boa parte dos brasileiros já ambicionava: a independência do Brasil. Em setembro de 1821, em uma carta endereçada ao pai, escreveu que os movimentos em prol da emancipação o pressionavam para que aceitasse a aclamação como imperador, mas que jamais aceitaria essa solução. Só "depois de eu e todos os portugueses estarem feitos em postas", reiterava. Terminava essa missiva com uma garantia: "Juro ser sempre fiel a Vossa Majestade e à Nação e à Constituição Portuguesa."

Nunca se deve dizer desta água não beberei, porque quando a sede aperta não há força que lhe resista. Porém, se D. Pedro parece ter depois negado o juramento feito à Nação portuguesa e à sua Constituição, ditada por uma Corte rancorosa em relação aos interesses brasileiros, não se pode dizer, por outro lado, que foi infiel ao pai. Pelo contrário. Talvez mais do que o abaixo-assinado de oito mil fluminenses que o levaram, em 10 de janeiro de 1822, a proclamar a célebre frase "como é para o bem de todos e felicidade geral da nação, estou pronto; diga ao povo que fico", talvez tenha pesado mais a troca de cartas mantida com D. João VI.

Com efeito, mesmo tolhido pelos ventos revolucionários, o rei português mostrava uma grande lucidez. Se na hora de sua partida do Rio de Janeiro já pressagiara a independência do Brasil, os meses em Lisboa o convenceram ainda mais de que este seria o caminho, se levado obviamente a cabo por seu filho. No fim de 1821, instigou-o implicitamente a avançar. "Sê hábil e prudente", escreveu D. João VI ao infante, "pois aqui, nas Cortes, conspiram contra ti, querendo os reacionários que abdiques em favor do teu mano Miguel.[6] Tua mãe é pelo Miguel e eu, que te quero, nada posso fazer contra os carbonários que não te querem."

Depois do Dia do Fico, o rumo em direção à independência avançou de forma inexorável. Ainda em janeiro de 1822, ignorando um ultimato das Cortes, D. Pedro nomeou novos ministros para a regência, entre eles, José Bonifácio de Andrada e Silva, que se tornaria um de seus mais influentes conselheiros. No mês seguinte, responsabilizando as tropas portuguesas pela morte de seu filho João Carlos Pedro,[7] liderou pessoalmente um cerco ao batalhão do general português Jorge Avilez, acampado na região de Niterói, conseguindo sua expulsão. A partir de então, determinou que qualquer ordem vinda de Lisboa somente fosse repassada ao Rio de Janeiro após sua concordância. Exigiu também que todos os governos ou juntas das outras regiões brasileiras lhe obedecessem. Por fim, criou um Conselho de Procuradores, uma espécie de assembleia constituinte. Sobre todos os detalhes, D. Pedro informou D. João VI em carta particular, não como um regente para um rei, mas de filho para pai.

A independência já estava, então, na fase embrionária, embora ainda não declarada. D. Pedro decidiu primeiro viajar para Minas Gerais e para São Paulo com o objetivo de reconfirmar apoios e sentir o que pensava o povo. Em setembro daquele ano, nas imediações de São Paulo, perto do

---

[6] D. Miguel, terceiro filho de D. João VI e D. Carlota Joaquina, viria a participar ativamente em dois movimentos contrarrevolucionários em Portugal para o estabelecimento do regime absolutista em 1823 (Vilafrancada) e no ano seguinte (Abrilada). Ele chegou a tentar obrigar o pai a abdicar. Foi exilado em Viena, regressando em 1828 para se casar com sua sobrinha, D. Maria II, filha de D. Pedro I do Brasil, e se impôs em seguida como rei absoluto de Portugal. Como resultado, uma guerra civil eclodiu, perdurando até 1834 com a recondução ao trono de D. Maria II. Para este desfecho a participação do imperador D. Pedro I, que voltou a Portugal após abdicar do trono brasileiro em 1831, foi essencial.

[7] Após o Dia do Fico, as hostilidades com as tropas fiéis a Portugal só aumentaram, obrigando o infante D. Pedro a enviar sua família para Santa Cruz. Durante a viagem, seu pequeno filho, ainda com menos de 1 ano de idade, adoeceu gravemente e acabou morrendo. O infante escreveria, mais tarde, ao rei D. João VI que foi "a divisão auxiliar [o batalhão português no Rio de Janeiro] que assassinou o príncipe, o neto de Vossa Majestade".

riacho do Ipiranga, recebeu vasta correspondência das Cortes de Lisboa, em tons ainda mais ameaçadores. E também uma carta anexa de Andrada e Silva que lhe dizia: "Senhor, o dado está lançado e de Portugal não temos a esperar senão escravidão e horrores. Venha Vossa Alteza Real [até o Rio de Janeiro] e decida-se." Não foi; decidiu logo ali, naquela tarde do dia 7 de setembro de 1822, proferindo o célebre Grito do Ipiranga: "Independência ou Morte!" O Brasil estava independente.

A adesão das diversas regiões à aclamação de D. Pedro como primeiro imperador do Brasil não foi imediata; pelo contrário. Na Bahia, um forte contingente português, liderado por Madeira de Melo, já desde março de 1822 dominava a capitania. E bateu o pé diante do Grito do Ipiranga. Foi osso duro de roer. Com um número reduzido de tropas fiéis à nova nação, pois os batalhões militares estacionados no Brasil eram, sobretudo, provenientes de Portugal, D. Pedro viu-se obrigado a contratar mercenários. Grande parte veio da Inglaterra, como Thomas Cochrane, famoso por suas ousadas campanhas navais. Conhecido como "o Lobo dos Mares", foi logo nomeado primeiro-almirante do Brasil, desempenhando um papel vital na organização dos combates que levariam, em 2 de julho de 1823, à difícil renúncia de Madeira de Melo. Poucos meses antes, a resistência à integração do Pará, Maranhão e Piauí também tinha sido aniquilada, por vezes de forma sangrenta. O mesmo se passou na Cisplatina. Depois de alguns confrontos, D. Pedro acabou sendo aclamado em Montevidéu no início de 1824.

Mais problemática se mostrou a região pernambucana. Historicamente imbuídas de espírito autonomista, como se vira recentemente em 1817, as elites não se mostraram predispostas a aderir a qualquer um dos lados; nem a Portugal nem ao Brasil. Muitos idealizaram sua emancipação, dentro do contexto de certa anarquia, mas com um viés republicano. Assim, tendo como mentor o carmelita Joaquim da Silva Rabelo, popularmente conhecido como Frei Caneca, arquitetaram a criação da Confederação do Equador. Proclamada em 2 de julho de 1824, a nova nação foi subjugada poucos meses depois.[8]

Consolidada a independência do Brasil, faltava o seu reconhecimento. Os Estados Unidos foram o primeiro país a fazê-lo, logo em maio de 1824. Porém, as diversas nações mundiais aguardaram por mais desenvolvimentos que esclarecessem a estranha gênese desta emancipação.

---

[8] Ver o capítulo "A República Tingida de Sangue" (pág. 277).

Afinal, apesar da Constituição do Brasil impedir seu imperador de governar outro país, para todos os efeitos D. João VI mantinha D. Pedro I como seu herdeiro em Portugal; e D. Pedro não renegara ainda esse estatuto.

A Inglaterra, desejando estreitar relações comerciais com o Brasil, predispôs-se então a mediar uma solução diplomática, enviando o embaixador Charles Smith ao Rio de Janeiro. A proposta britânica inicial, articulada em segredo com Portugal, passava por um reconhecimento imediato desde que a independência fosse assumida como uma "doação" do rei D. João VI ao seu filho. Em uma primeira fase, D. Pedro negou essa solução de forma categórica. Contudo, a habilidade britânica acabou conseguindo um acordo que, na verdade, se mostrou extremamente desvantajoso para o Brasil, embora favorável ao seu imperador. De fato, nas negociações, além do reconhecimento simultâneo da independência brasileira por Portugal e Inglaterra, D. João VI aceitou que o herdeiro ao trono lusitano passasse a ser sua neta, a infanta Maria, filha do imperador D. Pedro I, que então tinha apenas 6 anos.[9] Porém, em troca dessas concessões, o Brasil obrigou-se a pagar uma indenização de dois milhões de libras esterlinas — obtidas por um empréstimo bancário inglês —, além de outorgar benefícios especiais ao comércio britânico. Para evitar qualquer integração de outras colônias portuguesas, nomeadamente africanas — a principal "fonte" de escravos —, o Brasil também se comprometeu a não ter uma política expansionista contra Portugal.

Depois disso, com um mau ou péssimo acordo, o Brasil iniciou finalmente sua viagem pelo tempo como país independente. Não sem sobressaltos, pois teve muitos, mas conseguindo manter quase imaculadas suas fronteiras do tempo colonial. De fato, com exceção da perda da Cisplatina, que originaria o Uruguai em 1828 — por via de uma negociação intermediada pelos ingleses —, da incorporação do Acre — "adquirido" da Bolívia no início do século XX — e de pequenos acertos diplomáticos com os países vizinhos, o Brasil permanece ainda hoje unido e federa-

[9] A infanta D. Maria, que se tornou a rainha D. Maria II, nascera e vivia então no Rio de Janeiro. Apenas partiu para Portugal após a morte do rei D. João VI em março de 1826. Por razões estranhas, D. Pedro I do Brasil concordou com o casamento da filha com seu irmão D. Miguel, que se encontrava exilado em Viena. Uma péssima decisão — como muitas outras que D. Pedro I haveria de tomar até abdicar do trono brasileiro —, porque D. Miguel, apesar de ser apenas um rei consorte, usurparia o trono português, desencadeando uma guerra civil.

lista, como D. João VI e D. Pedro I o idealizaram.[10] E, claro, somando, como todos os países, e já sem poder culpar os antigos colonizadores, infinitos conflitos e insurreições, carnificinas e selvagerias, despotismos e ditaduras, injustiças e perversões. Mas relatar com pormenor esses sempre trágicos episódios ficará para outros carnavais, e por conta de outros escribas. Um português se meter com a história do Brasil colonial, até que tudo bem; agora, na história do Brasil independente, já seria meter o bedelho onde não se foi chamado. Ou, como se diria em terras lusitanas, meter foice em seara alheia.

[10] Além de conflitos armados com outras nações e insurreições políticas, o Brasil assistiu, ao longo do século XIX, a alguns movimentos separatistas, que resultaram em estados efêmeros, nomeadamente no Rio Grande do Sul (República Rio-Grandense, 1836-1846), Salvador (República Bahiana, 1837-1838), e Santa Catarina (República Juliana, durante menos de quatro meses em 1839).

BIBLIOGRAFIA

ALMEIDA, Cândido Mendes de. *Memorias para a historia do extincto estado do Maranhão cujo territorio comprehende hoje as provincias do Maranhão, Piauhy, Grão-Pará e Amazonas*. Rio de Janeiro: Typografia do Commercio de Brito & Braga, 1860-74.

ANDRADE, Ivone. A resistência dos habitantes do Rio de Janeiro às invasões francesas de 1710 e 1711. *Bulletin des Études Portugaises et Brésiliennes*, nº 37-38. Lisboa: Institut Françaís, 1979, pp. 128-142.

ANDRADE, Oswald de. Manifesto antropofágico. *Revista de Antropofagia*. São Paulo: Clube de Antropofagia, 1928.

ANTONIL, André João. *Cultura e opulência do Brasil por suas drogas e minas*. Lisboa: Officina Real Deslandesiana: Lisboa, 1711.

ARARIPE, Tristão de Alencar. André Vidal de Negreiros: herói, símbolo da nacionalidade, grande chefe da infantaria brasileira. *Revista do Instituto de Geografia e História Militar do Brasil*. Rio de Janeiro: Instituto de Geografia e História Militar do Brasil, 1960.

ASSUNÇÃO, Paulo de. *O "terremoto" provocado por Sebastião José de Carvalho na América Portuguesa*. Lisboa: Universidade Católica Portuguesa, 2006.

AVELLAR, Hélio de Alcântara. *História administrativa do Brasil: a administração pombalina*. Brasília: Universidade de Brasília, 1983.

AZEVEDO, Lúcio de. *Os jesuítas no Grão-Pará: suas missões e colonização*. Lisboa: Livraria Editora Tavares Cardoso & Irmão, 1901.

BUESCU, Ana Isabel. *D. João III*. Lisboa: Círculo de Leitores, 2005.

BUTINA, Francisco. *Vida del padre Gabriel Malagrida*. Barcelona: Imprensa de Francisco Rosal, 1886.

CAETANO, Antônio Filipe Pereira. Os Sás em maus lençóis: a Revolta da Cachaça e a Revolta de Beckman nas disputas político-econômicas da América portuguesa (Rio de Janeiro e estado do Maranhão e Grão-Pará, século XVII). *Anais do II Encontro Internacional de História Colonial*. Caicó: Universidade Federal do Rio Grande do Norte, 2008.

CANELLAS, Carlos Fernando. A guerra de 1730 conta os índios manaó do Rio Negro. *Anais do XVII Encontro Regional de História*. Campinas: Universidade Estadual de Campinas, 2004.

CARDIM, Fernão. *Tratado da terra e gente do Brasil*. Lisboa: Comissão Nacional para as Comemorações dos Descobrimentos Portugueses, 1997.

CARDOSO, Alírio. A conquista do Maranhão e as disputas atlânticas na geopolítica da União Ibérica (1596-1626). *Revista Brasileira de História*, vol. 31, nº 61. São Paulo: Universidade Estadual de Campinas, 2011, pp. 317-338.

CARNEIRO, Edison. *O quilombo dos Palmares*. São Paulo: Companhia Editora Nacional, 1958.

CASTRO, João Henrique Ferreira de. A punição à Revolta da Cachaça: negociação e conflito sobre a ótica do Antigo Regime. *Anais do XVI Encontro Regional de História da ANPUH*. Rio de Janeiro: Associação Nacional dos Professores Universitários de História, 2014.

CHAVES, Otávio Ribeiro. A América portuguesa: do Tratado de Madri ao Tratado de Santo Ildefonso. *Revista Territórios & Fronteiras*, vol. 7, nº 2. Cuiabá: Universidade Federal do Mato Grosso, 2014.

CINTRA, Assis. *Tiradentes perante a História. Revelações sobre a Inconfidência Mineira*. São Paulo: Irmãos Marrano, 1922.

__________. *A reabilitação histórica de Calabar*. Rio de Janeiro: Civilização Brasileira, 1933.

CINTRA, Jorge Pimentel. O mapa das Cortes e as fronteiras do Brasil. *Boletim de Ciências Geodésicas*, vol. 18, nº 3. Curitiba: Universidade Federal de Mato Grosso, 2012, pp. 421-445.

COELHO, P. M. Laranjo. *Um episódio da guerra dos holandeses no Brasil: o ataque à cidade da Bahia*. Coimbra: Coimbra Editora, 1943.

CONCEIÇÃO, frei Cláudio da. *Gabinete histórico*. Lisboa: Imprensa Régia, 1818-94.

CORDARA, Giulio Cesara. *On the surpression of the Society of Jesus*. Chicago: Loyola Press, 1999.

CORTESÃO, Jaime. *A expedição de Pedro Álvares Cabral e o descobrimento do Brasil*. Lisboa: Aillaud & Bertrand, 1922.

__________. *A carta de Pero Vaz de Caminha*. Rio de Janeiro: Livros de Portugal, 1943.

__________ (introdução e notas). *Jesuítas e bandeirantes no Guairá*. Rio de Janeiro: Biblioteca Nacional, 1951.

__________ (introdução e notas). *Jesuítas e bandeirantes no Itatim*. Rio de Janeiro: Biblioteca Nacional, 1952.

__________ (introdução e notas). *Jesuítas e bandeirantes no Tape*. Rio de Janeiro: Biblioteca Nacional, 1969.

__________. *Alexandre de Gusmão e o Tratado de Madrid*. Lisboa: Livros Horizonte, 1984.

COSTA, João Paulo Oliveira e. *D. Manuel I: um príncipe do Renascimento*. Lisboa: Círculo de Leitores, 2005.

COSTA, Manuel Fernandes. *O descobrimento da América e o Tratado de Tordesilhas*. Lisboa: Instituto de Cultura Portuguesa, 1979.

CUNHA, Manuela Carneiro da (org.). *História dos índios no Brasil*. São Paulo: Companhia das Letras, 1992.

DURÃO, José de Santa Rita. *Caramurú: poema épico do descobrimento da Bahia*. Lisboa: Regia Officina Typografica, 1781.

ENES, Ernesto. Uma conspiração malograda em Minas Gerais para aclamar rei do Brasil o infante D. Manuel (1741-1744). Separata da *Revista do Arquivo*. São Paulo: Departamento de Cultura, 1942.

__________. *A Inconfidência Mineira e o processo dos réus eclesiásticos*. Lisboa: Oficina Gráfica de Ramos, Afonso & Moita, 1950.

FARIA, Ivani Ferreira de. *Territórios e territorialidades. Indígenas do Alto Rio Negro*. Manaus: EDUA, 2003.

FERRÃO, Cristina; SOARES, José Paulo Monteiro (edição literária). *Brasil holandês*. Rio de Janeiro: Index, 1999.

FIGUEIREDO, Luciano Raposo de Almeida. Além de súditos: notas sobre revoltas e identidade colonial na América portuguesa. *Tempo*, vol. 5, nº 10. Niterói: Universidade Federal Fluminense, 2000, pp. 81-95.

FRANCO, Francisco de Assis Carvalho. *Dicionário de bandeirantes e sertanistas do Brasil*. São Paulo: Comissão do IV Centenário da Cidade, 1954.

FRANCO, José Eduardo. *O mito dos jesuítas em Portugal, no Brasil e no Oriente*. Vol. I. Lisboa: Gradiva, 2006.

FREITAS, Décio. *Zumbi dos Palmares*. Luanda: Ministério da Cultura, 1995.

GANDAVO, Pêro de Mahalhães. *Tratado da província do Brasil*. Rio de Janeiro: Instituto Nacional do Livro, 1965.

GESTEIRA, Heloísa Meireles. O Recife holandês: história natural e colonização neerlandesa (1624-1654). *Revista da SBHC*, vol. 2, nº 1. Rio de Janeiro: Sociedade Brasileira de História da Ciência, 2004, pp. 6-21.

GOES FILHO, Synesio Sampaio. *Navegantes, bandeirantes, diplomatas: um ensaio sobre a formação das fronteiras do Brasil*. São Paulo: Martins Fontes, 1999.

GOLGHER, Isaías. *Guerra dos emboabas*. Belo Horizonte: Itatiaia, 1956.

GRUZINSKI, Serge. *A passagem do século: 1480-1520*. São Paulo: Companhia das Letras, 1999.

GUERREIRO, Bartolomeu. *Jornada dos vassalos da coroa de Portugal*. Lisboa: Mattheus Pinheiro, 1625.

HAWTHORNE, Walter. *From Africa to Brazil: culture, identity, and an Atlantic slave trade*. Nova York: Cambridge University Press, 2010.

HERKENHOFF, Paulo (edição literária). *O Brasil e os holandeses*. Rio de Janeiro: Sextante Artes, 1999.

HOLANDA, Sérgio Buarque de Holanda. *Raízes do Brasil*. Rio de Janeiro: Livraria José Olympio, 1936.

JOHNSON, Harold e SILVA, Maria Beatriz Nizza da. *O império luso-brasileiro: 1500-1620*. Lisboa: Editorial Estampa, 1992.

LAGRANGE, Louis Chancel de. *A tomada do Rio de Janeiro em 1711 por Duguay-Trouin*. Introdução, tradução e notas por Mário Ferreira França. Rio de Janeiro: Departamento da Imprensa Nacional, 1967.

LEITE, Serafim. *Suma histórica da Companhia de Jesus no Brasil: assistência de Portugal (1549-1760)*. Lisboa: Junta de Investigações do Ultramar, 1965.

LESSA, Clado Ribeiro de. *Salvador Correia de Sá e Benevides: vida e feitos, principalmente no Brasil*. Lisboa: Agência Geral das Colônias, 1940.

LINS, Rachel Caldas. O cabo e as revoluções pernambucanas. *Ciência & Trópico*, vol. 9, nº 1, p. 67-96. Recife: Editora Massangana / Fundação Joaquim Nabuco, 1981.

LOPES, Edmundo Correia Lopes. *O padre Manuel da Nóbrega e a formação do Brasil*. Lisboa: Agência Geral das Colônias, 1949.

MALAFAIA, Eurico de Ataíde. *O Brasil e a fronteira da Guiana Francesa: notas históricas (1500-1900)*. Lisboa: Academia Portuguesa de História, 2002.

MALAGRIDA, Gabriel. *Juízo da verdadeira causa do terremoto que padeceo a Corte de Lisboa no primeiro de Novembro de 1755*. Lisboa: Officina de Manoel Soares, 1756.

MARTINS, Tarcísio José. *Quilombo do Campo Grande: a História de Minas que se devolveu ao povo*. Contagem: Santa Clara Editora, 2008.

MATOS, Alderi Souza. Breve história do protestantismo no Brasil. *Voz Faifae — Revista de Teologia da Faculdade FAIFA*, vol. 3, nº 1. Goiânia: Faculdade da Igreja Ministério Fama, 2011.

MAURO, Frédéric. *O império luso-brasileiro: 1620-1750*. Lisboa: Editorial Estampa, 1991.

MELLO, Evaldo Cabral de. *A fronda dos mazombos*. São Paulo: Companhia das Letras, 1995.

MELO, Mário. *A Guerra dos Mascates como afirmação nacionalista*. Recife: Cepe Editora, 2012.

MELO, Vanice Siqueira de. Paisagens, territórios e guerras na Amazônia colonial. *Territórios e Fronteiras*, vol. 3, nº 2, pp. 7-33. Cuiabá: Revista do Programa de Pós-graduação em História da Universidade Federal de Mato Grosso, 2010.

MENDES, Ricardo Antonio Souza. O medo francês. *Métis: história & cultura*, vol. 5, nº 10. Caxias do Sul: Universidade de Caxias do Sul, 2006, pp. 101-119.

MENDONÇA, Marcos Carneiro de (edição literária). *A Amazônia na era pombalina: correspondência inédita do governador e capitão-general do Estado do Grão-Pará e Maranhão Francisco Xavier de Mendonça Furtado*. Rio de Janeiro: Instituto Histórico e Geográfico Brasileiro, 1963.

MONTEIRO, John Manuel. Sal, justiça social e autoridade régia: São Paulo no início do século XVIII. *Revista Tempo,* vol. 4, nº 8. Niterói: Universidade Federal Fluminense, 1999, pp. 1-14.

MONTEIRO, Nuno Gonçalves. *D. José: na sombra de Pombal*. Lisboa: Círculo de Leitores, 2006.

MOREIRA, António Joaquim (compilação). *Colecção de sentenças que julgaram os réus dos crimes mais graves e atrozes cometidos em Portugal e seus domínios*. Lisboa: Biblioteca Nacional, 1863.

MOURA, Gabriele Rodrigues de. A representação em conquista espiritual sobre a invasão e a destruição da província do Tape. *Revista Historiador*, nº 2, ano 2. Porto Alegre: Faculdade Porto-Alegrense, 2009.

MOUREAU, François. O Brasil das luzes francesas. *Estudos Avançados*, vol. 13, nº 36. São Paulo: Universidade de São Paulo, 1999.

MURY, Paul. *História de Gabriel Malagrida da Companhia de Jesus*. Prefácio de Camilo Castelo Branco. Lisboa: Livraria Editora de Mattos Moreira, 1875.

NASCIMENTO, Rômulo Luiz Xavier do. *Pelo lucro da Companhia: aspectos da administração no Brasil holandês (1630-1639)*. Dissertação de Mestrado. Recife: Universidade Federal de Pernambuco. Recife, 2004.

NÓBREGA, Manuel da. *Cartas do Brasil e mais escritos*. Anotações e prefácio de Serafim Leite. Coimbra: Universidade de Coimbra, 1955.

PASSOS, Carlos de. *A conspiração mineira da inconfidência*. Coimbra: Coimbra Editora, 1942.

PEDREIRA, Jorge; COSTA, Fernando Dores. *D. João VI: o clemente*. Lisboa: Círculo de Leitores, 2006.

PEREIRA, Marcos Aurélio de Paula. Fortuna e infortúnios ultramarinos: alguns casos de enriquecimento e conflitos políticos de governadores na América portuguesa. *Vária História*, vol. 28, nº 47. Belo Horizonte: Universidade Federal de Minas Gerais, 2012, p. 279-299.

PERRONES-MOISÉS, Leyla (org.). *Cinco séculos de presença francesa no Brasil: invasões, missões, irrupções*. São Paulo: EDUSP, 2013.

PRIORE, Mary del. Os tupinambás e os papagaios amarelos ou as relações entre Brasil e França entre os séculos XVI e XVII. *História & Ensino*, vol. 6, p. 11-32. Londrina: Universidade Estadual de Londrina, 2000.

__________; VENÂNCIO, Renato. *Uma breve história do Brasil*. São Paulo: Editora Planeta do Brasil, 2010.

RAMINELLI, Ronald. Da vila ao sertão: os mamelucos como agentes da colonização. *Revista de História*, nº 129-131. São Paulo: Universidade de São Paulo, 1993-94, pp. 209-219.

RAU, Virgínia. *A primeira batalha dos Guararapes descrita por André Vidal de Negreiros*. Coimbra: Editora Coimbra, 1955.

__________. Rumos e vicissitudes do comércio do sal português nos séculos XIV a XVIII. Separata da *Revista da Faculdade de Letras de Lisboa*, II série, nº 7. Lisboa: Universidade de Lisboa, 1963.

REAL, Miguel. Padre Malagrida e o marquês de Pombal. *Brotéria: cristianismo e cultura*, vol. 169, nº 2/3. Lisboa: Companhia de Jesus, 2009.

RENGER, Friedrich. O quinto do ouro no regime tributário nas Minas Gerais. *Revista do Arquivo Público Mineiro*, ano XLII. Belo Horizonte: Arquivo Público Mineiro, 2006, pp. 90-105.

RIBEIRO, Núbia Braga. *Os povos indígenas e os sertões das minas do ouro no século XVIII*. Tese de doutorado. São Paulo: Universidade de São Paulo, 2008.

RICARDO, Raphael Martins. Cachaça: conflitos e impasses no Brasil Colônia (1640-1700). *Revista Acta*, vol. 1. Assis: Universidade Estadual Paulista Júlio de Mesquita Filho, 2011, pp. 1-6.

RODRIGUES, André Figueiredo. Estudo econômico da Conjuração Mineira: análise dos sequestros de bens dos inconfidentes da comarca de Rio das Mortes. Tese de doutorado. São Paulo: Universidade de São Paulo, 2008.

ROMEIRO, Adriana. *Um visionário na corte de D. João V: a revolta e milenarismo nas Minas Gerais*. Belo Horizonte: Editora UFMG, 2001.

__________. *Paulistas e emboabas no coração das Minas: idéias, práticas e imaginário político no século XVIII*. Belo Horizonte: Editora UFMG, 2008.

SANJAD, Nelson. Os jardins botânicos luso-brasileiros. *Ciência e Cultura*, vol. 62, nº 1. São Paulo: Sociedade Brasileira para o Progresso da Ciência, 2010.

SANTOS, Eugénio dos. *D. Pedro IV: liberdade, paixões, honra*. Lisboa: Círculo de Leitores, 2006.

SANTOS, Marcos David Silva dos. *A corte portuguesa no Rio de Janeiro (1808-1821): perspectivas diplomáticas e independência do Brasil*. Porto: Faculdade de Letras da Universidade do Porto, 2013.

SARTHOU, Carlos. *Passado e presente da baía de Guanabara*. Rio de Janeiro: Livraria Freitas Bastos, 1964.

SCHWARTZ, Stuart B. Prata, açúcar e escravos: de como o império restaurou Portugal. *Revista Tempo*, vol. 12, nº 24. Niterói: Universidade Federal Fluminense, 2008, pp. 201-223.

SILVA, João Manuel Pereira da. *Os varões ilustres do Brasil durante os tempos coloniais*. Paris: Livraria de A. Franck, 1858.

SILVA, Maria Beatriz Nizza da. D. João V e a cobrança dos quintos do ouro em Minas Gerais. *Actas do Congresso Internacional Espaço Atlântico de Antigo Regime: Poderes e Sociedades*. Lisboa: Universidade Nova de Lisboa, 2005.

__________. *D. João V*. Lisboa: Círculo de Leitores, 2006.

SILVA, Tito Lívio Cabral Renovato. A revolução de 1817 e o primeiro modelo de Constituição no Brasil: uma análise histórica e jurídica do movimento à luz da teoria do poder constituinte. *Revista da Faculdade de Direito da Universidade Federal do Ceará*, vol. 35, nº 2. Fortaleza: Universidade Federal do Ceará, 2014.

SILVEIRA, Patricia Kauffmann Fidalgo Cardoso da. *O tráfico de escravos para o Maranhão: súplicas, embaraços e distinções (1671-1902)*. São Luís: Universidade Federal do Maranhão, 2010.

SOARES, Ernesto. *O infante D. Manuel (1697-1766)*. Lisboa: Editorial Império, 1943.

SORIANO, Simão José da Luz. *História do reinado de El-Rei D. José e da administração do Marquez de Pombal*. Lisboa: Typographia Universal de Thomaz Quintino Antunes, 1867.

SOUTHEY, Robert. *História do Brasil*. Rio de Janeiro: Livraria de B. L. Garnier, 1862.

SOUZA, Laura de Mello e. *Norma e conflito: aspectos da história de Minas no século XVIII*. Belo Horizonte: Editora UFMG, 1999.

SOUZA, Leandro Nascimento de. *Uma experiência pernambucana em Angola: o governo de João Fernandes Vieira, 1658 a 1661*. Tese de mestrado. Recife: Universidade Federal de Pernambuco, 2013.

SUANNES, S. *Os emboabas*. São Paulo: Brasiliense, 1962.

TAUNAY, Afonso E. *História geral das bandeiras paulistas*. São Paulo: Typografia Ideal, 1925.

TAVARES, Luiz Fabiano de Freitas. *O Novo Mundo na França: discursos e poderes (c. 1530-c. 1630)*. Tese de doutorado. Rio de Janeiro: Universidade Federal Fluminense, 2014.

VALIM, Patrícia. *Corporação dos enteados: tensão, contestação e negociação política na Conjuração Baiana de 1798*. Tese de doutorado. São Paulo: Universidade de São Paulo, 2012.

VARNHAGEN, Adolfo de. *História geral do Brasil*. Terceira edição revista por C. de Abreu. Rio de Janeiro: Laemmert & Ca., 1907.

VERNETTI, Luiz Roberto M. Moreira. *Os Sete Povos das Missões: ascensão e queda*. Tese de mestrado. Lisboa: Universidade Técnica de Lisboa, 1992.

VIANA, Hélio (introdução e notas). *Jesuítas e bandeirantes no Uruguai*. Rio de Janeiro: Biblioteca Nacional, 1970.

VIEIRA, Padre António. *Cartas do Brasil*. São Paulo: Hedra, 2003.

__________. *Collecçan dos principaes sermoens*. Lisboa: Officina dos Herdeiros de António Pedroso Galrão, 1754.

VIEIRA, Pedro Almeida. *Crime e castigo: o povo não é sereno*. Lisboa: Planeta Manuscrito, 2013.

VITORINO, Artur José Renda; RIZZI, Diego Danilo. O mercado interno na América portuguesa: "exclusivo" metropolitano do comércio colonial e os "descaminhos do sal" na capitania de São Paulo na primeira metade do século XVIII. *Estudos Econômicos,* vol. 42, nº 4. São Paulo: Universidade de São Paulo, 2012, pp. 827-856.

WATJEN, Hermann. *O domínio colonial holandês no Brasil: um capítulo da história colonial do século XVII.* São Paulo: Companhia Editora Nacional, 1938.

ZUÑIGA, Eugenio de Narbona. Historia de la recuperación del Brasil por la armas de España y Portugal el año de 1623. *Anais da Biblioteca Nacional,* Vol. LXIX. Rio de Janeiro: Biblioteca Nacional, 1955, pp.161-330.

SOBRE O AUTOR

Pedro Almeida Vieira nasceu na cidade portuguesa de Coimbra em 1969 e vive em Lisboa. Licenciado em Engenharia Biofísica na Universidade de Évora, divide seu tempo entre o jornalismo, a investigação acadêmica e a escrita. Entre outros periódicos, colaborou na revista *Grande Reportagem* e no semanário *Expresso*. Além de ensaios na área ambiental, publicou quatro romances (*Nove mil passos*, *O profeta do castigo divino*, *A mão esquerda de Deus* e *Corja maldita*), dois volumes de narrativas históricas (*Crime e castigo no país dos brandos costumes* e *Crime e castigo – O povo não é sereno*) e diversos contos em revistas ou antologias. Redescobriu também o (até então ignorado) primeiro romance moderno português, *O estudante de Coimbra*, escrito originalmente em 1840-1841 por Guilherme Centazzi, tendo sido responsável pela preparação da edição científica dessa obra em 2012. Atualmente é estudante de licenciatura em Economia no Instituto Superior de Economia e Gestão, em Lisboa.

SOBRE O ILUSTRADOR

Enio Squeff nasceu em Porto Alegre em 1943 e vive em São Paulo. Formou-se em jornalismo na Universidade Federal do Rio Grande do Sul e iniciou sua vida profissional na revista *Veja*, passando depois pelo jornal *O Estado de S. Paulo*, onde foi editor da seção de arte, e mais tarde pela *Folha de S.Paulo*, onde atuou como editorialista, crítico de música e ilustrador.

Além de vasto trabalho de pintura, ilustrou cerca de uma centena de livros, entre os quais *O velho e o mar*, de Ernest Hemingway, *Odisseia*, de Homero, e *Cancioneiro*, de Francesco Petrarca. Em 2010 iniciou uma colaboração com o escritor português Pedro Almeida Vieira, tendo ilustrado dois de seus romances (*O profeta do castigo divino* e *A mão esquerda de Deus*) e três livros de divulgação histórica.

INFORMAÇÕES SOBRE A SEXTANTE

Para saber mais sobre os títulos e autores
da EDITORA SEXTANTE,
visite o site www.sextante.com.br
e curta as nossas redes sociais.
Além de informações sobre os próximos lançamentos,
você terá acesso a conteúdos exclusivos
e poderá participar de promoções e sorteios.

www.sextante.com.br

facebook.com/esextante

twitter.com/sextante

instagram.com/editorasextante

skoob.com.br/sextante

Se quiser receber informações por e-mail,
basta se cadastrar diretamente no nosso site
ou enviar uma mensagem para
atendimento@sextante.com.br

Editora Sextante
Rua Voluntários da Pátria, 45 / 1.404 – Botafogo
Rio de Janeiro – RJ – 22270-000 – Brasil
Telefone: (21) 2538-4100 – Fax: (21) 2286-9244
E-mail: atendimento@sextante.com.br